A Importação Paralela de Patentes no Brasil

A Importação Paralela de Patentes no Brasil

2017

Ana Cristina von Gusseck Kleindienst

A IMPORTAÇÃO PARALELA DE PATENTES NO BRASIL

© Almedina, 2017

AUTOR: Ana Cristina von Gusseck Kleindienst
DIAGRAMAÇÃO: Almedina
DESIGN DE CAPA: FBA
ISBN: 978-858-49-3259-7

Dados Internacionais de Catalogação na Publicação (CIP)
(Câmara Brasileira do Livro, SP, Brasil)

Kleindienst, Ana Cristina von Gusseck
A importação paralela de patentes no Brasil /
Ana Cristina von Gusseck Kleindienst. -- São Paulo :
Almedina, 2017.

Bibliografia
ISBN 978-85-8493-259-7

1. Direito comercial - Brasil 2. Importação - Brasil
3. Patentes - Brasil 4. Patentes - Leis e legislação - Brasil I. Título.

17-10126	CDU-347.771(81)

Índices para catálogo sistemático:

1. Brasil : Direito de patentes : Direito comercial 347.771(81)

Este livro segue as regras do novo Acordo Ortográfico da Língua Portuguesa (1990).

Novembro, 2017

EDITORA: Almedina Brasil
Rua José Maria Lisboa, 860, Conj. 131 e 132, Jardim Paulista | 01423-001 São Paulo | Brasil
editora@almedina.com.br
www.almedina.com.br

A Edeltraut Marie Gusseck Edle von Glankirchen Kleindienst (*in memoriam*), minha eterna fonte de inspiração.

AGRADECIMENTOS

Agradeço imensamente a todos aqueles que, de alguma forma, contribuíram para a execução desta obra. Em especial, devo meus mais sinceros agradecimentos: (a) ao meu marido, Arthur, que esteve presente nas horas mais difíceis e foi o responsável pelas horas mais felizes que tive ao longo do mestrado (período em que este trabalho foi elaborado), pelo amor, companheirismo, compreensão e incansável incentivo; (b) à Professora Juliana Krueger Pela, meu grande exemplo de dedicação acadêmica, pelo aprendizado, confiança e carinho durante toda minha trajetória na Faculdade de Direito do Largo São Francisco e, principalmente, durante a orientação deste trabalho; (c) aos meus pais, por me darem, cada um a sua medida, raízes e asas, que me permitiram chegar até aqui e me instigam a ir além – sem vocês, nada teria sido possível; (d) aos meus irmãos e ao meu cunhado, pelo encorajamento e verdadeira amizade, e à pequena Rafaela, pela alegria que trouxe ao nosso time; (e) aos Professores José Marcelo Martins Proença e Paulo Eduardo Lilla, pela atenção e valiosos comentários a este estudo; (f) a todos do escritório Derraik & Menezes Advogados, pela compreensão, confiança e incentivo; (g) aos meus amigos, que muito estimulam minhas pretensões acadêmicas e profissionais, pelo companheirismo e carinho; (h) aos amigos, coordenadores e colaboradores do Insper, pelo constante apoio e todo o suporte institucional, principalmente para a publicação desta obra; e, por fim, mas não menos importante, (i) à Faculdade de Direito do Largo São Francisco, para sempre minha segunda casa.

NOTA DA AUTORA

Esta obra reproduz, com alguns poucos ajustes, minha dissertação de mestrado, defendida na Faculdade de Direito da Universidade de São Paulo – Largo São Francisco em 2016.

PREFÁCIO

É particularmente recompensador, para uma professora, acompanhar a formação de seus alunos e poder perceber, em alguns deles, o desabrochar de uma autêntica vocação docente. Foi assim com Ana Cristina von Gusseck Kleindienst. Aluna de meu primeiro curso de Propriedade Intelectual na graduação da Faculdade de Direito da Universidade de São Paulo, Ana Cristina interessou-se precocemente por temas áridos, como a importação paralela – de marcas, em sua tese de láurea, e de patentes, em seu mestrado, de que resultou esta obra – e sobre eles desenvolveu pesquisas primorosas. Hoje, Ana Cristina é professora no Insper Instituto de Ensino e Pesquisa, respeitável instituição que contribui para o aprimoramento do Direito como ciência viva e aplicada. Ao ver minha então orientanda como uma docente comprometida com a formação de seus alunos, renovam-se minhas esperanças. Multiplicam-se também as minhas forças para continuar e ressignificar o meu próprio trabalho como professora. Agradeço a Ana Cristina por essa oportunidade e desejo que um dia ela também possa sentir esse mesmo orgulho de seus alunos.

Sobre o trabalho de Ana Cristina, que tenho a satisfação de apresentar em honrosa edição da Almedina, devo dizer que une, com perfeição, o tradicional e a vanguarda em propriedade intelectual.

De um lado, reconstrói os antecedentes históricos e o trâmite legislativo dos artigos 43 e 68 da Lei 9.279/96, em raro esforço que não encontra similar na doutrina nacional. Ao fazê-lo, traz importantes contribuições para a compreensão do regime da importação paralela no Brasil e das dificuldades dele decorrentes. Analisa também as tentativas de alteração desse regime vigente, que, aliadas às recentes decisões judiciais também objeto do trabalho, demonstram a atualidade do tema.

Por reconhecer a ligação da importação paralela com a tensão entre interesses públicos e privados, intrínseca à propriedade intelectual, a obra afasta-se de uma visão ingênua ou descomprometida sobre sua proibição ou permissão, qualificando essas alternativas como escolhas de política pública. Igualmente não ignora a relevância da importação paralela no comércio internacional e o reflexo daquela tensão entre interesses públicos e privados na relação entre países desenvolvidos e em desenvolvimento. Opta, sabiamente, pela comparação e diferenciação de dados entre os países integrantes do BRICS e assim evita a apropriação de modelos estrangeiros inadequados porque incompatíveis com a realidade brasileira.

Sob outra perspectiva, o trabalho ousa ao aplicar a teoria dos jogos como método para analisar o comportamento dos agentes econômicos em situações envolvendo importação paralela de patentes. Tal aplicação oferece outro olhar, nada usual, que pode oferecer soluções jurídicas inovadoras ao tema.

Por fim, a obra propõe reflexão e crítica sobre a pesquisa realizada, buscando responder, diante das exigências e particularidades de nosso país, qual seria o regime de importação paralela aqui mais adequado.

Enfim, uma excelente dissertação de mestrado defendida na Faculdade de Direito da USP que agora a Almedina e o Insper divulgam amplamente, para o benefício da comunidade jurídica brasileira.

PROFESSORA JULIANA KRUEGER PELA

SUMÁRIO

1. Introdução

Este trabalho pretende expor e analisar o tratamento jurídico conferido ao fenômeno da importação paralela de patentes no Brasil, bem como as justificativas e os efeitos relacionados a esse tratamento, para, ao final, avaliar se o regime jurídico adotado no país é adequado e, se o caso, indicar aquele que assim seria.

Partindo do conceito de importação paralela (atividade de aquisição e comercialização de produtos importados praticada por agentes econômicos não integrantes da cadeia de distribuição estabelecida pelo fabricante estrangeiro e/ou pelo titular do direito de propriedade industrial no país) e expondo os dois princípios diretamente relacionados ao tema (territorialidade e exaustão de direitos), este trabalho busca, inicialmente, apresentar e examinar a disciplina da importação paralela de patentes no direito brasileiro. Para tanto, em primeiro lugar, percorre a proteção conferida a essa modalidade de propriedade intelectual e o tratamento atribuído ao princípio da exaustão dos direitos de patente no âmbito da Lei nº 9.279/1996 (Lei de Propriedade Industrial ou "LPI").

Na sequência, com o intuito de compreender o porquê de a LPI adotar, em regra, a exaustão nacional dos direitos de patente, vedando a importação paralela, este trabalho sinaliza a neutralidade do sistema TRIPS/OMC quanto ao sistema de exaustão de direitos a ser adotado pelos países-membros e, em seguida, apresenta um exame pormenorizado de todo o processo de elaboração da LPI.

Desse exame, extrai-se que a justificativa que embasou a escolha por uma lei que, em regra, proíbe a importação paralela de patentes foi a necessidade de proteger a indústria nacional, juntamente com o objetivo geral da LPI de atrair investimentos estrangeiros em tecnologia avançada.

Contudo, o estudo evidencia que a interpretação e a aplicação dos dispositivos da LPI relativos ao tema não necessariamente levam em consideração a intenção do legislador quando da elaboração da lei. Além de haver entendimentos doutrinários que consideram que a LPI não proíbe a prática da importação paralela de patentes, há um precedente judicial (de 2011) permitindo a atividade. Destaca-se a relevância desse precedente, uma vez que a pesquisa jurisprudencial identificou que apenas dois casos diretamente relacionados ao tema chegaram aos tribunais do país. Diante disso, o trabalho revela que inexiste um regime jurídico consolidado sobre a prática da importação paralela de patentes no Brasil.

Não por acaso, a pesquisa realizada apurou a existência de propostas que visam a alterar o regime e que estão atualmente em trâmite no Congresso Nacional. Após a exposição dessas propostas, este trabalho propõe uma reflexão sobre qual regime jurídico é mais adequado para disciplinar a importação paralela de patentes no país, indicando que tal exercício deve levar em consideração dois aspectos: (i) a dicotomia entre interesses particulares e interesses públicos que permeia o tema; e (ii) os efeitos que o tratamento jurídico conferido à importação paralela provoca no mercado.

Em relação ao item (i), o trabalho pretende esclarecer que, na essência, a discussão sobre a prática da importação paralela de patentes nada mais é do que uma aplicação da dicotomia entre interesses particulares e interesses públicos que permeia a propriedade intelectual como um todo. Além disso, e em um segundo plano, busca demonstrar que a propriedade intelectual – o que inclui a patente – pode ser utilizada como instrumento para a promoção do desenvolvimento de um país e que, por conta disso, o nível de proteção a ser conferido a ela – o que inclui a aplicação do princípio da exaustão dos direitos de patente – deve condizer com os interesses do mercado local e, por conseguinte, com as necessidades político-econômico-sociais do país. No mais, em um terceiro plano, o estudo chama atenção para o fato de que os interesses envolvidos na proteção conferida à patente e os valores econômicos e sociais associados a ela são diferentes daqueles relacionados às demais modalidades de propriedade intelectual – o que justifica a aplicação de níveis de proteção distintos para patentes e marcas, considerando que o tema da importação paralela é bastante frequente também em relação às marcas e que, não raras vezes, um produto patenteado também é aposto por uma marca.

A ideia, aqui, é demonstrar que a análise das vantagens e desvantagens de cada regime jurídico proposto para disciplinar a importação paralela de patentes deve levar em consideração como cada sistema de exaustão de direitos prioriza mais ou menos interesses particulares em relação aos interesses públicos (e vice-versa), de modo a: (a) atender as necessidades político-econômico-sociais de cada país (considerando o nível de desenvolvimento econômico); e (b) permitir que o direito de patente seja exercido tendo em vista sua eficiência social – que é promover pesquisas e, consequentemente, o desenvolvimento tecnológico e econômico do país e garantir o direito de acesso e escolha dos consumidores. Evidencia-se, assim, que a opção pelo sistema de exaustão dos direitos de patente a ser adotado em um país trata-se de questão de política pública, corroborando, para tanto, o fato de o Acordo TRIPS ter deixado a questão em aberto.

Com base nisso, este estudo examina como o tema da importação paralela foi abordado pelo sistema internacional de patentes, sobretudo as discussões, justificativas e posicionamentos que conduziram e influenciaram as decisões a respeito da exaustão de direitos no âmbito do sistema TRIPS/OMC. Nesse ponto, destaca-se a denominada ambiguidade construtiva do Acordo TRIPS, com a previsão de flexibilidades aos direitos de patente, e, na sequência, a Declaração de Doha sobre o Acordo TRIPS e Saúde Pública, a qual atribuiu à importação paralela a prerrogativa de efetiva flexibilidade do direito de patente – com a função de ferramenta de promoção de saúde pública, na medida em que pode permitir o acesso a medicamentos –, passível de constar nos ordenamentos jurídicos dos Estados-membros da OMC por meio da aplicação do princípio da exaustão de direitos.

Em seguida, este trabalho analisa como o tema vem sendo abordado por alguns sistemas nacionais de patentes, entre eles, os EUA, alguns países da União Europeia, a Suíça, o Japão, o Brasil e os demais países do BRICS. Para tanto, vale-se, principalmente, da pesquisa realizada em 2014 pelo comitê da Organização Mundial da Propriedade Intelectual (OMPI) responsável pelo desenvolvimento internacional do direito de patente (*Standing Committee on the Law of Patents*), a qual versou sobre as exceções e limitações aplicadas ao direito de patente em cada jurisdição. A partir do exame das respostas enviadas pelas autoridades, pretende-se destacar o sistema de exaustão dos direitos de patente adotado e o tratamento conferido à importação paralela de patentes nesses países, bem como identificar e analisar as justificativas que pautaram as escolhas de cada um deles.

Ao depois, pretende-se examinar a relação de causa e efeito entre a previsão legal relativa à importação paralela de patentes e os resultados pretendidos e efetivamente alcançados e avaliar, de forma comparativa, se a justificativa apresentada para escolha legislativa por uma lei que, em regra, veda a importação paralela de patentes no Brasil é plausível. Considerando que o número de patentes em vigor no país e o nível de competitividade nacional podem ser indicadores da satisfação do interesse em proteger a indústria nacional e do interesse em atrair investimentos estrangeiros em tecnologia avançada por meio da LPI, este estudo realiza uma análise comparativa desses dados em relação ao Brasil e aos demais países do BRICS, principalmente em relação àqueles que consideram a prática da importação paralela de patentes como atividade lícita, que é o caso da China e da Índia.

Retomando os aspectos que devem ser observados na reflexão sobre o regime jurídico mais adequado para disciplinar a importação paralela de patentes no país, este trabalho esclarece que a escolha de tal regime deve considerar a relação existente entre a hermenêutica jurídica e o efeito prático da finalidade da norma. Para isso, avalia-se, sob a perspectiva da análise econômica do direito, se a proibição ou permissão da prática é adequada e quais os custos e benefícios teóricos envolvidos diante de cada uma das situações jurídicas possíveis, utilizando, para tanto, a teoria dos jogos como ferramenta. O objetivo é mostrar que o comportamento estratégico dos agentes econômicos é distinto diante das situações de permissão e de vedação legal da importação paralela, refletindo na dinâmica concorrencial das relações de mercado que envolvem titular da patente e importador paralelo no respectivo território. Mais especificamente, a ideia é demonstrar que a escolha de um regime jurídico que reconhece a ilicitude da prática pode permitir que o titular da patente mantenha uma situação de monopólio indesejada.

Por fim, este estudo busca identificar e apontar as críticas relativas ao regime adotado atualmente para disciplinar a importação paralela de patentes no Brasil, as quais vão além da falta de consolidação, e avaliar qual regime jurídico é, de fato, mais adequado para tanto, ponderando as possíveis justificativas e efeitos relacionados. Em razão disso, o trabalho analisa a posição socioeconômica ocupada pelo país no cenário internacional – que é de importador de patentes, dependente do investimento estrangeiro para oferecer produtos de alta tecnologia à população. Isso faz com que a escolha do regime jurídico seja uma tarefa difícil, pois, ao mesmo tempo em que existe a preocupação em proteger a indústria nacional e em estabelecer uma política pública de atração de investimentos estrangeiros em tecnologia avançada, há a preocupação em garantir acesso efetivo aos produtos de alta tecnologia à população.

Assim, partindo do pressuposto de que o regime jurídico que proíbe a importação paralela de patentes pode prejudicar o acesso efetivo a produtos de alta tecnologia, o que inclui medicamentos, podendo, portanto, prejudicar o acesso efetivo à saúde pública, este trabalho também examina as características da indústria de medicamentos nacional e os aspectos relacionados ao acesso a medicamentos patenteados no Brasil. Conclui-se, a partir de tal exame, que a consolidação do regime jurídico que disciplina a importação paralela de patentes no Brasil deve endereçar e adequar as questões relacionadas às patentes de medicamentos de forma específica, com o cuidado indispensável que um tema de saúde pública requer.

Tudo somado, este estudo propõe, então, ao final, uma sugestão de regime jurídico a ser adotado no Brasil para disciplinar a importação paralela de patentes.

2. Disciplina da Importação Paralela de Patentes no Direito Brasileiro

2.1. Conceito e princípios

A importação paralela consiste na atividade de aquisição e comercialização de produtos importados praticada por agentes econômicos não integrantes da cadeia de distribuição estabelecida pelo fabricante estrangeiro e/ou pelo titular do direito de propriedade industrial[1] no país. O termo "paralela" aplica-se justamente por se tratar de uma atividade comercial realizada à margem do sistema de distribuição oficial estabelecido pelo fabricante do produto e/ou pelo titular do direito de propriedade industrial em determinado território.

Mais detalhadamente, a importação paralela é caracterizada pela atividade de um comerciante local que importa legalmente mercadorias que incorporam direitos de propriedade industrial diretamente do titular estrangeiro desses direitos ou de empresas autorizadas pelo titular a comercializar os produtos, revendendo-os no mercado doméstico. O que ocorre é que o importador paralelo não celebrou contrato com ou recebeu licença do titular dos direitos de propriedade industrial para comprar os produtos no mercado externo e

---

[1] É importante esclarecer que a propriedade industrial apresenta-se como uma espécie do gênero propriedade intelectual e que tais conceitos não se confundem. Não obstante a isso, este trabalho circunscreve apenas a proteção jurídica conferida às invenções industriais, mais especificamente, às patentes. Por isso, as referências a direitos de propriedade intelectual e direitos de propriedade industrial feitas neste trabalho devem ser compreendidas tendo isso em vista.

revendê-los no território nacional. A doutrina estrangeira assim define:

> *Such importation is known as 'parallel importation' because the goods are imported outside the distribution channels that have been contractually negotiated by the intellectual property owner. As the intellectual property owner has no contractual connection with the parallel importer, the imported goods are sometimes referred to as 'grey market goods'.*[2]

Mesmo sendo pejorativamente denominada *grey market* ou *grey goods*, na forma traduzida, "mercado cinza", o que remete à expressão "mercado negro" utilizada para indicar a comercialização de produtos falsificados, a importação paralela está relacionada à circulação, em escala internacional, de produtos autênticos e genuínos, de modo que a questão sobre o caráter lícito ou ilícito da prática nada tem a ver com a legitimidade dos produtos transacionados. Na realidade, as discussões sobre importação paralela trazem à tona uma aparente tensão entre a concepção da exclusividade dos direitos de propriedade industrial e os princípios da livre iniciativa e da livre concorrência, de modo que hipóteses de contrafação (falsificação e pirataria) de mercadorias ficam afastadas dessas discussões.

Devido à atual posição de país emergente que ocupa no cenário internacional, o Brasil é, predominantemente, um país importador de propriedade industrial (sobretudo importador de patentes, conforme será demonstrado no Capítulo 5). Por conta disso, o principal contexto no qual se verifica a prática da importação paralela é aquele em que se tem uma empresa local que licencia os direitos de uma propriedade industrial estrangeira (ou celebra um contrato de distribuição de produtos) para fabricar e/ou vender as mercadorias objeto dessa propriedade industrial no mercado doméstico, enquanto outro agente importa, com finalidade comercial, os mesmos produtos para dentro do país. Tem-se assim que a atuação do importador paralelo

---

[2] FORSYTH, Miranda; ROTHNIE, Warwick, **Parallel imports**, em ANDERMAN, Steven (ed.), *The Interface between Intellectual Property Rights and Competition Policy*, Cambridge University Press, 2008, p. 429.

depende de um agente estrangeiro que lhe fornece as mercadorias objeto da propriedade industrial protegida no Brasil, sendo este provedor um titular, licenciado ou cessionário da propriedade industrial no país de origem, ou ainda um terceiro que, ao fim, adquiriu a mercadoria licitamente. O esquema da Figura 1 abaixo sintetiza uma hipótese de importação paralela:

FIGURA 1[3]

Nota-se que a atividade da importação paralela está relacionada à delimitação da extensão territorial dos direitos de propriedade industrial detidos pelo titular, bem como dos seus efeitos, em determinado país. Assim, trata-se de tema de aplicação do princípio da territorialidade dos direitos de propriedade industrial.

(i) Princípio da territorialidade
O princípio da territorialidade determina que a proteção jurídica conferida por uma lei limita-se ao território do Estado que a reconhece e, ao mesmo tempo, define que a tutela jurisdicional a certo direito em determinado território regula-se única e exclusivamente por meio de

---

[3] Elaboração nossa.

lei nacional.[4] Assim, o princípio da territorialidade rege conflitos de leis no espaço e se destina a impedir a aplicação cumulativa e contraditória de normas de diferentes jurisdições.

Em relação à propriedade industrial, o princípio da territorialidade delimita a extensão territorial da proteção, vinculando-a ao requisito legal do registro, o qual determina o acertamento jurídico da propriedade do bem imaterial em determinado território. Consequentemente, a propriedade industrial registrada e, portanto, protegida em determinada jurisdição não será, via de regra, reconhecida nem produzirá efeitos jurídicos em outros territórios.[5]

Todos os países membros da Convenção da União de Paris Para Proteção da Propriedade Industrial (CUP) e do Acordo TRIPS/OMC[6] observam em suas legislações infraconstitucionais o princípio da territorialidade, o qual encontra esteio no princípio da independência.[7] Segundo este, dos direitos privativos industriais decorre uma territorialidade absoluta, de modo que o exercício de um direito no território de certo Estado não teria qualquer repercussão no direito existente em outro.

---

[4] Ressalvadas as estipulações de tratados internacionais inseridos no sistema jurídico local.

[5] CASTELLI, Thais. *Propriedade Intelectual*: O Princípio da Territorialidade, São Paulo: Quartier Latin, 2006, p.136-137.

[6] *Trade Related Aspects of Intellectual Property Rights*. Também conhecido como "Ata Final da Rodada do Uruguai", o Acordo TRIPS consiste no Anexo 1C do Acordo Constitutivo da Organização Mundial do Comércio (OMC). O Acordo TRIPS foi incorporado ao direito brasileiro por meio do Decreto Presidencial nº 1.355, de 30 de dezembro de 1994. INSTITUTO DA PROPRIEDADE INDUSTRIAL. Acordo TRIPS. Disponível em: http://www.inpi.gov.br/legislacao-1/27-trips-portugues1.pdf. Acesso em 6 ago. 2017.

[7] Art. 4º bis da CUP: "(1) As patentes requeridas nos diferentes países da União por nacionais de países da União serão independentes das patentes obtidas para a mesma invenção nos outros países, membros ou não da União. (2) Esta disposição deve entender-se de modo absoluto particularmente no sentido de que as patentes pedidas durante o prazo de prioridade são independentes, tanto do ponto de vista das causas de nulidade e de caducidade como do ponto de vista da duração normal. [...]". INSTITUTO DA PROPRIEDADE INDUSTRIAL. Convenção de Paris. Disponível em: http://www.inpi.gov.br/legislacao-1/cup.pdf. Acesso em 6 ago 2017.

Isso significa que o registro nos órgãos responsáveis em cada jurisdição é constitutivo declaratório de direitos, de modo que o interessado em gozar da titularidade de um direito de propriedade industrial deve buscar o registro em todos os países onde pretende protegê-lo e exercê-lo. Observa-se que o princípio da territorialidade estabelece um padrão internacional cuja principal finalidade é promover segurança jurídica e, consequentemente, desenvolvimento de mercado, beneficiando tanto os titulares dos direitos de propriedade industrial quanto os destinatários dos produtos. Ainda que a seguinte análise de Maristela Basso seja feita em relação às marcas, o mesmo raciocínio pode ser aplicado às demais modalidades de propriedade industrial:

> Um importante efeito do princípio da territorialidade dos direitos de propriedade industrial – dentre eles as marcas – é o de assegurar e garantir, em nível nacional (territorial), proteção jurídica adequada e eficaz ao empresário titular da marca para que, por meio da certeza do direito e do marco regulatório interno, continue a investir no melhoramento e qualidade do produto; ou para que se sinta encorajado a investir em P&D, haja vista os efeitos disto no processo de desenvolvimento econômico, social e tecnológico daquele país.[8]

No entanto, como as atividades econômicas, entre elas a importação paralela, não se moldam a espaços territoriais definidos, mais complexo do que fixar a delimitação territorial da proteção da propriedade industrial, é definir a abrangência da exclusividade concedida ao titular do direito. Isto porque a concessão da exclusividade sobre a propriedade industrial justifica-se até certo momento e circunstâncias, de modo que, quando alcançados, exaure-se. Assim, a atividade da importação paralela também está relacionada ao princípio da exaustão de direitos de propriedade industrial.

---

[8] BASSO, Maristela, *A Importação Paralela e o Princípio da Exaustão*: Especial referência às Marcas, em GRAU-KUNTZ, Karin; BARBOSA, Denis Borges (org.), Ensaios sobre o Direito Imaterial: Estudos dedicados a Newton Silveira, Rio de Janeiro: Lumen Juris, 2009, p. 176.

(ii) Princípio da exaustão de direitos

O princípio da exaustão dos direitos de propriedade industrial pode ser aplicado no âmbito nacional, internacional ou, ainda, regional.

A exaustão nacional determina que o direito do titular à exclusividade de uso da propriedade industrial em determinado território se exaure a partir do momento em que o produto objeto do bem imaterial é inserido no mercado desse território, ou seja, no mercado nacional. Assim, de acordo com essa abordagem do princípio da exaustão, uma vez que o titular, ou outrem com seu consentimento, tenha realizado a primeira venda da mercadoria sobre a qual recai a propriedade industrial dentro de determinado mercado doméstico, não pode mais controlar as revendas subsequentes desse produto.[9]

A exaustão internacional, por sua vez, define que o direito do titular à exclusividade de uso da propriedade industrial em determinado país se esgota quando o produto que incorpora o bem imaterial é colocado no mercado, seja no âmbito nacional, seja no âmbito internacional. Desse modo, as jurisdições que adotam a exaustão internacional dos direitos de propriedade industrial consideram que a partir da primeira venda do produto protegido, independentemente desta se verificar em seu território ou em outro país, exaure-se o direito do titular nacional de controlar sua circulação.[10]

Por fim, a exaustão regional consiste em uma dupla aplicação dos tipos anteriores. Baseada em tratados comerciais que constituem blocos econômicos, a exaustão regional impõe-se apenas entre países signatários, de modo que, para as relações de mercado verificadas entre eles, adota-se o princípio da exaustão internacional, enquanto que, diante de relações comerciais ocorridas em países não integran-

[9] Cf. Basso, Maristela, *A Importação Paralela e o Princípio da Exaustão*: Especial referência às Marcas, em Grau-Kuntz, Karin; Barbosa, Denis Borges (org.), Ensaios sobre o Direito Imaterial: Estudos dedicados a Newton Silveira, Rio de Janeiro: Lumen Juris, 2009, p. 179.

[10] Cf. Basso, Maristela, *A Importação Paralela e o Princípio da Exaustão*: Especial referência às Marcas, em Grau-Kuntz, Karin; Barbosa, Denis Borges (org.), Ensaios sobre o Direito Imaterial: Estudos dedicados a Newton Silveira, Rio de Janeiro: Lumen Juris, 2009, p. 179.

tes do bloco, aplica-se a exaustão nacional. Em outras palavras, o princípio da exaustão regional determina que o direito do titular de impedir a circulação da mercadoria protegida em certo país esgota-se quando a primeira venda ocorrer em qualquer território do bloco econômico do qual faz parte, mas não se exaure quando a primeira venda se verificar em um país que não seja membro.[11]

Dado esse panorama sobre cada categoria de exaustão de direitos de propriedade industrial, cabe aqui o exame e esclarecimento de três questões atinentes ao tema: (a) Qual é o fator desencadeador da contenção do exercício do direito de propriedade industrial? (b) A primeira venda, a qual provoca a exaustão de direitos, diz respeito a cada objeto sobre o qual recai a propriedade industrial ou a primeira venda está relacionada apenas à colocação de um primeiro exemplar do produto no mercado? (c) A adoção do princípio da territorialidade implica na adoção do princípio da exaustão de direitos em âmbito nacional?

(a) "Licença tácita", "primeiro ato comercial" e "primeira venda"

Dos estudos sobre a exaustão de direitos de propriedade industrial, destacam-se três doutrinas a respeito do fator desencadeador necessário para que o titular não possa mais obstar terceiros do uso comercial de determinada propriedade industrial.

A primeira delas, desenvolvida pelo sistema inglês, é a doutrina da "licença tácita". Sustentada em princípios do direito contratual, a doutrina da "licença tácita" considera que o fator desencadeador da contenção dos direitos de propriedade industrial estaria na própria celebração do contrato de compra e venda que fosse omisso a restrições relativas ao uso subsequente da propriedade industrial.[12]

---

[11] Cf. BASSO, Maristela. *Importação Paralela*: Efeitos no Comércio Internacional e nos Direitos de Propriedade Intelectual. Tese apresentada no Concurso para Professor Titular do Departamento de Direito Internacional e Comparado – Faculdade de Direito, Universidade de São Paulo, São Paulo, 2009, p. 17.

[12] Cf. BASSO, Maristela. *Importação Paralela*: Efeitos no Comércio Internacional e nos Direitos de Propriedade Intelectual. Tese apresentada no Concurso para Profes-

Na Alemanha, por sua vez, adotou-se raciocínio diferente. Para Josef Kohler, em seu manual sobre direito de patentes, publicado no início do século XX, não é razoável partir do pressuposto de que as limitações sobre o uso da propriedade industrial devem estar expressas contratualmente. Kohler considera como fator desencadeador da exaustão do direito a simples utilização da invenção pelo seu titular, independentemente da forma de uso comercial escolhida. Trata-se da doutrina do "primeiro ato comercial", o qual, quando verificado, exaure o direito do titular de impedir o uso da propriedade industrial a terceiros.[13]

Concedendo mais extensão ao direito de uso exclusivo do titular da propriedade industrial em relação à doutrina do "primeiro ato comercial", mas não a ponto de delegar à esfera contratual a estipulação de seus limites, como entendido pela doutrina da "licença tácita", desenvolveu-se a teoria norte-americana da "primeira venda" (*first sale*). De acordo com esta, o controle do direito de uso exclusivo da propriedade industrial por parte de seu titular esgota-se no momento em que o produto sobre o qual recai a exclusividade é colocado no mercado pela primeira vez pelo titular do direito (ou com seu consentimento). Assim, entende a teoria que, uma vez que o titular realizou a "primeira venda" do objeto sobre o qual recai o direito de propriedade industrial, e não qualquer "primeiro ato comercial", ele não mais controla as vendas posteriores, isso porque se presume que o titular é recompensado já na primeira venda pelos custos e investimentos empregados na elaboração do bem imaterial protegido.[14]

---

sor Titular do Departamento de Direito Internacional e Comparado – Faculdade de Direito, Universidade de São Paulo, São Paulo, 2009, p. 11.

[13] Cf. BASSO, Maristela. *Importação Paralela*: Efeitos no Comércio Internacional e nos Direitos de Propriedade Intelectual. Tese apresentada no Concurso para Professor Titular do Departamento de Direito Internacional e Comparado – Faculdade de Direito, Universidade de São Paulo, São Paulo, 2009, p. 11-12.

[14] Cf. BASSO, Maristela. *Importação Paralela*: Efeitos no Comércio Internacional e nos Direitos de Propriedade Intelectual. Tese apresentada no Concurso para Professor Titular do Departamento de Direito Internacional e Comparado – Faculdade de Direito, Universidade de São Paulo, São Paulo, 2009, p. 8-9.

Apesar de existirem essas três abordagens a respeito do fator desencadeador da exaustão, a doutrina da *first sale* é a mais difundida em nível internacional, bem como a mais empregada nas decisões dos tribunais dos países-membros da OMC.[15] Maristela Basso estabelece a relação entre a referida doutrina e o esgotamento de direitos da seguinte maneira:

> [A] doutrina da *first sale* e o 'princípio da exaustão de direitos de propriedade intelectual' são faces da mesma moeda, isto é, inseparáveis. Aquela vinculada à perspectiva comercial/geográfica (de mercado), e esta à perspectiva legal/jurídica relativa aos limites do exercício dos direitos.[16]

No entanto, a grande difusão da doutrina vinculada ao princípio da exaustão de direitos não garante que seu entendimento e aplicação sejam uniformes. Uma questão discutida em relação ao princípio da exaustão de direitos de propriedade industrial e à doutrina da *first sale* é se a primeira venda diz respeito a cada objeto sobre o qual recai a propriedade industrial ou se a primeira venda está relacionada apenas à colocação de um primeiro exemplar do produto no mercado.

(b) A primeira venda de cada produto

Para o estudioso do direito patentário Josef Kohler, a patente confere ao seu titular a oportunidade de receber uma recompensa por meio da exclusão de terceiros da exploração comercial da invenção, de modo que essa recompensa pode ser obtida apenas uma vez para cada produto. Da leitura *a contrario sensu* desse entendimento, conclui-se que cada unidade do produto deve recompensar, ainda que uma única vez, o titular do direito de propriedade industrial, e isso se verifica no pri-

---

[15] Cf. Basso, Maristela. *Importação Paralela*: Efeitos no Comércio Internacional e nos Direitos de Propriedade Intelectual. Tese apresentada no Concurso para Professor Titular do Departamento de Direito Internacional e Comparado – Faculdade de Direito, Universidade de São Paulo, São Paulo, 2009, p. 12-13.

[16] Basso, Maristela. *Importação Paralela*: Efeitos no Comércio Internacional e nos Direitos de Propriedade Intelectual. Tese apresentada no Concurso para Professor Titular do Departamento de Direito Internacional e Comparado – Faculdade de Direito, Universidade de São Paulo, São Paulo, 2009, p. 8.

meiro ato comercial de cada mercadoria, interpretado pela doutrina como primeira venda de cada produto.

Nesse sentido, apesar de tratar especificamente do direito sobre marcas, é o posicionamento de Cláudia Marins Adiers:

> A tese da exaustão do direito de marca significa que os direitos decorrentes de uma marca, relativamente a um dado produto ou serviço apenas aproveitam ao respectivo titular até o momento em que este **coloca pela primeira vez esse objeto concreto no mercado**, ou quando alguém o faz com o seu consentimento. Introduzindo este no comércio, ostentando legitimamente a marca do titular, cumpre-se a função do Direito de Propriedade Industrial e, conseqüentemente, **esgotam-se os direitos do titular relativamente a tal produto.**[17] (Grifo nosso)

Não obstante, conforme será visto mais detalhadamente no item 2.4.1, há quem entenda que o direito do titular é exaurido a partir do momento em que um primeiro exemplar do produto sobre o qual recai o direito de propriedade industrial é colocado no mercado pelo titular ou com seu consentimento. Contudo, nota-se que, ao considerar a exaustão do direito a partir da primeira venda do primeiro exemplar, perde sentido diferenciar a exaustão nacional da exaustão internacional. Isso porque, nessa hipótese de interpretação, o direito esgota-se em relação a todos produtos apostos pelo bem imaterial objeto de proteção, restando como única diferença o requisito de que a primeira venda do primeiro exemplar ocorra ou não em território nacional, não havendo que se falar em direito do titular de impedir importações de mercadorias após a venda desse primeiro exemplar.

Por fim, uma última questão atinente ao tema a ser abordada é a confusão que se faz ao relacionar o princípio da territorialidade dos direitos de propriedade industrial à exaustão nacional desses direitos.

---

[17] ADIERS, Cláudia Marins. *As Importações Paralelas à Luz do Princípio de Exaustão do Direito de Marca e dos Aspectos Contratuais e Concorrenciais*, em BARBOSA, Denis Borges, org., Aspectos Polêmicos da Propriedade Intelectual, 2005, p. 58.

(c) O princípio da exaustão de direitos à luz do princípio da territorialidade

A aplicação do princípio da exaustão de direitos gera efeitos somente no território cujo ordenamento jurídico o reconhece e o regula, estando em conformidade com o princípio da territorialidade. No entanto, é equivocado supor que a adoção do princípio da territorialidade implica na adoção do princípio da exaustão de direitos em âmbito nacional. Tratam-se de conceitos distintos: uma coisa é dizer que a exaustão é aplicada em nível doméstico porque o direito de propriedade industrial é reconhecido em determinada jurisdição e, portanto, sua exaustão será igualmente reconhecida naquele território; outra coisa é considerar que a exaustão ocorre em nível doméstico porque a primeira venda do produto sobre o qual recai a propriedade industrial precisa ser realizada no mercado nacional para que o direito ali se esgote.

O princípio da territorialidade relaciona-se à concessão do direito de uso exclusivo da propriedade industrial em um país, bem como à extensão dos efeitos do exercício desta concessão, dependente de requisitos determinados em cada jurisdição. Ocorre que, como já mencionado, apesar de o exercício de um direito de propriedade industrial estar adstrito a um determinado território, nem sempre os efeitos desse exercício obedecem a uma territorialidade absoluta. Isso porque, atualmente, mercadorias sobre as quais recaem direitos de propriedade industrial são comercializadas em nível mundial, de modo que os efeitos do exercício do direito deixam de ser verificados apenas na esfera doméstica.

A necessidade de regular a circunstância/local em que se exaure a prerrogativa do titular exigir a exclusividade de uso concedida em determinado território é refletida no princípio da exaustão de direitos. Definir, assim, se a exaustão dos direitos de propriedade industrial é nacional, internacional, ou ainda, regional, significa condicionar o fim do direito de uso exclusivo exercido em um determinado território à circunstância/local em que ocorre a primeira venda do produto sobre o qual recai o direito de propriedade industrial.

Assim, é necessário esclarecer que, mesmo nas jurisdições que consideram a primeira venda no exterior como suficiente para a exaustão do direito de propriedade industrial, o titular vê esgotado seu direito de exercer a exclusividade de uso apenas no território que o reconhece e que, portanto, regula sua exaustão. Em outras palavras, a exaustão internacional ou regional dos direitos de propriedade industrial não desrespeita o princípio da territorialidade.

De modo geral, o caráter lícito ou ilícito da prática da importação paralela é definido em cada jurisdição conforme a abrangência da exclusividade de uso concedida aos titulares dos direitos de propriedade industrial em seu território, o que se faz por meio da adoção de um dos sistemas de exaustão de direitos. Isso significa que cada modalidade de direito de propriedade industrial pode apresentar um regime distinto em relação à importação paralela.

Tendo isso em vista, é importante esclarecer que este trabalho tem como objeto de estudo a disciplina da importação paralela apenas em relação a patentes no direito brasileiro. Assim, inicialmente, faz-se necessária uma análise da proteção conferida às patentes e do tratamento atribuído ao princípio da exaustão dos direitos de patente e, portanto, à importação paralela no âmbito da legislação brasileira.

2.2. Previsão legal

A proteção à propriedade industrial, prevista constitucionalmente,[18] é assegurada por meio da concessão de exclusividade de uso em todo território brasileiro ao titular que a registrou devidamente junto ao Instituto Nacional de Propriedade Industrial (INPI). No que diz respeito às patentes, em particular, a Lei nº 9.279/1996 (Lei de Proprie-

---

[18] "Art. 5º, XXIX – a lei assegurará aos autores de inventos industriais privilégio temporário para sua utilização, bem como proteção às criações industriais, à propriedade das marcas, aos nomes de empresas e a outros signos distintivos, tendo em vista o interesse social e o desenvolvimento tecnológico e econômico do País; (...)." BRASIL. Constituição (1988). Constituição da República Federativa do Brasil. Brasília, DF: Senado, 1988. Disponível em: http://www.planalto.gov.br/ccivil_03/Constituicao/Constituicao.htm. Acesso em 6 ago. 2017.

dade Industrial ou "LPI")[19] confere "direitos negativos" aos titulares, isto é, direitos de impedir terceiros de praticarem determinados atos, conforme segue:

> Art. 42. A patente confere ao seu titular o **direito de impedir terceiro, sem o seu consentimento, de** produzir, usar, colocar à venda, vender ou **importar** com estes propósitos:
> I – produto objeto de patente;
> II – processo ou produto obtido diretamente por processo patenteado.
> § 1º Ao titular da patente é assegurado ainda o direito de impedir que terceiros contribuam para que outros pratiquem os atos referidos neste artigo. [...] (Grifo nosso)

Verifica-se, assim, que a importação, sem o consentimento do titular, de produto objeto de patente ou produto obtido por processo patenteado constitui violação à patente. No entanto, o artigo 42 da LPI deve ser analisado em conjunto com o artigo 43 da mesma lei, uma vez que este apresenta as exceções em relação aos direitos conferidos por aquele.

2.2.1. Artigo 43, inciso IV da LPI

Particularmente, o artigo 43, inciso IV da LPI limita o direito do titular da patente de impedir terceiros de praticarem determinados atos comerciais quando o produto que incorporar a patente tiver sido colocado no mercado interno por ele ou com seu consentimento, a saber:

> Art. 43. O disposto no artigo anterior não se aplica: [...]
> IV – a produto fabricado de acordo com patente de processo ou de produto que tiver sido colocado no **mercado interno** diretamente pelo titular da patente ou com seu consentimento; [...] (Grifo nosso)

Isso significa que o titular da patente, após inserido o produto no mercado brasileiro, não pode invocar seu direito de exclusividade

---

[19] BRASIL. Lei nº 9.279, de 14 de maio de 1996. Disponível em: http://www.planalto. gov.br/ccivil_03/Leis/L9279.htm. Acesso em 6 ago. 2017.

sobre o bem imaterial protegido para impedir atividades comerciais subsequentes, como revenda, aluguel, empréstimo, ou outras formas de uso comercial por terceiro. Em outras palavras, o direito de exclusividade do titular da patente, garantido pelo artigo 42 da LPI, esgota-se a partir do momento em que a mercadoria objeto da patente é colocada no mercado nacional. Se assim não fosse, a exclusividade concedida ao titular do direito garantiria a ele o controle infinito das operações comerciais relativas aos produtos que incorporam sua patente – o que não está no escopo da proteção à propriedade industrial.

Diante disso, nota-se que o artigo 43, inciso IV da LPI aplica o princípio da exaustão dos direitos de patente, segundo o qual: a partir do momento em que o titular, ou outro agente com seu consentimento, coloca no mercado produto objeto da patente, exaure-se o direito de impedir a circulação da mercadoria vinculada à propriedade industrial. Ainda mais, observa-se que o legislador foi claro ao restringir a limitação à colocação do produto no "mercado interno", conforme destaca Denis Borges Barbosa:

> O inciso IV do art. 43 do CPI/96 prevê tal esgotamento de direitos no tocante ao mercado interno, ou seja, consideram-se exauridos os poderes do titular da patente que coloque no mercado interno o produto patenteado, ou fabricado com o processo patenteado.
>
> Assim, o esgotamento ocorre com a colocação do produto no mercado a qualquer título: venda, locação, leasing, etc. Qualquer uso subseqüente está fora do direito da propriedade intelectual; [...].[20]

Portanto, verifica-se que, em princípio, a LPI adotou a regra da exaustão nacional dos direitos de patente, de modo que não constitui ilícito o ato de comercialização por terceiro, no território nacional, de produto que incorpora patente desde que esse produto tenha sido colocado no mercado nacional pelo titular do direito ou com seu consentimento.

---

[20] BARBOSA, Denis Borges. *Tratado da propriedade industrial*: patentes. Rio de Janeiro: Lumen Juris, tomo II, 2010, p. 1628.

Por conseguinte, a leitura *a contrario sensu* do artigo 43, inciso IV da LPI (juntamente com o artigo 42 da mesma lei) permite concluir que, em regra, a importação paralela de patentes é prática ilícita no Brasil. Isso porque, ao definir exceções ao direito do titular da patente de impedir terceiros de praticarem determinados atos comerciais, o artigo 43, inciso IV da LPI estabelece como condição que o produto patenteado tenha sido colocado no mercado nacional pelo titular do direito ou com seu consentimento – condição esta que, por si só, é incompatível com a prática da importação paralela. Com efeito, a exceção prevista pelo artigo 43, inciso IV da LPI é válida apenas para os atos comerciais "usar", "colocar à venda" e "vender" (previstos no artigo 42 da LPI), pois uma vez que o produto objeto da patente precisa ser colocado no mercado nacional pelo titular do direito ou com seu consentimento para que haja a exaustão do direito de impedir a circulação da mercadoria, não faz sentido falar que há exaustão do direito de impedir a importação.

Além disso, vale observar que o artigo 43, inciso IV da LPI determina que o direito do titular de impedir terceiros de praticarem determinados atos comerciais é exaurido em relação ao produto objeto da patente que tiver sido colocado no mercado interno diretamente pelo titular da patente ou com seu consentimento (bem corpóreo), e não à patente em si (bem incorpóreo). Dessa forma, conclui-se que, no âmbito da LPI, a exaustão do direito de patente ocorre a cada produto individualizado colocado no mercado nacional diretamente pelo titular da patente ou com seu consentimento, ou seja, não basta que um primeiro exemplar do produto patenteado seja colocado no mercado nacional para que o direito do titular desta patente de impedir terceiros de praticarem determinados atos comerciais seja exaurido em relação a todos os demais produtos que incorporam a patente.

No mais, é importante esclarecer que, no âmbito do artigo 43, inciso IV da LPI, a importação paralela de produto objeto de patente constitui atividade ilícita apenas na esfera cível, notando-se que a disposição penal da LPI imputa a prática de crime somente se a importação se verificar em relação a produto patenteado que tiver sido colocado no mercado externo por terceiro sem o consentimento do titular da patente.[21] Diante disso, observa-se que, apesar de a LPI considerar a importação paralela de patentes um ilícito civil, não existe repressão criminal à prática (a menos que o produto patenteado importado não tenha sido colocado no mercado externo diretamente pelo titular da patente ou com seu consentimento) – o que evidencia certa ponderação quanto à gravidade e prejuízos relacionados à prática.

2.2.2. Artigo 68, §§ 3º e 4º da LPI

O emprego do termo "em regra" no item anterior, diante da afirmação de que, "em regra, a importação paralela de patentes é prática ilícita no Brasil", não foi despropositado. Conforme se pode notar, o artigo 68, §§ 3º e 4º da LPI adota, para casos específicos relacionados à licença compulsória e à ausência de exploração da patente, a exaustão internacional do direito de patente:

> Art. 68. O titular ficará sujeito a ter a patente licenciada compulsoriamente se exercer os direitos dela decorrentes de forma abusiva, ou por meio dela praticar abuso de poder econômico, comprovado nos termos da lei, por decisão administrativa ou judicial.
>
> § 3º No caso de a licença compulsória ser concedida em razão de abuso de poder econômico, ao licenciado, que propõe fabricação local, será garantido um prazo, limitado ao estabelecido no art. 74, para proceder à importação do objeto da licença, desde que tenha sido colocado no mercado diretamente pelo titular ou com o seu consentimento.

---

[21] "Art. 184. Comete crime contra patente de invenção ou de modelo de utilidade quem:

I – exporta, vende, expõe ou oferece à venda, tem em estoque, oculta ou recebe, para utilização com fins econômicos, produto fabricado com violação de patente de invenção ou de modelo de utilidade, ou obtido por meio ou processo patenteado; ou

II – *importa produto que seja objeto de patente de invenção ou de modelo de utilidade ou obtido por meio ou processo patenteado no País, para os fins previstos no inciso anterior, e que não tenha sido colocado no mercado externo diretamente pelo titular da patente ou com seu consentimento.*

Pena – detenção, de 1 (um) a 3 (três) meses, ou multa." (Grifo nosso)

§ 4º No caso de importação para exploração de patente [hipótese prevista no § 1º, inciso I][22] e no caso da importação prevista no parágrafo anterior, será igualmente admitida a importação por terceiros de produto fabricado de acordo com patente de processo ou de produto, desde que tenha sido colocado no mercado diretamente pelo titular ou com o seu consentimento.

Mais detalhadamente, no § 3º do artigo 68 da LPI, o legislador permite a importação paralela, pelo período de um ano, prorrogável por mais um ano,[23] ao licenciado que propõe a fabricação local na hipótese de ser concedida licença compulsória em razão do exercício abusivo do direito de patente ou do abuso de poder econômico. Já o § 4º do mesmo dispositivo autoriza terceiros a realizarem importação paralela para a exploração de patente, nos casos de inviabilidade econômica, e estende também a terceiros a possibilidade de importarem paralelamente nos casos de importação permitida por licença compulsória decorrente do exercício abusivo do direito de patente ou do abuso de poder econômico.

Em ambas as hipóteses, o legislador estabeleceu que a importação paralela será admitida apenas se o produto objeto da patente tiver sido colocado no mercado diretamente pelo titular ou com seu consentimento. Muito embora os dispositivos não mencionem expressamente, isso significa que a importação paralela será admitida se o produto tiver sido colocado no mercado "externo" pelo titular da patente ou com seu consentimento. Sendo assim, para essas duas hipóteses, o legislador adotou a exaustão internacional dos direitos

---

[22] "§ 1º Ensejam, igualmente, licença compulsória:
I – a não exploração do objeto da patente no território brasileiro por falta de fabricação ou fabricação incompleta do produto, ou, ainda, a falta de uso integral do processo patenteado, *ressalvados os casos de inviabilidade econômica, quando será admitida a importação*; ou [...]." (Grifo nosso)
[23] "Art. 74. Salvo razões legítimas, o licenciado deverá iniciar a exploração do objeto da patente no prazo de 1 (um) ano da concessão da licença, admitida a interrupção por igual prazo."

de patente.[24] Tais exceções são vistas como uma tentativa de se alcançar uma solução equilibrada para a questão da exaustão de direitos no sistema brasileiro. Nas palavras de Denis Borges Barbosa,

> se o titular apenas importa seu produto, não o fabricando no Brasil, o terceiro interessado também pode importar, desde que de fonte externa autorizada ou não vedada pelo titular. A solução parece ser equitativa e equilibrada, realizando o preceito constitucional de balanceamento de interesses, e evidentemente não viola qualquer dispositivo do TRIPS, já pelo disposto no art. 6º deste.[25]

Ainda, o Decreto nº 3.201, de 6 de outubro de 1999 (com redação dada pelo Decreto nº 4.830, de 4 de setembro de 2003),[26] o qual dispõe sobre a concessão de licença compulsória nos casos de emergência nacional e de interesse público de que trata o artigo 71 da LPI,[27] também prevê a possibilidade de se realizar, excepcionalmente, importação paralela de produto objeto de patente, desde que: (i) não seja possível o atendimento às situações de emergência nacional ou interesse público com o produto colocado no mercado interno; ou (ii) se mostre inviável a fabricação do objeto da patente por terceiro, ou pela União. Nesses casos, a União também deverá adquirir prefe-

---

[24] Nesse sentido, Newton Silveira assim explica: "em princípio, a exaustão no campo das patentes é exaustão nacional. Mas, se formos ao parágrafo 4º do artigo 68 da LPI, veremos ser admitida a importação por terceiros de produto fabricado de acordo com patente de processo ou de produto, desde que tenha sido colocado no mercado diretamente pelo titular ou com seu consentimento. Agora, se trata de exaustão internacional (vide importação e colocado no mercado)". SILVEIRA, Newton. *A "vexata quaestio" da importação paralela de marcas*. Revista da ABPI, nº 127, nov/dez 2013.

[25] BARBOSA, Denis Borges. *Tratado da propriedade industrial*: patentes. Rio de Janeiro: Lumen Juris, tomo II, 2010, p. 1629.

[26] Brasil. Decreto nº 3.201, de 6 de outubro de 1999 (com redação dada pelo Decreto nº 4.830, de 4 de setembro de 2003). Disponível em: http://www.planalto.gov.br/ccivil_03/decreto/D3201.htm. Acesso em 6 ago. 2017.

[27] "Art. 71. Nos casos de emergência nacional ou interesse público, declarados em ato do Poder Executivo Federal, desde que o titular da patente ou seu licenciado não atenda a essa necessidade, poderá ser concedida, de ofício, licença compulsória, temporária e não exclusiva, para a exploração da patente, sem prejuízo dos direitos do respectivo titular."

rencialmente o produto que tenha sido colocado no mercado diretamente pelo titular ou com seu consentimento.[28]

2.3. Por que a LPI é assim?
2.3.1. O Acordo TRIPS e o princípio da exaustão de direitos
O sistema TRIPS/OMC recepciona o princípio da exaustão de direitos nos seguintes termos:

> Artigo 6º. Exaustão. Para os propósitos de solução de controvérsias no marco deste Acordo, e sem prejuízo do disposto nos Artigos 3 e 4, nada neste Acordo será utilizado para tratar da questão da exaustão dos direitos de Propriedade Intelectual.

Da leitura desse dispositivo, conclui-se que o Acordo TRIPS é neutro quanto ao sistema de exaustão de direitos a ser adotado pelos países-membros, abrindo espaço para que cada um escolha, segundo suas necessidades político-econômico-sociais, estender mais ou menos a exclusividade de uso concedida aos titulares de propriedade intelectual. Em outras palavras, o Acordo TRIPS permite que cada Estado-membro da OMC opte pela exaustão nacional ou internacional, ou, ainda, regional, dos direitos de propriedade intelectual. Como consequência, isso significa que os países não podem recorrer ao Órgão de Solução de Controvérsias da OMC para discutir questões atinentes à exaustão de direitos.

Em relação às patentes, em particular, fica explícita a sujeição dos direitos conferidos aos titulares ao princípio da exaustão de direi-

---

[28] "Art. 10. Nos casos em que não seja possível o atendimento às situações de emergência nacional ou interesse público com o produto colocado no mercado interno, ou se mostre inviável a fabricação do objeto da patente por terceiro, ou pela União, poderá esta realizar a importação do produto objeto da patente. (Redação dada pelo Decreto nº 4.830, de 4.9.2003)
Parágrafo único. Nos casos previstos no *caput* deste artigo, a União adquirirá preferencialmente o produto que tenha sido colocado no mercado diretamente pelo titular ou com seu consentimento, sempre que tal procedimento não frustre os propósitos da licença. (Incluído pelo Decreto nº 4.830, de 4.9.2003)"

tos, ante a inclusão da nota de rodapé número 6 no artigo 28 (1) do Acordo TRIPS, conforme segue:

> Artigo 28. Direitos Conferidos. 1. Uma patente conferirá a seu titular os seguintes direitos exclusivos: a) quando o objeto da patente for um produto, o de **evitar que terceiros sem seu consentimento produzam usem, coloquem a venda, vendam, ou importem (6)** com esses propósitos aqueles bens; b) quando o objeto da patente for um processo, o de evitar que terceiros sem seu consentimento usem o processo, usem, coloquem a venda, vendam, ou importem com esses propósitos pelo menos o produto obtido diretamente por aquele processo.
>
> **[Nota 6 à letra (a)] Esse direito, como todos os demais direitos conferidos por esse Acordo relativos ao uso, venda, importação ou outra distribuição de bens, está sujeito ao disposto no Artigo 6.** (Grifo nosso)

Não obstante, apesar de o Acordo TRIPS também não estabelecer o sistema de exaustão de direitos a ser adotado para as patentes, há entendimento no sentido de que ele impede a exaustão internacional dos direitos de patente e "essa situação não é alterada pelo art. 6 ou pela referência feita na nota de rodapé do art. 28 (1), (a), que simplesmente dispõem que, em caso de controvérsias, a questão relativa à exaustão não será negociável dentro do procedimento de Solução de Controvérsias da OMC".[29] Apresentado por Maristela Basso, esse é o entendimento de Joseph Straus, para quem

> a conjugação do art. 27 (1) com o art. 28 (1) do TRIPS estabelece a obrigação dos Estados-membros de conceder ao titular da patente o direito exclusivo de proibir a venda e importação por terceiros de produtos patenteados ou de produtos obtidos por meio de um processo patenteado, sem sua autorização, independentemente de onde o produto foi produzido.[30-31]

---

[29] BASSO, Maristela. *Propriedade intelectual e importação paralela*. São Paulo: Atlas, 2011, p. 31-32.

[30] BASSO, Maristela. *Propriedade intelectual e importação paralela*. São Paulo: Atlas, 2011, p. 31-32.

[31] *Vide* Artigo 27 (1) do TRIPS: "Sem prejuízo do disposto nos parágrafos 2 e 3 abaixo, qualquer invenção, de produto ou de processo, em todos os setores tecnológicos, será patenteável, desde que seja nova, envolva um passo inventivo e seja passível de aplica-

Ademais, com base nos princípios da territorialidade e da independência das patentes, constantes no artigo 4 bis (1) CUP, "Straus defende que o princípio da exaustão internacional vai de encontro não somente às previsões legais sobre o direito de patentes do Acordo TRIPS, como também à sua racionalidade e lógica".[32]

Contudo, como será detalhado no Capítulo 3, o entendimento de que o artigo 6 do TRIPS abre espaço para que cada Estado-membro da OMC opte pela exaustão nacional, internacional ou regional dos direitos de propriedade intelectual – o que, obviamente, inclui as patentes – é corroborado pelo parágrafo 5(d) da Declaração de Doha sobre o Acordo TRIPS e Saúde Pública, nos seguintes termos:

> *The effect of the provisions in the TRIPs Agreement that are relevant to the exhaustion of intellectual property rights is to leave each Member free to establish its own regime for such exhaustion without challenge, subject to the MFN* [cláusula da nação mais favorecida] *and national treatment provisions of Article 3 and 4.*[33]

É por conta dessa neutralidade do sistema TRIPS/OMC em relação ao sistema de exaustão de direitos a ser adotado pelos países-membros que temas diretamente relacionados à abrangência da exclusividade dos direitos de propriedade industrial, como é o caso da importação paralela de patentes, são tão complexos e se tornam objeto de exaustivas discussões tanto em foros internacionais quanto em foros nacionais. E, isso não foi diferente quando da elaboração da LPI, conforme será visto a seguir.

ção industrial. Sem prejuízo do disposto no parágrafo 4 do Artigo 65, no parágrafo 8 do Artigo 70 e no parágrafo 3 deste Artigo, as patentes serão disponíveis e os direitos patentários serão usufruíveis sem discriminação quanto ao local de invenção, quanto a seu setor tecnológico e quanto ao fato de os bens serem importados ou produzidos localmente".

[32] Basso, Maristela. *Propriedade intelectual e importação paralela*. São Paulo: Atlas, 2011, p. 31-32.

[33] World Trade Organization. *Declaration on the TRIPS agreement and public health.* Disponível em: https://www.wto.org/english/thewto_e/minist_e/min01_e/mindecl_trips_e.htm. Acesso em 6 ago. 2017.

2.3.2. Elaboração da LPI e discussões relativas à importação paralela de patentes

Diante do livre arbítrio concedido pelo sistema TRIPS/OMC a cada país-membro para legislar sobre o princípio da exaustão dos direitos de patente e, portanto, modelar o regime nacional da importação paralela, assim o fez o Brasil no âmbito da LPI: adotou, em princípio, a exaustão nacional dos direitos de patente, sendo que, em regra, a prática da importação paralela constitui ato ilícito.

Ocorre que o formato final da lei não foi alcançado de forma pacífica. A LPI foi elaborada e aprovada em meio a intenso debate no Congresso Nacional, pressão norte-americana e polêmica na grande imprensa. Inevitavelmente, isso também se refletiu na confecção dos dispositivos relativos ao princípio da exaustão dos direitos de patente e à importação paralela de patentes.

Dessa forma, cabe aqui um exame de todo o processo de elaboração da LPI, com destaque para as discussões a respeito do tipo de exaustão dos direitos de patente a ser adotado e, consequentemente, do caráter lícito ou ilícito da prática de importação paralela de patentes a ser definido no Brasil. Em particular, faz-se necessária uma análise da Exposição de Motivos que fundamentou a LPI e de toda a tramitação legislativa que endereçou a aprovação da lei, o que inclui tanto debates entre parlamentares quanto posicionamentos de demais atores envolvidos na elaboração da LPI.

2.3.2.1. Exposição de Motivos

Há dois documentos legislativos principais que precedem a LPI: o Projeto de Lei nº 824/1991 da Câmara dos Deputados ("PL 824/1991") e o Projeto de Lei nº 115/1993 ("PL 115/1993"), chamado de Substitutivo do Senado ao Projeto de Lei da Câmara. A Exposição de Motivos de que trata este item foi apresentada no âmbito do PL 824/1991.

Originado pela Mensagem Presidencial nº 192, de 1991, o PL 824/1991 previa em seu texto original a adoção da exaustão internacional dos direitos de patente, conforme se pode observar na redação proposta:

Art. 55. Os direitos conferidos pela patente não se estendem a: [...]

IV – Atos relativos a produto fabricado de acordo com patente de processo ou de produto que tiver sido colocado no **mercado interno ou externo** pelo titular da patente ou com seu consentimento. (Grifo nosso)

Mais especificamente, a partir do emprego da expressão "mercado interno ou externo", o PL 824/1991 propôs que o direito de exclusividade de uso do titular da propriedade industrial no país se esgotasse quando o produto objeto da patente fosse colocado no mercado, seja no âmbito nacional, seja no âmbito internacional. Na Exposição de Motivos que acompanhou o PL 824/1991, fica clara a intenção de adotar o princípio da exaustão internacional dos direitos de patente, sendo apresentada a justificativa de que essa opção era a que melhor atendia à política brasileira de abertura e livre concorrência, conforme segue:

Excelentíssimo Senhor Presidente da República,

1. Na linha das ações preconizadas para implementar a Política Industrial e de Comércio Exterior, recentemente aprovada por Vossa Excelência, uma das tarefas que se impõem ao Estado é a de criar ambiente favorável aos investimentos, com o estabelecimento de regras claras e estáveis para o exercício da atividade econômica e o funcionamento do mercado.

Dentre as medidas previstas nas diretrizes para execução da mencionada Política inclui-se a revisão do Código da Propriedade Industrial, instituído pela Lei nº 5.772, de 21 de dezembro de 1971. [...]

9. O anteprojeto disciplina de forma exaustiva os direitos patentários, em harmonia com a última revisão da Convenção da União de Paris (Ata de Estocolmo de 1967, muito embora o Brasil desta não seja signatário).

Assim, a proposta prevê o alcance dos direitos, suas limitações e exaustão, **tendo-se optado pelo princípio da exaustão a nível internacional e não a nível nacional, de vez que a primeira parece atender de forma mais adequada a política nacional de abertura e livre concorrência.** Dentro desse entendimento, caso haja disponibilidade no mercado internacional, o produto, ainda que patenteado no Brasil, poderá ser livremente importado, desde que tenha sido produzido pelo titular da patente ou pessoa por ele autorizada.

A exaustão a nível internacional tem sido admitida pela maioria dos países que integram o Grupo Negociador sobre Aspectos dos Direi-

tos de Propriedade Intelectual Vinculados ao Comércio – TRIPS – da Rodada Uruguai.[34] (Grifo nosso)

Destaca-se ainda que a Exposição de Motivos reforçou que a escolha pela exaustão internacional dos direitos de patente era a mais adequada ao país, porque a maioria dos países que também integrava o Grupo Negociador do TRIPS, do qual o Brasil fazia parte, havia adotado.

Como se sabe, o dispositivo que trata da exaustão dos direitos de patente na LPI atualmente não apresenta os mesmos termos do que foi proposto no âmbito do PL 824/1991. Em particular, a expressão "mercado interno ou externo" foi reduzida ao termo "mercado interno". A partir disso, passe-se a analisar o processo de tramitação da LPI entre as duas casas do Congresso Nacional.

2.3.2.2. Tramitação legislativa

A redução da expressão "mercado interno ou externo" para o termo "mercado interno" no texto do dispositivo que trata da exaustão dos direitos de patente proposto pelo PL 824/1991 ocorreu quando a legislação estava sob análise do Senado Federal. Assim, ao retornar do Senado Federal para a Câmara dos Deputados, com a nomenclatura de Substitutivo do Senado ao Projeto de Lei da Câmara nº 115, de 1993, ou Substitutivo do Senador Fernando Bezerra (PMDB-RN), o dispositivo que trata da exaustão dos direitos de patente passou a prever a adoção da exaustão nacional, assim como o é na LPI atualmente.

Com a justificativa de que não havia propriamente um Substitutivo do Senado Federal, mas, sim, algumas emendas que se referiam a pontos discutidos na Rodada Uruguai, que se transformou no acordo que o Brasil subscreveu,[35] o relator do PL 824/1991, Depu-

---

[34] BRASIL. CÂMARA DOS DEPUTADOS. *Diário do Congresso Nacional (Seção I)*, de 9 de maio de 1991. Disponível em: http://imagem.camara.gov.br/Imagem/d/pdf/DCD-09MAI1991.pdf#page=136, p. 5.709. Acesso em 6 ago. 2017.

[35] Concomitantemente à tramitação nas Comissões do Senado Federal, finalizavam--se as negociações para o Acordo TRIPS, no âmbito da Rodada Uruguai do GATT

tado Federal Ney Lopes, votou pela aprovação das emendas do Senado sem fazer qualquer referência ao ajuste relativo à exaustão dos direitos de patente. Em seu parecer, destacou as expectativas em relação à nova legislação de modo geral: "esperamos, com esta nova Lei, que seja aperfeiçoada, paulatinamente, nossa imagem de parceiro atraente para investimentos estrangeiros em tecnologia avançada".[36]

Apesar disso, alguns deputados solicitaram requerimento para votação em separado do dispositivo sobre a exaustão dos direitos de patente por não concordarem com a exclusão do adjetivo "externo", da expressão "mercado interno ou externo", realizada pelo Senado Federal. É o caso, por exemplo, do Deputado Federal Sr. Sérgio Miranda (PCdoB-MG), que expôs sua opinião nos seguintes termos:

> Estamos votando a proibição de importação e o argumento utilizado pelo Relator é no sentido de proteger a indústria nacional. Protege-se a indústria nacional com políticas industrial, de crédito e tarifária.
>
> **Estamos criando, de fato, uma reserva de mercado para a alta tecnologia produzida no Brasil. Assim sendo, não pode haver importação.**
>
> Isso é uma loucura, mas, como dizia Shakespeare, há método nessa loucura – não é só o Deputado Inocêncio Oliveira que pode citar Shakespeare. Quero dizer que o método dessa loucura é que os liberais, no Brasil, não são tão liberais, nunca se liberaram nem do Estado nem da submissão ao capital estrangeiro.

(*General Agreement on Trade and Tariff*). O acordo, concluído em dezembro de 1993, foi aprovado pelo Congresso Nacional e posto em vigência a partir de 1º de janeiro de 1995. Segundo o Deputado Federal Relator do PL 824/1991, "estes fatos influenciaram fortemente a natureza das emendas apresentadas no Senado Federal". BRASIL. Câmara dos Deputados. *Diário da Câmara dos Deputados*, de 12 de março de 1996. Disponível em: http://imagem.camara.gov.br/Imagem/d/pdf/DCD12MAR1996.pdf#page=30, p. 06297-06310. Acesso em 6 ago. 2017.

[36] Brasil. Câmara dos Deputados. *Diário da Câmara dos Deputados*, de 12 de março de 1996. Disponível em: http://imagem.camara.gov.br/Imagem/d/pdf/DCD-12MAR1996.pdf#page=30, p. 06297-06310. Acesso em 6 ago. 2017.

> **Estamos criando uma reserva de mercado para a indústria farma-
> cêutica americana e para a alta tecnologia.** Queria que os nomes dos libe-
> rais estivessem no painel para demonstrar isso.[37] (Grifo nosso)

As respostas a essa manifestação continuaram a justificar que se fazia necessário vedar a importação paralela de patentes para proteger a indústria nacional. Nesse sentido, os parlamentares Sr. Inocêncio Oliveira (Bloco/PFL-PE) e Sr. Ayrton Xerez (PSDB-RJ) assim se manifestaram, respectivamente:

> Sr. Presidente, Sras. e Srs. Deputados, somos liberais, o que não somos é
> inconseqüentes. Não queremos, quando existir um produto no Brasil, que
> se importe esse mesmo produto, isto é, quando existir um produto patente-
> ado no Brasil, que não se importe outro produto. Mas, quando esse produto
> deixar de ser fabricado ou tiver o preço muito elevado, que se restabeleça a
> possibilidade de importação.
>
> Queremos proteger a indústria nacional, mas dentro de critérios. Por
> isso, votamos sim pela manutenção do texto.[38]

> Sr. Presidente, Sras. e Srs. Deputados, o PSDB encaminha voto sim e
> procura esclarecer aos seus Parlamentares que o que se deseja é manter
> uma empresa nacional forte. Se abusos econômicos vierem a ocorrer, será
> permitida a importação desses produtos, para que o consumidor não sofra.
> O objetivo é defender o consumidor.[39]

Observa-se, assim, a existência de dois posicionamentos distintos dentro da Câmara dos Deputados em relação ao ajuste feito pelo Senado Federal no texto do dispositivo sobre exaustão dos direitos de

---

[37] BRASIL. CÂMARA DOS DEPUTADOS. *Diário da Câmara dos Deputados*, de 11 de abril de 1996. Disponível em: http://imagem.camara.gov.br/Imagem/d/pdf/DCD11ABR1996.pdf#page=113, p. 09309-09310. Acesso em 6 ago. 2017.

[38] BRASIL. CÂMARA DOS DEPUTADOS. *Diário da Câmara dos Deputados*, de 11 de abril de 1996. Disponível em: http://imagem.camara.gov.br/Imagem/d/pdf/DCD11ABR1996.pdf#page=113, p. 09309-09310. Acesso em 6 ago. 2017.

[39] BRASIL. CÂMARA DOS DEPUTADOS. *Diário da Câmara dos Deputados*, de 11 de abril de 1996. Disponível em: http://imagem.camara.gov.br/Imagem/d/pdf/DCD11ABR1996.pdf#page=113, p. 09309-09310. Acesso em 6 ago. 2017.

patente. De um lado, havia o entendimento de que não fazia sentido vedar a importação paralela para proteger a indústria nacional, uma vez que a proteção da indústria brasileira deveria ser realizada por meio de políticas industrial, de crédito e tarifária. Essa vertente ainda argumentava que, com a vedação da importação paralela de patentes, estaria sendo criada uma reserva de mercado para a indústria estrangeira no Brasil. Do outro lado, havia os deputados que defendiam a vedação da importação paralela com o intuito de proteger o titular nacional da patente, sob o argumento de que, ao evitar que os empresários nacionais enfrentassem a concorrência das importações, a empresa nacional ficaria fortalecida. Desse modo, esses parlamentares eram contra a importação paralela de patentes, a não ser nas situações em que houvesse abuso de poder econômico, ou seja, quando o produto objeto da patente deixasse de ser fabricado no país ou tivesse o preço muito elevado.

Pelo exposto no item que analisou os dispositivos da LPI relativos ao princípio da exaustão dos direitos de patente e à importação paralela, sabe-se que a redação final da lei contemplou o entendimento dos parlamentares que defendiam a proteção do titular nacional da patente contanto que não houvesse exercício abusivo do direito de patente ou abuso de poder econômico. Conforme já mencionado, para Denis Borges Barbosa, essa decisão legislativa de, em regra, vedar a importação paralela de patentes, mas de autorizá-la na ausência de produção local, parece acertada, pois consiste em uma tentativa de se alcançar uma solução equilibrada para a questão da exaustão de direitos no sistema brasileiro.[40]

No entanto, nos debates entre os parlamentares, foram apontadas as fragilidades dessa eventual solução equilibrada. Especificamente sobre a ressalva em relação à possibilidade de importação paralela de patentes no caso de exercício abusivo do direito de patente ou de abuso de poder econômico, o Deputado Federal Sr. Sérgio Miranda (PCdoB-MG) também questionou a alegada intenção de proteger

---

[40] BARBOSA, Denis Borges. *Tratado da propriedade industrial*: patentes. Rio de Janeiro: Lumen Juris, tomo II, 2010, p. 1629.

a indústria nacional, ao criticar a inclusão, pelo Senado Federal, da expressão "ressalvados os casos de inviabilidade econômica, quando será admitida a importação" no § 1º, inciso I, do artigo 68 da LPI,[41] conforme segue:

> Estamos defendendo a obrigatoriedade da produção local. Aqueles que defendem a indústria devem votar pela obrigatoriedade da produção local. O texto do Senado, Sr. Presidente, é capcioso. Se alguém, detentor de uma patente, não quiser produzir no Brasil, pelo texto do Senado, pode argüir a inviabilidade econômica, pelo da Câmara, não. Ele é obrigado a produzir no Brasil. Se ele não quiser produzir no Brasil, recebe uma licença compulsória; o capitalista quer arriscar seu dinheiro e vai montar uma indústria, com aquela patente, com licença do governo.
>
> Com a aprovação do texto do Senado, ele não vai produzir no Brasil. É falso o discurso anterior no sentido de querer proteger a indústria nacional. Se quisesse proteger a indústria nacional votaria pelo texto da Câmara que permite a licença compulsória.[42]

Novamente, reafirmando a necessidade de defender a indústria nacional, os deputados Sr. Inocêncio Oliveira (Bloco/PFL-PE) e Sr. Ayrton Xerez (PSDB-RJ) responderam à manifestação da seguinte forma, respectivamente:

> Sr. Presidente, não é verdade o que o nobre Deputado Sérgio Miranda disse. Sobretudo porque quem vai julgar a alegada inviabilidade econômica

---

[41] Para fácil referência: "Art. 68. O titular ficará sujeito a ter a patente licenciada compulsoriamente se exercer os direitos dela decorrentes de forma abusiva, ou por meio dela praticar abuso de poder econômico, comprovado nos termos da lei, por decisão administrativa ou judicial.

§ 1º Ensejam, igualmente, licença compulsória:

I – a não exploração do objeto da patente no território brasileiro por falta de fabricação ou fabricação incompleta do produto, ou, ainda, a falta de uso integral do processo patenteado, *ressalvados os casos de inviabilidade econômica, quando será admitida a importação*; [...]". (Grifo nosso)

[42] BRASIL. CÂMARA DOS DEPUTADOS. *Diário da Câmara dos Deputados*, de 11 de abril de 1996. Disponível em: http://imagem.camara.gov.br/Imagem/d/pdf/DCD11ABR1996. pdf#page=113, p. 09310-09311. Acesso em 6 ago. 2017.

para a produção é o Governo. Portanto, não é a empresa que vai dizer se há ou não inviabilidade econômica. Esse julgamento ficará a cargo do Governo.

Portanto, Sr. Presidente, para manter o texto, o Bloco PFL/PTB recomenda o voto sim.[43]

Sr. Presidente, o PSDB vai votar sim, porque está convencido de que o presente projeto defende a indústria nacional. Cabe ao Governo soberano deste País estabelecer as condições em que a importação de produtos será indispensável para manter a proteção ao consumidor brasileiro.[44]

Paralelamente, cabe destacar que, no que tange à previsão legal sobre a repressão criminal à importação paralela de patentes, o PL 824/1991 (na versão Projeto de Lei nº 824-C, de 1991) apresentou o dispositivo tal como ele o é atualmente, ou seja, a prática é considerada crime apenas se o produto patenteado importado não tiver sido colocado no mercado externo diretamente pelo titular da patente ou com seu consentimento (artigo 184, inciso II, da LPI). Todavia, é importante esclarecer que o texto que retornou do Senado Federal, no PL 115/1993, pretendia criminalizar a importação paralela de patentes, excetuando apenas as hipóteses previstas nos §§ 3º e 4º do artigo 68 da LPI.[45]

Embora essa alteração não tenha prevalecido, nota-se uma coerência entre as alterações propostas pelo Senado Federal no sentido de proibir a prática da importação paralela de patentes no país de modo geral. Em contrapartida, o fato de a Câmara dos Deputados ter acatado as alterações do Senado Federal, para considerá-la um ilícito civil, mas não ter feito o mesmo na esfera criminal, sinaliza que os

---

[43] BRASIL. CÂMARA DOS DEPUTADOS. *Diário da Câmara dos Deputados*, de 11 de abril de 1996. Disponível em: http://imagem.camara.gov.br/Imagem/d/pdf/DCD11ABR1996.pdf#page=113, p. 09310-09311. Acesso em 6 ago. 2017.

[44] BRASIL. CÂMARA DOS DEPUTADOS. *Diário da Câmara dos Deputados*, de 11 de abril de 1996. Disponível em: http://imagem.camara.gov.br/Imagem/d/pdf/DCD11ABR1996.pdf#page=113, p. 09310-09311. Acesso em 6 ago. 2017.

[45] BRASIL. CÂMARA DOS DEPUTADOS. *Diário da Câmara dos Deputados*, de 12 de março de 1996. Disponível em: http://imagem.camara.gov.br/Imagem/d/pdf/DCD-12MAR1996.pdf#page=30, p. 06308. Acesso em 6 ago. 2017.

parlamentares ponderaram a gravidade e os prejuízos relacionados à prática.

Não obstante, o texto aprovado da LPI como um todo recebeu críticas de outros atores que acompanharam a tramitação legislativa. De acordo com o presidente da Associação dos Laboratórios Farmacêuticos Nacionais (Alanac), quando das negociações sobre a elaboração da LPI, as associações representantes de laboratórios nacionais, como a Associação Brasileira das Indústrias de Química Fina, Biotecnologia e suas Especialidades (Abifina), e a Alanac, lutaram para

> tentar convencer a sociedade e os parlamentares de que o que iriam aprovar, por exigência principalmente dos Estados Unidos, certamente traria problemas no futuro para a nossa indústria [...]. Tivemos algum sucesso na Câmara dos Deputados, mas quando o projeto foi ao Senado, ele foi completamente modificado atendendo aos interesses das pressões, principalmente as norte-americanas [...].[46]

Com críticas de mesmo teor, o jornalista Barbosa Lima Sobrinho enviou, em 27 de março de 1995, uma carta ao Senador Ney Suassuna, relator da Comissão de Constituição, Justiça e Cidadania, do Senado Federal, apresentando suas preocupações com o projeto em tela, cujos trechos mais relevantes são apresentados a seguir:

> No momento em que se anuncia a tentativa de aprovação acelerada, no Senado, do Projeto de Lei nº 115/93, da Propriedade Industrial, para que o Presidente Fernando Henrique Cardoso possa anunciar, em sua próxima viagem aos Estados Unidos, em abril, que as pressões norte-americanas surtiram efeito, sentimo-nos no dever de ratificar as nossas posições contra o referido projeto, por considerá-lo lesivo aos interesses nacionais.
>
> Cumpre lembrar que países que assinaram a lei de patentes, inclusive os do chamado Primeiro Mundo, só o fizeram após o seu desenvolvimento indispensável em tecnologia. [...]

---

[46] BRASIL. CÂMARA DOS DEPUTADOS. Projeto de Lei nº 5.402/2013, proposto pelos Deputados Newton Lima Neto (PT-SP) e Rosinha (PT-PR). Disponível em: http://www.camara.gov.br/proposicoesWeb/prop_mostrarintegra;jsessionid=1993E705C6C918CFC1D65EBE07AE9F5E.proposicoesWeb1?codteor=1078755&filename=PL+5402/2013. Acesso em 6 ago. 2017.

Já não pudemos aceitar a pressa com que foi aprovado o acordo do Gatt, sem um amplo debate de conhecimento por parte dos srs. Senadores e deputados federais, bem como da sociedade civil organizada. Nada, pois – mas nada mesmo –, justifica o açodamento na aprovação do projeto de lei em causa. Nele é fundamental que se preservem: o prazo de transição de 10 anos; a não-retroatividade de qualquer direito concedido; as garantias de licenças obrigatórias ou do uso não autorizado pelo titular, desde que interessem ao desenvolvimento ou à segurança do Brasil; **o direito à importação paralela**; [...]; a obrigatoriedade da produção local de qualquer invento no interesse do desenvolvimento do país e de acordo com os princípios do Gatt.[47] (Grifo nosso)

Entre outros veículos da imprensa, a Folha de S. Paulo também combateu duramente a nova legislação em editorial intitulado "Aberração Patente", no qual afirmava:

Contrariando conceitos universalmente aceitos e aplicados em praticamente todo o mundo, a patente passará a ser, no Brasil, o direito de impedir a produção e até mesmo a importação de certos produtos. [...] O substitutivo do senador Bezerra, porém, não só desobriga o detentor da patente de produzir no país como ainda lhe concede o monopólio da eventual importação do produto. Com a aprovação dessa vergonhosa reserva de mercado, grandes laboratórios poderão impor ao consumidor brasileiro o uso de produtos mais caros ou obsoletos, sem temor da concorrência nem a necessidade de novos investimentos no Brasil.[48]

Diante da exposição desses debates e posicionamentos, observa-se que o pano de fundo da discussão é a permissão ou não da concorrência advinda da atuação do importador paralelo e que, para defendê-la ou contrariá-la, foram utilizados argumentos muito semelhantes, quando não os mesmos argumentos, porém sob perspectivas distin-

---

[47] PARANAGUÁ, Pedro; REIS, Renata. *Patentes e Criações Industriais*. Rio de Janeiro: Editora FGV, 2009, p. 48-52.

[48] FOLHA DE S. PAULO. *Aberração Patente*. Editorial, 7 de abril de 1996, p. 1-2. Disponível em: http://www1.folha.uol.com.br/fsp/1996/4/07/opiniao/1.html. Acesso em 6 ago. 2017.

tas. Por exemplo, ao mesmo tempo em que os parlamentares defenderam a vedação da importação paralela sob o argumento de que seria necessário proteger a indústria nacional (evitando que os empresários nacionais enfrentassem a concorrência das importações), agentes do mercado, como as associações representantes de laboratórios nacionais, esforçaram-se para que fosse permitida a importação paralela, justamente para proteger a indústria nacional, porque a proibição traria problemas futuros em razão da criação de reserva de mercado para a indústria estrangeira no Brasil. Assim, enquanto os parlamentares encararam a vedação da importação paralela como medida protetiva dos titulares nacionais de patentes e, portanto, da indústria nacional, alguns agentes econômicos vislumbraram que, na realidade, ela traria prejuízos à mesma indústria nacional.

Apesar da contradição entre os argumentos, resta esclarecido que, assim como a LPI como um todo, os dispositivos relativos à exaustão dos direitos de patente e, por conseguinte, à importação paralela não foram elaborados e aprovados de forma pacífica. Além disso, compreende-se que a justificativa que embasou a escolha legislativa por uma lei que, em regra, veda a importação paralela de patentes no Brasil foi a necessidade de proteger a indústria nacional, juntamente com o objetivo geral da LPI de atrair investimentos estrangeiros em tecnologia avançada. O discurso que sustenta essa justificativa é no sentido de que se pretende proteger os empresários nacionais titulares de patentes da concorrência de produtos importados e, ao mesmo tempo, atrair investimentos em tecnologia avançada de titulares de patentes estrangeiros, forçando-os a produzir em território nacional, sob a ameaça de licenciamento compulsório e, consequentemente, concorrência a partir da autorização da importação paralela.

2.4. Interpretação e aplicação da LPI
2.4.1. Entendimentos sobre os artigos 43, inciso IV e 68, §§ 3º e 4º da LPI

A partir da leitura dos artigos 43, inciso IV e 68, §§ 3º e 4º da LPI e da análise de toda a tramitação legislativa que endereçou a aprovação da lei, conclui-se que (i) em princípio, a LPI adotou a exaustão nacional dos direitos de patente, sendo que, em regra, a prática da importação paralela constitui ato ilícito; e (ii) como exceção, a LPI adotou a exaustão internacional dos direitos de patente, permitindo a importação paralela diante das hipóteses previstas no artigo 68, §§ 3º e 4º. No entanto, cabe ressalvar e esclarecer que esse entendimento não é unânime.

Em estudo que integra uma coletânea de artigos sobre questões relacionadas à interface entre direitos de propriedade intelectual e saúde pública, Maristela Basso afirma que a doutrina de propriedade intelectual mais tradicional identifica três exceções ao direito exclusivo de importação do titular da patente. São elas: (i) "hipótese de concessão de licença compulsória por abuso de poder econômico" (artigo 68, § 3º da LPI); (ii) "hipótese de falta de fabricação local ou fabricação incompleta de produto patenteado, ou ainda, falta de uso integral do processo patenteado" (artigo 68, § 1º, inciso I combinado com § 4º); e (iii) "hipótese de concessão de licença compulsória para atendimento às situações de emergência nacional ou interesse público" (Decreto nº 3.201, de 6 de outubro de 1999, com redação dada pelo Decreto nº 4.830, de 4 de setembro de 2003).[49]

No entanto, Maristela Basso considera que essa é uma interpretação restritiva sobre as exceções ao princípio da exaustão nacional dos direitos de propriedade intelectual. Segundo a autora, trata-se de um entendimento equivocado, uma vez que "reflete uma perspectiva da propriedade intelectual isolada de seus objetivos e de outras normas legais de hierarquia superior".[50]

---

[49] BASSO, Maristela. *Flexibilidades e salvaguardas do sistema legal de proteção das patentes*, em BASSO, Maristela; SALOMÃO FILHO, Calixto; POLIDO, Fabrício; CÉSAR, Priscilla. Direitos de propriedade intelectual e saúde pública: o acesso universal aos medicamentos anti-retrovirais no Brasil, São Paulo: IDCID, 2007, p. 117-120.

[50] BASSO, Maristela. *Flexibilidades e salvaguardas do sistema legal de proteção das patentes*, em BASSO, Maristela; SALOMÃO FILHO, Calixto; POLIDO, Fabrício; CÉSAR, Priscilla. Direitos de propriedade intelectual e saúde pública: o acesso universal aos medicamentos anti-retrovirais no Brasil, São Paulo: IDCID, 2007, p. 121.

Para Maristela Basso, o artigo 43, inciso IV da LPI "é uma regra que se refere apenas à exaustão nacional", de modo que pode ser interpretada "tanto como uma regra máxima quanto mínima, isto é, a exaustão é gerada, *pelo menos* ou *apenas*, pela comercialização em âmbito doméstico". Assim, a autora entende que fica "a critério dos julgadores brasileiros o estabelecimento dos limites à exaustão internacional, sendo possível fixá-la em consonância com as necessidades brasileiras de maior concorrência de produtos".[51]

Nesse sentido, Maristela Basso defende que, no que tange à proteção do direito à saúde no Brasil, a interpretação mais adequada é a da adoção do princípio da exaustão internacional dos direitos de patente. Explica a autora:

> Para se alcançar a interpretação correta dos reais limites legais à importação paralela devemos ter presente, em primeiro lugar, que todo e qualquer regime legal de proteção da propriedade intelectual deve ter como objetivo básico a geração de "benefício mútuo de produtores e usuários de conhecimento tecnológico", bem como conduzir "ao bem-estar social econômico e a um equilíbrio entre direitos e obrigações". Mais importante ainda, o operador do direito da propriedade intelectual deve ter como diretriz que: os direitos de propriedade intelectual são "ilhas de exclusividade em um oceano de liberdade"; na hipótese em que se excedam os limites dos direitos de propriedade intelectual é necessário o retorno ao princípio da liberdade.[52]

Ainda, Maristela Basso faz referência ao estudo de Christopher Heath, que, ao analisar os limites das patentes no sistema da LPI, alegou que a lei é inconclusa sobre o princípio da exaustão internacio-

---

[51] BASSO, Maristela. *Flexibilidades e salvaguardas do sistema legal de proteção das patentes*, em BASSO, Maristela; SALOMÃO FILHO, Calixto; POLIDO, Fabrício; CÉSAR, Priscilla. Direitos de propriedade intelectual e saúde pública: o acesso universal aos medicamentos anti-retrovirais no Brasil, São Paulo: IDCID, 2007, p. 121.

[52] BASSO, Maristela. *Flexibilidades e salvaguardas do sistema legal de proteção das patentes*, em BASSO, Maristela; SALOMÃO FILHO, Calixto; POLIDO, Fabrício; CÉSAR, Priscilla. Direitos de propriedade intelectual e saúde pública: o acesso universal aos medicamentos anti-retrovirais no Brasil, São Paulo: IDCID, 2007, p. 122.

nal, relembrando "que os objetivos primordiais do sistema TRIPS/ OMC são: o fomento do livre comércio internacional e a supressão de novas distorções comerciais".[53]

Em trabalho também relacionado à saúde pública – cujo objetivo é defender "a legalidade da importação de medicamentos pelo menor preço, quando o respectivo produto já tenha sido comercializado no Brasil, de qualquer localidade estrangeira e independentemente de autorização do titular da patente" –, Antonio Carlos Fonseca da Silva, Procurador Regional da República, considera que a LPI autoriza a prática da importação paralela de modo geral (seja nas hipóteses previstas nos §§ 3º e 4º do artigo 68, seja no âmbito do artigo 43, inciso IV).[54]

Da leitura *a contrario sensu* do artigo 43, inciso IV da LPI, Antonio Carlos Fonseca da Silva entende que, quando "um produto 'tiver sido colocado no mercado interno' diretamente pelo titular ou com seu consentimento, o dono da patente de produto ou de processo aplicado para a obtenção de um produto não poderá impedir terceiro de 'importar' o mesmo produto".[55] Segundo o autor, "o simples fato da colocação do produto no mercado interno, pelo titular ou terceiro como seu substituto, basta para autorizar a importação paralela".[56]

---

[53] BASSO, Maristela. *Flexibilidades e salvaguardas do sistema legal de proteção das patentes*, em BASSO, Maristela; SALOMÃO FILHO, Calixto; POLIDO, Fabrício; CÉSAR, Priscilla. Direitos de propriedade intelectual e saúde pública: o acesso universal aos medicamentos anti-retrovirais no Brasil, São Paulo: IDCID, 2007, p. 122.

[54] Cf. SILVA, Antonio Carlos Fonseca da. *Importação paralela de medicamentos*. Rev. Fund. Esc. Super. Minist. Público Dist. Fed. Territ., Brasília, Ano 10, Volume 19, p. 11-27, jan./ jun. 2002. Disponível em: www.escolamp.org.br/arquivos/19_01.pdf. Acesso em 6 ago. 2017.

[55] SILVA, Antonio Carlos Fonseca da. *Importação paralela de medicamentos*. Rev. Fund. Esc. Super. Minist. Público Dist. Fed. Territ., Brasília, Ano 10, Volume 19, p. 11-27, jan./ jun. 2002. Disponível em: www.escolamp.org.br/arquivos/19_01.pdf, p. 19. Acesso em 6 ago. 2017.

[56] SILVA, Antonio Carlos Fonseca da. *Importação paralela de medicamentos*. Rev. Fund. Esc. Super. Minist. Público Dist. Fed. Territ., Brasília, Ano 10, Volume 19, p. 11-27, jan./ jun. 2002. Disponível em: www.escolamp.org.br/arquivos/19_01.pdf, p. 25. Acesso em 6 ago. 2017.

Para Antonio Carlos Fonseca da Silva, o direito do titular da patente de impedir terceiros de praticarem atos comerciais que tenham por objeto produtos que incorporam a respectiva patente exaure-se a partir do momento em que um primeiro exemplar do produto patenteado é colocado no mercado pelo titular ou com seu consentimento. Antonio Carlos Fonseca da Silva assim explica e justifica seu entendimento:

> O direito de importar, conferido ao titular da patente, não passa de uma preferência para colocar o produto no mercado interno, legalmente, diretamente pelo titular ou por terceiro com seu consentimento. Essa preferência é realizada com a primeira venda, ou a primeira importação. Nisso se exaure o poder de controlar ou dividir o mercado pela patente. Esta continua válida e eficaz pelo período de vigência.
>
> Como se sabe, a doutrina da exaustão tem origem no direito antitruste ou da concorrência, que é refratário à divisão de mercados. Ordinariamente, dividir os mercados ou embaraçar a livre exploração da patente, enquanto ato prejudicial ou restritivo à livre concorrência, constitui infração à ordem econômica.[57]

Nota-se que se trata de posicionamento que envolve a questão específica da primeira venda de cada produto discutida em relação ao princípio da exaustão de direitos de propriedade industrial e à doutrina da *first sale*, conforme explicado no item 2.1. Em suma, discute-se a primeira venda, a qual provoca a exaustão de direitos, diz respeito a cada objeto sobre o qual recai a propriedade industrial ou se a primeira venda está relacionada apenas à colocação de um primeiro exemplar do produto no mercado.

Não obstante, conforme já ressalvado no item 2.1, observa-se que, ao considerar a exaustão do direito a partir da primeira venda do primeiro exemplar, perde sentido diferenciar a exaustão nacional da exaustão internacional. Isso porque, de acordo com essa hipótese de

---

[57] SILVA, Antonio Carlos Fonseca da. *Importação paralela de medicamentos*. Rev. Fund. Esc. Super. Minist. Público Dist. Fed. Territ., Brasília, Ano 10, Volume 19, p. 11-27, jan./jun. 2002. Disponível em: www.escolamp.org.br/arquivos/19_01.pdf, p. 20. Acesso em 6 ago. 2017.

interpretação, o direito esgota-se em relação a todos produtos apostos pelo bem imaterial objeto de proteção, restando como única diferença o requisito de que a primeira venda do primeiro exemplar ocorra ou não em território nacional, não havendo que se falar em direito do titular de impedir importações de mercadorias após a venda desse primeiro exemplar.

No mais, cabe relembrar que, independentemente de as interpretações sobre a LPI considerarem ou não a importação paralela de patentes um ilícito civil (no âmbito do artigo 43, inciso IV), não existe repressão criminal à prática, a menos que o produto patenteado importado não tenha sido colocado no mercado externo diretamente pelo titular da patente ou com seu consentimento (artigo 184, inciso II, da LPI) – o que evidencia, no mínimo, a existência de certa ponderação quanto à gravidade e prejuízos relacionados à prática.

Diante dessas considerações, torna-se válido um exame pormenorizado de como o sistema judiciário brasileiro vem interpretando e aplicando a LPI em casos concretos de importação paralela de patentes.

2.4.2. Jurisprudência relacionada à importação paralela de patentes

Este item visa a expor e analisar os precedentes judiciais relacionados à importação paralela de patentes no Brasil. Em particular, busca-se averiguar detalhadamente a maneira pela qual o sistema judiciário brasileiro vem abordando a questão, bem como observar os argumentos apresentados nesses precedentes.

A pesquisa foi realizada no âmbito do Superior Tribunal de Justiça (STJ) e dos tribunais de justiça de todos os estados brasileiros, incluindo o Tribunal de Justiça do Distrito Federal e dos Territórios.[58] Para tanto, foram utilizadas as ferramentas de busca disponí-

---

[58] Em geral, os casos sobre importação paralela chegam ao sistema judiciário brasileiro por meio de ações propostas por titulares de direitos de propriedade industrial que caracterizam a prática como um ato de concorrência desleal por violar seus direitos. Destaca-se que a Justiça Federal brasileira não tem competência para julgar esses casos, conforme estabelece o artigo 109 da Constituição Federal:
"Art. 109. Aos juízes federais compete processar e julgar:

veis nos *sites* dos órgãos. Resultado: apenas dois casos diretamente relacionados à importação paralela de patentes foram identificados, destacando-se que nenhuma discussão sobre o tema chegou às instâncias superiores – o que não deixa de ser reflexo da escassez de precedentes nos tribunais estaduais de justiça.[59]

Ambos os precedentes identificados são da 9ª Câmara de Direito Privado do Tribunal de Justiça do Estado de São Paulo (TJ/SP) e tratam de ações ajuizadas pela mesma empresa, a qual alega ser distribuidora exclusiva do produto "argireline" no Brasil, com a finalidade

I – as causas em que a União, entidade autárquica ou empresa pública federal forem interessadas na condição de autoras, rés, assistentes ou oponentes, exceto as de falência, as de acidentes de trabalho e as sujeitas à Justiça Eleitoral e à Justiça do Trabalho;
II – as causas entre Estado estrangeiro ou organismo internacional e Município ou pessoa domiciliada ou residente no País;
III – as causas fundadas em tratado ou contrato da União com Estado estrangeiro ou organismo internacional;
IV – os crimes políticos e as infrações penais praticadas em detrimento de bens, serviços ou interesse da União ou de suas entidades autárquicas ou empresas públicas, excluídas as contravenções e ressalvada a competência da Justiça Militar e da Justiça Eleitoral;
V – os crimes previstos em tratado ou convenção internacional, quando, iniciada a execução no País, o resultado tenha ou devesse ter ocorrido no estrangeiro, ou reciprocamente;
V – A as causas relativas a direitos humanos a que se refere o § 5º deste artigo; (Incluído pela Emenda Constitucional nº 45, de 2004)
VI – os crimes contra a organização do trabalho e, nos casos determinados por lei, contra o sistema financeiro e a ordem econômico-financeira;
VII – os *habeas corpus*, em matéria criminal de sua competência ou quando o constrangimento provier de autoridade cujos atos não estejam diretamente sujeitos a outra jurisdição;
VIII – os mandados de segurança e os *habeas data* contra ato de autoridade federal, excetuados os casos de competência dos tribunais federais;
IX – os crimes cometidos a bordo de navios ou aeronaves, ressalvada a competência da Justiça Militar;
X – os crimes de ingresso ou permanência irregular de estrangeiro, a execução de carta rogatória, após o "exequatur", e de sentença estrangeira, após a homologação, as causas referentes à nacionalidade, inclusive a respectiva opção, e à naturalização;
XI – a disputa sobre direitos indígenas".
[59] Pesquisa atualizada até 24 de julho de 2017.

de impedir a atuação de importadores paralelos. O primeiro caso foi julgado em 7 de junho de 2011 e o segundo, em 10 de março de 2015. Contudo, curiosamente, as decisões proferidas nesses precedentes são fundamentadas em entendimentos completamente divergentes e, por conseguinte, as ações tiveram resultados diametralmente opostos: enquanto a decisão proferida em 2011 autorizou a atividade do importador paralelo, a decisão de 2015 reconheceu o direito da representante exclusiva de impedir a importação paralela do produto patenteado, "sob pena de ser admitida a concorrência desleal".[60]

Diante disso, percebe-se que tão importante quanto atentar para o reduzido número de precedentes sobre o tema, é analisar detalhadamente a maneira pela qual o judiciário brasileiro vem abordando a questão como um todo. Portanto, é válido o exame pormenorizado dos argumentos que fundamentam as respectivas decisões, sendo que três pontos merecem destaque: (i) a questão do consentimento do titular da patente; (ii) a abordagem da relatividade contratual; e (iii) o emprego da interpretação sistemática dos dispositivos relativos a patentes e marcas, bem como o respaldo em precedente relacionado à importação paralela de marcas.

2.4.2.1. Do consentimento do titular da patente

A decisão proferida em 2011, inicialmente, destaca "deslembrada" distinção feita por Denis Borges Barbosa entre exaustão de direitos e importação paralela, explicando que:

> na primeira hipótese, diferentemente da segunda, o titular da patente já recebeu a remuneração que estabelecera pelo desfrute do produto,

---

[60] São os precedentes: (i) São Paulo (Estado). Tribunal de Justiça do Estado de São Paulo. Apelação nº 0272901-70.2009.8.26.0000. Barueri. Apelante: Galena Química e Farmacêutica Ltda.; Apelada: Pharmaspecial Especialidades Químicas e Farmacêuticas Ltda. Relator: João Carlos Garcia. Julgado em 7 de junho de 2011; e (ii) São Paulo (Estado). Tribunal de Justiça do Estado de São Paulo. Apelação nº 0025224-50.2004.8.26.0114. Campinas. Apelante: Galena Química e Farmacêutica Ltda.; Apelada: Pharma Nostra Comercial Ltda. Relator: Mauro Conti Machado. Julgado em 10 de março de 2015.

enquanto que naqueloutra, rigorosamente, a importação foi feita do país onde o alegado titular não tenha registro de patente.[61]

Embora a importação paralela não tenha como pressuposto a falta de registro da propriedade industrial no país de origem, é com base na explicação acima que o Desembargador Relator assegurou que "[o]s autos retratam exatamente a hipótese de exaustão do direito de patente, que parte dos operadores de direito retrataram como '*importação paralela*', o que, tal como se disse alhures, denota, no mínimo, irregularidade". Apesar do entendimento distorcido em relação ao conceito de importação paralela, assim esclareceu o jurista:

> A ré-reconvinte adquiriu o produto patenteado de empresa licenciada para explorá-lo comercialmente, ou que fora posto no mercado pela titular da patente, [...]. Desses fatos depreende-se a inexistência de violação da patente – porque a sua titular já recebera a devida remuneração por colocá-lo no mercado – exaurindo-se, assim – salvo reserva quanto à reprodução – as faculdades emergentes de produção intelectual (criação) e fruição (venda no mercado).[62]

Feito esse esclarecimento, a decisão pontua a necessidade de adequação das faculdades asseguradas ao titular da patente ao interesse público e, para tanto, respalda-se na interpretação sistemática dos dispositivos relativos a patentes e marcas da LPI (conforme será visto no item 2.4.2.3) e nos ensinamentos de Antonio Carlos Fonseca da Silva (conforme abordado no item 2.4.1 acima). Cabe destacar o seguinte trecho do voto do Desembargador Relator:

---

[61] São Paulo (Estado). Tribunal de Justiça do Estado de São Paulo. Apelação nº 0272901-70.2009.8.26.0000. Barueri. Apelante: Galena Química e Farmacêutica Ltda.; Apelada: Pharmaspecial Especialidades Químicas e Farmacêuticas Ltda. Relator: João Carlos Garcia. Julgado em 7 de junho de 2011, s/p.

[62] São Paulo (Estado). Tribunal de Justiça do Estado de São Paulo. Apelação nº 0272901-70.2009.8.26.0000. Barueri. Apelante: Galena Química e Farmacêutica Ltda.; Apelada: Pharmaspecial Especialidades Químicas e Farmacêuticas Ltda. Relator: João Carlos Garcia. Julgado em 7 de junho de 2011, s/p.

> [A] relatividade do direito intelectual como qualquer outro implica correção construtiva das faculdades asseguradas ao titular da patente com o interesse público, seja para coibir o abuso de direito, seja para satisfazer o interesse público, designadamente, o permeio dos princípios jurídicos, de sede constitucional, que dispõem sobre a Ordem Econômica e Financeira, que não se compatibilizam com a reserva de mercado pretendida pela autora-reconvinda.
>
> Daí, dizer-se que **o direito do titular da patente exaure-se a partir da colocação do produto no mercado, independente de autorização, não podendo, nem quem possui seu consentimento para comercializar o produto em determinado espaço geográfico, impedir terceiro de importar o mesmo produto. Trata-se de adequação de faculdade do titular ao interesse público, com vista ao seu uso equilibrado, como anota Antonio Carlos Fonseca da Silva** [...]. (Grifo nosso)

Depreende-se da decisão que a colocação do produto no mercado é suficiente para que o direito de exclusividade de uso sobre a patente encontre-se exaurido e que, portanto, o titular não possa impedir a importação por terceiros do produto patenteado. Apesar de o Desembargador Relator não deixar expresso se o mercado a que se refere é o nacional ou o internacional, conclui-se que o entendimento, ao permitir a atuação do importador paralelo, consagra (i) a exaustão internacional dos direitos de patente, ou (ii) a exaustão nacional a partir do momento em que um primeiro exemplar do produto patenteado é colocado no mercado pelo titular ou com seu consentimento – o que, ao final, tem o mesmo efeito para fins da importação paralela.

Não obstante, destaca-se que essa decisão de 2011 aplica o conceito de consentimento tácito do titular advindo da colocação do produto no mercado, independentemente do controle empresarial que o titular exerce sobre o agente estrangeiro que fornece o produto patenteado ao importador.

Por outro lado, a decisão proferida em 2015, mais sucinta quando comparada com a de 2011, reformou a sentença para impedir a atuação do importador paralelo, sob o argumento de que "havendo a representação exclusiva dada pelo fabricante a pessoa diversa do importador, a importação se deu sem o seu consentimento, em afronta à Lei 9.729, de 1996".[63]

A decisão deixa claro que o importador adquiriu o produto patenteado de "um outro representante do fabricante em um outro país", portanto, ainda que não tenha havido discussão extensa a respeito do consentimento do titular, observa-se que, nesse caso, o Desembargador Relator considera imprescindível a anuência expressa do titular para que a importação seja lícita.

No mais, a decisão de 2015 pontua que negar o direito do titular da patente ou do representante de impedir a atuação do importador paralelo resulta em admissão da concorrência desleal, com o consequente enriquecimento sem causa deste, conforme segue:

> [C]om a introdução do produto no mercado brasileiro, que antes fora criado, explorado e mantido pelo representante graças aos seus investimentos e tempo despendidos na divulgação de suas propriedades no difícil mercado de consumo, não se lhe pode negar o direito de impedir que assim ocorra, sob pena de ser admitida a concorrência desleal, de todo vedada pela legislação de regência.

Diante disso, tem-se que, apesar de ambos os precedentes tratarem de ações ajuizadas pela empresa que alega ser a distribuidora exclusiva do produto "argireline" no Brasil, com a finalidade de impedir a atuação de importadores paralelos, e terem sido julgados pela mesma Câmara do TJ/SP, (i) a decisão de 2011 sustenta o caráter lícito da atuação do importador paralelo, independentemente de qualquer autorização do titular, pois considera que a colocação do produto patenteado no mercado é suficiente para que o direito de exclusividade de uso sobre a patente encontre-se exaurido; enquanto que (ii) a decisão de 2015 entende que a importação paralela é promovida em ofensa à representação conferida pelo titular, uma vez que não é por este, tampouco pelo representante, consen-

---

[63] São Paulo (Estado). Tribunal de Justiça do Estado de São Paulo. Apelação nº 0025224-50.2004.8.26.0114. Campinas. Apelante: Galena Química e Farmacêutica Ltda.; Apelada: Pharma Nostra Comercial Ltda. Relator: Mauro Conti Machado. Julgado em 10 de março de 2015, s/p.

tida, e enseja a concorrência desleal e o enriquecimento sem causa do importador paralelo.

Em relação a essa questão do consentimento do titular, ressalta-se que, de fato, a LPI não estabelece se o consentimento do titular da patente deve ser expresso ou tácito quanto à colocação do produto no mercado, para fins de exaustão do direito. Todavia, com base no "princípio de liberdade de forma", segundo o qual a validade do negócio somente se fragiliza pela inobservância de determinada forma quando a lei expressamente o exigir, entende-se que o consentimento tácito é suficiente para que o direito de patente seja exaurido – destacando-se que esse tema já foi discutido pela doutrina no âmbito do direito das marcas, conforme será visto no item 2.4.3.2.1.[64]

Além disso, é discutível o argumento empregado na decisão proferida em 2015 que justifica a ausência de consentimento do titular da patente em razão da existência do contrato de representação. Isso porque, conforme será abordado mais detalhadamente no item a seguir, discute-se se o titular da patente pode impor a terceiros os efeitos de um contrato de exclusividade celebrado com um particular (representante, distribuidor ou licenciado), à luz do fato de que não está no escopo da proteção à patente garantir ao titular o controle de operações comerciais subsequentes (após a colocação no mercado) dos produtos patenteados.

2.4.2.2. Da relatividade contratual

Conforme explicado no item 2.1, a atuação do importador paralelo consiste em atividade comercial realizada à margem do sistema de distribuição oficial estabelecido pelo fabricante do produto e/ou pelo titular do direito de propriedade industrial em determinado território. Em geral, o sistema de distribuição oficial de um produto patenteado é estruturado com base em contratos de distribuição (representação ou

---

[64] Cf. ADIERS, Cláudia Marins. *As Importações Paralelas à Luz do Princípio de Exaustão do Direito de Marca e dos Aspectos Contratuais e Concorrenciais*, em BARBOSA, Denis Borges, org., Aspectos Polêmicos da Propriedade Intelectual, 2005, p. 43.

licença), por meio dos quais o titular da patente concede a exclusividade de atuação a distribuidores (representantes ou licenciados) em determinados territórios. É exatamente esse o cenário de ambos os precedentes identificados: a empresa que ajuizou as ações alega ser distribuidora (e representante) exclusiva do produto "argireline" no Brasil.

Apesar de as decisões não levantarem discussões relevantes sobre a validade e eficácia interna do contrato de distribuição, os precedentes abordam, direta ou indiretamente, a questão dos efeitos da cláusula de exclusividade do contrato perante terceiros (eficácia externa), apresentando, contudo, argumentos distintos entre si, os quais merecem ser analisados.

Ao explicar que qualquer irregularidade ou ilicitude relacionada à atuação do importador paralelo somente poderia decorrer de "eventual contrato de distribuição entre as empresas espanholas, por possível violação da cláusula de exclusividade, ou de proibição de exportação", a decisão de 2011 esclarece que

> [d]e tal fato não se cuida, porque prova alguma dele fez e, **se dele cuidasse a ré- -reconvinte [importador paralelo] seria absoluta estranha aos fatos, não podendo por eles ser responsabilizada, como não seria nem mesmo se comprovada a violação de eventual contrato de distribuição.**[65] (Grifo nosso)

Em outro trecho do voto, o Desembargador Relator sustenta que, se a exclusividade de distribuição fosse comprovada, "somente teria eficácia em relação às partes contratantes, titular da patente e a distribuidora"[66]. Assim, a decisão de 2011 nada mais faz do que aplicar o princípio da relatividade dos efeitos dos contratos, expondo entendimento no sentido de que o fabricante/titular pode contratar com cláusula de exclusividade, contudo tal cláusula é oponível apenas em

---

[65] São Paulo (Estado). Tribunal de Justiça do Estado de São Paulo. Apelação nº 0272901-70.2009.8.26.0000. Barueri. Apelante: Galena Química e Farmacêutica Ltda.; Apelada: Pharmaspecial Especialidades Químicas e Farmacêuticas Ltda. Relator: João Carlos Garcia. Julgado em 7 de junho de 2011, s/p.

[66] São Paulo (Estado). Tribunal de Justiça do Estado de São Paulo. Apelação nº 0272901-70.2009.8.26.0000. Barueri. Apelante: Galena Química e Farmacêutica Ltda.; Apelada: Pharmaspecial Especialidades Químicas e Farmacêuticas Ltda. Relator: João Carlos Garcia. Julgado em 7 de junho de 2011, s/p.

face própria e em face dos demais distribuidores do produto patenteado, nunca em face de terceiros.

Em contrapartida, a decisão proferida em 2015, apesar de não tratar diretamente da questão dos efeitos da cláusula de exclusividade do contrato perante terceiros, parte justamente da premissa de que "havendo a representação exclusiva dada pelo fabricante a pessoa diversa do importador", a importação realizada à margem do sistema de distribuição oficial estabelecido pelo fabricante/titular do produto é ilícita, consistindo em "ofensa à representação dada" – o que demonstra o entendimento implícito no sentido de que a cláusula de exclusividade contratual tem efeitos perante terceiros. Isso fica evidente na própria ementa do voto, conforme segue:

> Representação exclusiva dada pelo fabricante do produto denominado "argireline" à empresa nacional para importá-lo e comercializá-lo perante terceiros. Importação paralela realizada por terceira empresa à revelia do representante do mesmo produto, que antes fora adquirido de um outro representante em um outro país, como a sua introdução no mercado e venda no Brasil. Concorrência desleal configurada.[67]

Diante dessa exposição, cabem alguns esclarecimentos pontuais. Fundamentada na liberdade de contratar,[68] a relatividade dos efeitos dos contratos é um dos princípios norteadores do direito contratual, segundo o qual "o negócio não pode vincular terceiros além das partes".[69] Obviamente, há a possibilidade de o contrato produzir efeitos fáticos perante terceiros, que serão afetados pelas chamadas

---

[67] São Paulo (Estado). Tribunal de Justiça do Estado de São Paulo. Apelação nº 0025224-50.2004.8.26.0114. Campinas. Apelante: Galena Química e Farmacêutica Ltda.; Apelada: Pharma Nostra Comercial Ltda. Relator: Mauro Conti Machado. Julgado em 10 de março de 2015, s/p.

[68] Código Civil de 2002: "Art. 421. A liberdade de contratar será exercida em razão e nos limites da função social do contrato". Brasil. Código Civil. Disponível em: http://www.planalto.gov.br/ccivil_03/leis/2002/L10406.htm. Acesso em 6 ago. 2017.

[69] Forgioni, Paula A., Importações Paralelas no Brasil: a Propriedade Industrial nos Quadrantes dos Princípios Constitucionais, em Grau-Kuntz, Karin; Barbosa, Denis Borges (org.), Ensaios sobre o Direito Imaterial: Estudos dedicados a Newton Silveira, Rio de Janeiro: Lumen Juris, 2009, p. 221.

"externalidades",[70] notando-se que os contratos também são dotados de eficácia externa e, portanto, produzem efeitos sobre estranhos à relação contratual.[71] Contudo, isso não elide o princípio de que, em regra, as partes somente se obrigam e vinculam por ato próprio de vontade.[72]

Assim, uma cláusula de exclusividade aposta em um contrato de representação (distribuição ou licença) é evidentemente oponível em face do titular da patente e do representante (distribuidor ou licenciado) exclusivo, podendo também atingir os demais representantes (distribuidores ou licenciados) do produto patenteado, mas tal oponibilidade não é tão evidente assim em face de terceiros. Desse modo, reafirma-se que é discutível o argumento utilizado na decisão proferida em 2015 no sentido de que a existência do contrato de representação exclusiva, por si só, obsta a prática da importação paralela.

2.4.2.3. Da relação com a importação paralela referente a marcas

Outro ponto que merece destaque, apesar de verificado apenas na decisão proferida em 2011, é o emprego da interpretação sistemática dos dispositivos relativos a patentes e marcas, bem como o respaldo

---

[70] FORGIONI, Paula A., *Importações Paralelas no Brasil*: a Propriedade Industrial nos Quadrantes dos Princípios Constitucionais, em GRAU-KUNTZ, Karin; BARBOSA, Denis Borges (org.), Ensaios sobre o Direito Imaterial: Estudos dedicados a Newton Silveira, Rio de Janeiro: Lumen Juris, 2009, p. 221.

[71] Sobre esse assunto, a LPI determina expressamente que o contrato de licença de patente averbado no INPI produz efeitos em relação a terceiros (artigo 62), podendo ser plenamente exercido depois que o órgão publicar a averbação na Revista da Propriedade Industrial (RPI). Contudo, entende-se que não necessariamente todas as cláusulas apostas em um contrato devidamente averbado no órgão competente hão de produzir efeitos em relação a terceiros, haja vista a possibilidade de serem disposições abusivas – i.e., as cláusulas contratuais podem ser consideradas como restritivas quando analisadas sob o aspecto concorrencial.

[72] FORGIONI, Paula A., *Importações Paralelas no Brasil*: a Propriedade Industrial nos Quadrantes dos Princípios Constitucionais, em GRAU-KUNTZ, Karin; BARBOSA, Denis Borges (org.), Ensaios sobre o Direito Imaterial: Estudos dedicados a Newton Silveira, Rio de Janeiro: Lumen Juris, 2009, p. 221.

em precedente relacionado à importação paralela de marcas. Nota-se que sobre um mesmo produto pode incidir, ao mesmo tempo, direitos de patente e direitos de marca – o que não é o caso do referido precedente. Contudo, mesmo quando isso ocorrer, precisa-se levar em consideração que patentes e marcas apresentam características e funções diferentes entre si, o que, consequentemente, deve ser refletido em decisões judiciais.

Na decisão proferida em 2011, o Desembargador Relator afirma que "o direito brasileiro contempla a restrição às faculdades emergentes do direito de patente, conforme interpretação sistemática das normas da regência especial (Lei 9.279/96, arts. 43, IV; 68, §4º e 132, III)", destacando-se que o artigo 132, inciso III da LPI dispõe sobre a exaustão de direitos de marcas e, por conseguinte, sobre a importação paralela de marcas. A partir disso, o Desembargador Relator aplica a "relatividade do direito intelectual" para corrigir as faculdades asseguradas ao titular da patente, "seja para coibir o abuso de direito, seja para satisfazer o interesse público", reconhecendo, na sequência, a atividade do importador paralelo como lícita.[73]

Além disso, para reforçar o argumento de que é possível restringir as faculdades advindas do direito de patente com base em princípios que visam a atender o interesse público, a decisão cita um precedente do STJ relacionado à importação paralela de marcas, do qual vale destacar o seguinte trecho:

> 3. A proteção do direito marcário, teleologicamente, não visa proteger o titular do direito contra utilização da marca por quem comercializa produtos originais, com entrada lícita no país, ainda que obtidos por meio de importação paralela, pois **o sistema não tem o objetivo de proteger os canais de distribuição impostos pelo fabricante/titular da marca.**
>
> **4. A proibição absoluta desse tipo de mercado, desde que a importação tenha sido realizada licitamente, não seria compatível com a livre iniciativa, prevista no art. 1º e 170 da CF.** (REsp nº 609.047/SP, 4ª

---

[73] São Paulo (Estado). Tribunal de Justiça do Estado de São Paulo. Apelação nº 0272901-70.2009.8.26.0000. Barueri. Apelante: Galena Química e Farmacêutica Ltda.; Apelada: Pharmaspecial Especialidades Químicas e Farmacêuticas Ltda. Relator: João Carlos Garcia. Julgado em 7 de junho de 2011, s/p.

Turma, Ministro Relator Luis Felipe Salomão, julgado em 20 de outubro de 2009)[74] (Grifo nosso)

Da análise dos trechos do acórdão do STJ incluídos na fundamentação da decisão, observa-se que, apesar de este estar relacionado à importação paralela de marcas, o Desembargador Relator o adotou quase que integralmente. Ao mesmo tempo, nota-se que o único esclarecimento quanto à distinção das matérias tratadas (marcas e patentes) foi realizado quando da apresentação do precedente, nos seguintes termos:

> Nesse sentido, também, pronunciou-se o Superior Tribunal de Justiça, em acórdão relatado pelo eminente ministro Luís Felipe Salomão (REsp 609.047-SP), **versando o direito marcário que**, ao contrário da crítica feita pela apelante, **contempla a marca com a mesma disposição restritiva concernente à patente.**[75] (Grifo nosso)

Nessa esteira, esta pesquisa identificou diversos precedentes diretamente relacionados à importação paralela de marcas cujas decisões abordam o tema para marcas e patentes de forma conjunta, sem, contudo, analisar com profundidade a distinção entre as modalidades de propriedade industrial. Em particular, algumas decisões adotam na fundamentação a interpretação sistemática dos dispositivos relativos a patentes e marcas, bem como fazem referência à doutrina de patentes como se fossem a mesma matéria. Vale destacar as seguintes ementas e trechos de decisões:

> **Marcas e patentes. Importação paralela.** Duas ações. Pedidos de obrigação de não fazer e indenizatória. Sentença de procedência na obrigação

---

[74] São Paulo (Estado). Tribunal de Justiça do Estado de São Paulo. Apelação nº 0272901-70.2009.8.26.0000. Barueri. Apelante: Galena Química e Farmacêutica Ltda.; Apelada: Pharmaspecial Especialidades Químicas e Farmacêuticas Ltda. Relator: João Carlos Garcia. Julgado em 7 de junho de 2011, s/p.

[75] São Paulo (Estado). Tribunal de Justiça do Estado de São Paulo. Apelação nº 0272901-70.2009.8.26.0000. Barueri. Apelante: Galena Química e Farmacêutica Ltda.; Apelada: Pharmaspecial Especialidades Químicas e Farmacêuticas Ltda. Relator: João Carlos Garcia. Julgado em 7 de junho de 2011, s/p.

de não fazer e parcial procedência na indenizatória. Inconformismo das partes. Preliminar de ilegitimidade afastada. **Debate sobre o mecanismo da "importação paralela", vedado na legislação pátria por opção explícita do legislador.** Ato ilícito pelas rés. Sentença de obrigação de não fazer mantida. Dever de indenizar evidenciado. Danos morais ausentes pois incomprovados. Danos materiais de 70% sobre as receitas auferidas pelas rés com a comercialização de produtos da **marca "Brother".** Recurso das rés na demanda indenizatória parcialmente provido, desprovidos os demais. [...]

O mecanismo da importação paralela é conhecido e amplamente debatido, mundialmente, no direito patentário.

Trata-se de questão que envolve a compra de medicamento pelos meios legais em país diverso do que se pretende comercializá-lo, a importação do produto ao país no qual o comércio será realizado e o comércio em si. [...]

O Brasil, sabe-se, não é dos maiores detentores de patentes. Contudo, mesmo autorizado pelo mencionado acordo TRIPS a adotar entendimento permissivo à importação paralela, e internacionalmente pressionando em tal sentido, não o fez. E, na criação da legislação, todo o debate permeou a adoção do **artigo 43, inciso IV da Lei 9.279/1996.**

Conforme explica Gontijo, "Como se vê, apesar de não haver qualquer restrição em TRIPS, os legisladores brasileiros não incluíram, no texto da lei, dispositivo consagrador da teoria da exaustão de direitos, impedindo assim as importações paralelas, instrumento de reconhecido valor na prevenção de abusos dos direitos de patente. Tais importações são forte meio de reduzir custos e produtos para exportação e são de particular importância no setor farmacêuticos, em que parcela substancial dos produtos intermediários é encontrada a menor preço no mercado internacional" e "A lei brasileira perdeu, por pouco, a oportunidade de ter em seu texto as importações paralelas como instrumento destinado a prevenir abusos de preços por parte do titular ou seu licenciado. O projeto aprovado na Câmara continha artigo neste sentido. Na tramitação do projeto no Senado houve manutenção da proposta na fase inicial, mas o texto final acabou resultando e uma disposição inócua, por limitar a busca do comprador ao mercado interno".[76] (Grifo nosso)

---

[76] São Paulo (Estado). Tribunal de Justiça do Estado de São Paulo. Apelação nº 0287111-29.2009.8.26.0000. Comarca de São Paulo. Apelantes: Plena Comercial Ata-

EMENTA: **Marcas e patentes – Ação cominatória ajuizada por empresa brasileira, licenciada com exclusividade para comercialização de produtos de marca francesa, em face de comerciante que importou produto da mesma marca de outro distribuidor ("importação paralela")** – Improcedência, com aplicação de multa por litigância de má-fé em desfavor da autora – Inconformismo – 1. Preliminar de cerceamento de defesa – Indeferimento – A prova pretendida pela autora (perícia contábil para apurar eventual subfaturamento nas importações) era despicienda, na medida em que a prova dos autos já demonstrava o contrário – 2. Mérito – **Admissibilidade da importação paralela – Art. 6º do Acordo TRIPS – Aplicação analógica do art. 43, inciso IV da Lei 9.279/1996 – Adoção, pelo Brasil, do princípio da exaustão do direito de patentes e marcas, prevalecendo a liberdade de comércio** – Recurso parcialmente provido. 3. Multa por litigância de má-fé afastada, por não se vislumbrar, no caso, nenhuma das hipóteses do art. 17 do CPC. [...]

40. **Afastada a aplicação do art. 132, inciso III da Lei de Propriedade Industrial, cumpre trazer à baila o conceito da "exaustão dos direitos", comumente invocado quando se trata de patentes.** [...]

46. No Brasil, pode-se dizer que a exaustão nacional foi adotada no art. 43, inciso IV da Lei 9.279/1996 e no art. 188, inciso II da mesma Lei: [...]

47. Embora tais dispositos [sic] legais refiram-se especificamente a patente e desenho industrial, possível a sua aplicação também para as marcas, em uma interpretação sistemática da Lei, que adota o princípio da exaustão nacional e internacional.[77] (Grifo nosso)

Ementa: Agravo de Instrumento – Antecipação de tutela – Lei de Propriedade Industrial – **Importação paralela – Arts. 42, I, 43, III e 132, III** – Colocação de produto no mercado interno sem anuência do **titular da**

---

cadista Ltda., Principal do Brasil Comercial Atacadista Ltda, Sea Venture Empreendimentos e Participações Ltda. e Revere Empreendimentos e Participações Ltda.; Apelada: Brother International Corporation do Brasil Ltda. Relator: Piva Rodrigues. Julgado em 7 de outubro de 2014.

[77] São Paulo (Estado). Tribunal de Justiça do Estado de São Paulo. Apelação nº 994.05.073967-9. Comarca de São Paulo. Apelante: Sudop Industria Optica Ltda.; Apelada: Maclens Optical Ltda. Relator: José Carlos Ferreira Alves. Julgado em 9 de março de 2010.

marca – Ausência de prova inequívoca – Prejuízo não demonstrado – Vendedores autorizados – Mercadorias não objeto de contratação. 1 – Ausente prova robusta, com alto teor de credibilidade, que leve o magistrado a formar um juízo de elevada probabilidade acerca da procedência do direito suscitado, imperioso o indeferimento do pleito antecipatório. 2 – **A partir de uma leitura sistemática dos arts. 42, I, 43, III e 132, III, da Lei de Propriedade Industrial (Lei nº 9.279/96), não é concebido ao detentor da patente impedir a livre circulação do produto que foi colocado no mercado interno por outrem, com seu consentimento.** Nesse ínterim, imperiosa a demonstração, pela parte requerente da medida antecipativa, para fins de configuração da importação paralela, de que a empresa importadora adquiriu mercadoria patenteada por intermédio de sociedade empresária estrangeira que não se encontrava autorizada a exportar tais bens para o Brasil. 3 – Também não se vislumbra a presença do perigo de lesão irreparável ou de difícil reparação (*periculum in mora*) apto a constranger sociedade titular de marca, que busca coibir a prática de importação paralela, quando eventual prejuízo possa ser ressarcido pela via da ação indenizatória, não havendo, pois, que se falar em periclitação do bem da vida pelo decurso do tempo, seja, ainda, quando sequer sobeja nos autos motivos caracterizadores de prejuízo econômico-financeiro, ante o fato de os produtos patenteados não estarem sendo objeto de contrafação, tampouco haver notícia de que os mesmos estariam sendo comercializados por empresas não credenciadas. [...]

Trata-se de Agravo de Instrumento interposto por FILIBRAS Comercial Importação e Exportação Ltda. frente à decisão proferida nos autos da ação de obrigação de não-fazer ajuizada por Canon Kabushiki Kaisha, pela qual se deferiu o pedido de tutela antecipada consistente em que a Agravante se **abstenha de explorar comercialmente a marca Canon**, até decisão final, sob pena de multa diária (fls. 848/849-TJ). [...]

A questão de fundo diz respeito à concessão de tutela antecipada em sede de relação jurídico-processual travada em torno da ocorrência eventual da denominada importação paralela, instituto referido pela Lei nº 9.279/96 (Lei de Propriedade Industrial), pela qual se dá a importação não autorizada de produtos colocados no mercado externo pelo próprio **titular da patente** ou por pessoa distinta, mas com seu consentimento (AHLERT, Ivan B. Importação paralela e licença compulsória. Revista da ABPI – Associação Brasileira da Propriedade Intelectual. Publicado na edição de março/ abril de 1997).[78] (Grifo nosso)

Diante disso, observa-se que, apesar do reduzido número de casos relacionados diretamente à importação paralela de patentes que chegam aos tribunais brasileiros, os precedentes dos tribunais estaduais sobre importação paralela de marcas, não raras vezes, tratam do tema sob uma perspectiva mais ampla e consideram as disposições e entendimentos sobre as patentes na fundamentação das decisões. Não obstante, nota-se que, em geral, tais decisões não consideram e se abstêm de examinar o fato de que patentes e marcas apresentam características e funções diferentes entre si, o que, consequentemente, influencia (ou, pelo menos, deveria influenciar) na solução dada ao fenômeno da importação paralela.

No entanto, conforme será abordado no item a seguir, essa sobreposição do direito de patentes e de marcas na análise do tema não é verificada no âmbito dos julgados do STJ que tratam da importação paralela de marcas. Pelo contrário, há precedentes que, ainda que brevemente, pontuam a necessidade de tratamento diferenciado da questão para cada modalidade de propriedade industrial.

Contudo, antes de examinar a jurisprudência do STJ sobre a importação paralela de marcas, entende-se válida a análise comparativa de determinadas disposições sobre marcas e patentes (e respectivos entendimentos), nas esferas internacional e nacional. Tal exame tende a permitir uma melhor compreensão sobre o tema da importação paralela em geral e, por conseguinte, sobre o tema da importação paralela de patentes em particular.

---

[78] MINAS GERAIS. Tribunal de Justiça do Estado de Minas Gerais. Agravo de Instrumento nº 1.0024.08.100442-6/001. Comarca de Belo Horizonte. Agravante: Filibras Comercial Importação e Exportação Ltda.; Agravada: Canon Kabushiki Kaisha. Relatora: Cláudia Maia. Julgado em 21 de maio de 2009.

2.4.3. Comparação com a importação paralela de marcas
2.4.3.1. No âmbito do Acordo TRIPS e da LPI

No âmbito do Acordo TRIPS, é possível a comparação entre os *standards* mínimos de tutela jurídica fixados para marcas e patentes à luz do princípio da exaustão de direitos de propriedade intelectual. Para tanto, faz-se necessário o exame pormenorizado do artigo 16 (1), dispositivo que confere direitos aos titulares de marcas, conforme segue:

> Artigo 16. Direitos Conferidos. 1. O titular de marca registrada gozará do **direito exclusivo de impedir que terceiros, sem seu consentimento, utilizem em operações comerciais** sinais idênticos ou similares para bens ou serviços que sejam idênticos ou similares àqueles para os quais a marca está registrada, **quando esse uso possa resultar em confusão**. No caso de utilização de um sinal idêntico para bens e serviços idênticos presumir-se-á uma possibilidade de confusão. (Grifo nosso)

Da leitura do dispositivo, extrai-se que o titular da marca pode impedir a importação paralela, se o produto importado com marca idêntica ou similar à protegida confundir o consumidor. Diante disso, Maristela Basso entende que, para as marcas, o tema da importação paralela pode ser tratado independentemente do princípio da exaustão de direitos de propriedade intelectual, uma vez que

> o disposto no art. 6 do TRIPS é irrelevante no que diz respeito ao comércio paralelo de marcas, conforme disposto no art. 16 (1), e o resultado disso é que **o *standard* mínimo do TRIPS, para as marcas comerciais, equivale ao regime da exaustão internacional.**[79] (Grifo nosso)

Não obstante, Basso esclarece que "os Estados-membros estão livres para adotar níveis de proteção que vão além do teste de decep-

---

[79] BASSO, Maristela. *Propriedade intelectual e importação paralela.* São Paulo: Atlas, 2011, p. 29-30.

ção do consumidor e excluir a importação paralela de sua jurisdição, como princípio, haja vista o disposto no art. 1.1 de TRIPS".[80-81]

Por outro lado, conforme visto no item 2.3.1, na letra (a) do artigo 28 (1), fica explícita a sujeição dos direitos conferidos aos titulares de patentes ao artigo 6 do TRIPS, ante a inclusão da nota de rodapé número 6. Com base nisso, Maristela Basso destaca que, diferentemente do que ocorre com as marcas, o TRIPS não fixa um *standard* mínimo em relação ao direito de proibir a importação paralela de produtos patenteados, de modo que "os Estados não estão obrigados a seguir a regra da exaustão nacional, nem a da internacional em matéria de patentes".[82]

A análise comparativa apresentada por Maristela Basso é relevante na medida em que demonstra a diferença da abordagem do princípio da exaustão para cada uma das modalidades de propriedade intelectual no âmbito do Acordo TRIPS – o dispositivo relativo às patentes faz expressa referência ao artigo 6, enquanto que o dispositivo relativo às marcas não o menciona.

No entanto, nota-se que, em termos práticos, tal diferença não produz efeitos distintos. Pois, do mesmo modo que se aplica às patentes, o sistema TRIPS/OMC concedeu livre arbítrio a cada país-membro para legislar sobre o princípio da exaustão de direitos de marca e, portanto, modelar o regime nacional da importação paralela dessa outra modalidade de propriedade industrial. Não obstante, pelo menos quanto à forma, a LPI dispõe sobre o assunto de maneira distinta para patentes e marcas.

---

[80] BASSO, Maristela. *Propriedade intelectual e importação paralela*. São Paulo: Atlas, 2011, p. 30.

[81] *Vide* Artigo 1 (1) do TRIPS: "Os Membros colocarão em vigor o disposto neste Acordo. Os Membros poderão, mas não estarão obrigados a prover, em sua legislação, proteção mais ampla que a exigida neste Acordo, desde que tal proteção não contrarie as disposições deste Acordo. Os Membros determinarão livremente a forma apropriada de implementar as disposições deste Acordo no âmbito de seus respectivos sistema e prática jurídicos".

[82] BASSO, Maristela. *Propriedade intelectual e importação paralela*. São Paulo: Atlas, 2011, p. 31.

Inicialmente, ao comparar as prerrogativas advindas do direito ao uso exclusivo da patente em território nacional com os direitos conferidos aos titulares das marcas, nota-se que, enquanto o artigo 42 da LPI apresenta direitos "negativos", isto é, direitos de impedir terceiros a praticarem determinados atos,[83] o artigo 129 do mesmo diploma confere ao titular um direito positivo, conforme segue:

> Art. 129. A propriedade da marca adquire-se pelo registro validamente expedido, conforme as disposições desta Lei, sendo **assegurado ao titular seu uso exclusivo em todo o território nacional**, observado quanto às marcas coletivas e de certificação o disposto nos arts. 147 e 148. (Grifo nosso)

Sobre essa diferença, observa Maristela Basso:

> [A] intenção do legislador não foi fazer distinção entre os conteúdos e extensão dos direitos do titular da marca e do titular das patentes. O conteúdo e a extensão dos direitos são os mesmos. Houve apenas mudança de enfoque e metodologia do legislador no que diz respeito ao Título I – Das Patentes (art. 6º e ss.) com o Título III – Das Marcas (arts. 122 e ss.). Isto é, o direito conferido pela patente é primariamente definido como sendo o poder dado ao seu titular de excluir terceiros da prática de atos atentatórios ao direito de propriedade ("a patente confere a seu titular o direito de impedir terceiro, sem seu consentimento, de produzir, usar, colocar à venda, vender ou importar com estes propósitos"), em vez de defini-los de forma positiva como sendo o direito de gozar da exclusividade do uso da exploração do objeto da patente, como faz no art. 129, referente às marcas ("a propriedade da marca adquire-se pelo registro validamente expedido, conforme as disposições desta Lei, sendo assegurado ao titular seu uso exclusivo em todo território nacional").[84]

---

[83] Para fácil referência: "Art. 42. A patente confere ao seu titular o direito de impedir terceiro, sem o seu consentimento, de produzir, usar, colocar à venda, vender ou importar com estes propósitos:
I – produto objeto de patente;
II – processo ou produto obtido diretamente por processo patenteado".

[84] Basso, Maristela, *A Importação Paralela e o Princípio da Exaustão*: Especial referência às Marcas, em Grau-Kuntz, Karin; Barbosa, Denis Borges (org.), Ensaios sobre o

Em relação às patentes, verifica-se que já no artigo 42 da LPI fica determinado que constitui violação à patente a importação, sem o consentimento do titular, de produto objeto de patente ou produto obtido por processo patenteado, sendo que o artigo seguinte (artigo 43, inciso IV) trata especificamente do princípio da exaustão de direitos.[85]

No que diz respeito às marcas, o princípio da exaustão de direitos aparece no seguinte dispositivo:

> Art. 132. O titular da marca não poderá: [...]
>
> III – impedir a livre circulação de produto colocado no **mercado interno**, por si ou por outrem com seu consentimento, ressalvado o disposto nos § 3º e 4º do art. 68.[86] (Grifo nosso)

Tanto o artigo 43, inciso IV quanto o artigo 132, inciso III, ambos da LPI, incorporam no sistema brasileiro de proteção à propriedade industrial o princípio da exaustão de direitos, destacando-se que, em ambos os casos, o legislador brasileiro foi claro ao restringir a limitação à colocação do produto no "mercado interno".

Contudo, enquanto os dispositivos relativos ao princípio da exaustão de direitos e à importação paralela de patentes foram intensamente debatidos no Congresso Nacional e objeto de polêmica na grande imprensa à época, esta pesquisa não identificou discussões relevantes quanto ao assunto, naquele período, em relação às marcas.

De forma mais detalhada, tem-se que, assim como ocorreu com o artigo 43, inciso IV da LPI, o PL 824/1991 também previa uma

---

Direito Imaterial: Estudos dedicados a Newton Silveira, Rio de Janeiro: Lumen Juris, 2009, p. 202.

[85] Para fácil referência: "Art. 43. O disposto no artigo anterior não se aplica: [...]
IV – a produto fabricado de acordo com patente de processo ou de produto que tiver sido colocado no mercado interno diretamente pelo titular da patente ou com seu consentimento; [...]".

[86] A expressa ressalva das situações previstas nos § 3º e 4º do art. 68 refere-se às hipóteses de licença compulsória, abordadas no item 2.2.2 deste trabalho.

redação distinta para o artigo 132, inciso III, conforme se pode observar:[87]

> Art. 135. O titular da marca não poderá: [...]
>
> III – impedir a livre circulação de produto colocado no **mercado** por si ou por outrem com seu consentimento, ressalvados os direitos do licenciado exclusivo; [...].(Grifo nosso)

Todavia, nota-se que, no âmbito das marcas, o termo inicialmente proposto foi apenas "mercado", sem qualquer qualificação – e não "mercado interno ou externo", como ocorreu no âmbito das patentes.

Até se pode argumentar que o termo "mercado" abrange tanto o mercado interno quanto o externo, no entanto, não é possível precisar, apenas com base nisso, que a intenção inicial do legislador era adotar a exaustão internacional dos direitos de marca. Corrobora essa incerteza o fato de a Exposição de Motivos que acompanhou o PL 824/1991 ter deixado clara a intenção de adotar o princípio da exaustão internacional de direitos apenas no âmbito das patentes, pois, ao tratar do direito marcário, limitou-se a expor o seguinte:

> 19. Assegura-se a livre circulação no mercado do produto com marca registrada, com a proibição ao titular de impedir que comerciantes, distribuidores e fabricantes de acessórios a utilizem segundo as práticas leais de concorrência, ficando-lhe, contudo, reservado o direito de zelar pela integridade material e reputação da marca.[88]

Independentemente da abrangência que o termo "mercado" inicialmente proposto pretendia ter, importa reconhecer que a substituição pela expressão "mercado interno", assim como o é no artigo 132, inciso III da LPI atualmente, não foi despropositada. E, da mesma forma como ocorreu com o texto do artigo 43, inciso IV, tal

---

[87] A primeira versão do PL 824/1991 apresentou o respectivo dispositivo com numeração distinta, ou seja, o atual artigo 132, inciso III da LPI corresponde ao artigo 135, inciso III proposto na primeira versão do PL 824/1991.

[88] BRASIL. CÂMARA DOS DEPUTADOS. Diário do Congresso Nacional (Seção I), de 9 de maio de 1991. Disponível em: http://imagem.camara.gov.br/Imagem/d/pdf/DCD-09MAI1991.pdf#page=136, p. 5709. Acesso em 6 ago. 2017.

alteração deu-se quando a legislação retornou do Senado Federal para a Câmara dos Deputados, com a nomenclatura de Substitutivo do Senado ao Projeto de Lei da Câmara nº 115, de 1993.

Quanto ao assunto, esta pesquisa identificou apenas o registro do requerimento do Deputado Federal Sr. Sérgio Miranda (PCdoB--MG) para votação em separado do dispositivo sobre a exaustão de direitos de marca por não concordar com a inclusão do adjetivo "interno" realizada pelo Senado Federal. Assim se expressou o parlamentar: "Sr. Presidente, é a questão da exaustão em relação às marcas. O problema é se a exaustão é nacional ou internacional. Optaria pelo artigo da Câmara".[89] E, na sequência, por votação, o dispositivo foi mantido conforme a alteração proposta pelo Senado Federal.

Por outro lado, no âmbito doutrinário, a situação é outra. A questão da exaustão de direitos e, por conseguinte, a discussão a respeito da licitude da importação paralela é objeto de debates muito mais extensos entre os estudiosos no que diz respeito às marcas.

2.4.3.2. No âmbito doutrinário

A principal divergência de entendimento sobre a importação paralela de marcas entre os estudiosos tem origem na interpretação *a contrario sensu* do artigo 132, inciso III da LPI, ou seja, quando a leitura realizada pelo intérprete ultrapassa o texto expresso – que traz um impedimento ao titular –, na tentativa, obviamente contestável, de alcançar a verdadeira intenção do legislador, que representa uma permissão ao titular. Nesse sentido, existem dois principais posicionamentos distintos.

Paula Forgioni entende que o artigo 132, inciso III da LPI visa a atribuir ao titular da marca a prerrogativa de impedir a comercialização de mercadorias falsificadas em território brasileiro, conforme explica:

---

[89] BRASIL. CÂMARA DOS DEPUTADOS. Diário da Câmara dos Deputados, de 11 de abril de 1996. Disponível em: http://imagem.camara.gov.br/Imagem/d/pdf/DCD11ABR1996.pdf#page=113, p. 09312. Acesso em 6 ago. 2017.

A todo sentir, esse dispositivo atribui expressamente ao titular da marca o poder de vetar a comercialização de produtos contrafeitos no Brasil. Ao mesmo tempo dá guarida ao princípio da livre concorrência e da livre-iniciativa: o produto marcado poderá circular livremente no mercado interno, a menos que o titular da marca a isso tenha se oposto.[90]

Portanto, Paula Forgioni desvincula a condição "com seu consentimento" da colocação do produto no mercado interno, ou seja, não relaciona a necessidade de o titular da marca consentir com a importação do produto marcado. Sendo assim, para a autora, o consentimento é simples atestado sobre a originalidade dos produtos que circulam no mercado nacional, independentemente da anuência do titular da marca brasileiro em relação à entrada da mercadoria no país.

Por sua vez, o entendimento de Maristela Basso é o seguinte: "A leitura '*contrario sensu*' desse inciso III demonstra que está proibida a importação de produtos, mesmo que não sejam artigos falsificados, se não foram introduzidos no mercado brasileiro com autorização do titular (ou de seu licenciado)".[91] Assim, esta interpretação condiciona a importação de produtos marcados ao consentimento do titular, conforme se destaca:

> Relevante é o consentimento do titular, elemento que caracterizará a licitude ou não da importação paralela. O consentimento, *lato sensu*, expressa o significado de aprovação, conseqüente de estar a pessoa de acordo com o ato que se vai praticar, o qual não surtirá efeitos legais sem a satisfação prévia desta exigência, revelando não somente a condição de estar a pessoa de acordo ou conforme ao ato que se vai praticar, cabendo-

---

[90] FORGIONI, Paula A., *Importações Paralelas no Brasil*: a Propriedade Industrial nos Quadrantes dos Princípios Constitucionais, em GRAU-KUNTZ, Karin; BARBOSA, Denis Borges (org.), Ensaios sobre o Direito Imaterial: Estudos dedicados a Newton Silveira, Rio de Janeiro: Lumen Juris, 2009, p. 218.

[91] BASSO, Maristela, *A Importação Paralela e o Princípio da Exaustão*: Especial referência às Marcas, em GRAU-KUNTZ, Karin; BARBOSA, Denis Borges (org.), Ensaios sobre o Direito Imaterial: Estudos dedicados a Newton Silveira, Rio de Janeiro: Lumen Juris, 2009, p. 186.

-lhe autorizar a execução, mas também conferir o poder à pessoa para que o pratique.[92]

Percebe-se, assim, que o ponto determinante dos posicionamentos distintos encontra-se na interpretação do termo "com seu consentimento", se atinente ou não à importação de mercadorias marcadas. Enquanto Paula Forgioni afirma que a ausência do consentimento está relacionada à introdução no mercado de produtos falsificados, não se atendo à autorização do titular em relação à entrada de produtos originais no país, Maristela Basso entende o consentimento do titular como necessidade de autorização de uso e, portanto, de importação, de produto distinguido por marca genuína.

Consequentemente, para Paula Forgioni, se o produto é original, ou seja, se é aposto por marca genuína, não há que se falar em possibilidade de o titular do direito sobre a marca impedir a circulação no mercado, e isso vale tanto para mercadorias que tiveram sua primeira venda no exterior quanto para mercadorias que tiveram sua primeira venda no Brasil. Desse modo, conclui a autora:

> Ora, a partir do momento em que, no exterior, o titular da marca vendeu o produto a terceiro, colocando-o em circulação, não pode impedir que esse comprador revenda-o, direta ou indiretamente, para agente econômico situado no Brasil, evitando que passe a ser comercializado em nosso mercado. O ato de alienação ocorrido no exterior é incontestavelmente, a autorização a que se refere o art. 132, III, da Lei de Propriedade Industrial.[93]

Diante disso, nota-se que, para o caso das marcas, a diferença de entendimentos em relação à expressão "com seu consentimento" é

---

[92] ADIERS, Cláudia Marins. *As Importações Paralelas à Luz do Princípio de Exaustão do Direito de Marca e dos Aspectos Contratuais e Concorrenciais*, em BARBOSA, Denis Borges, org., Aspectos Polêmicos da Propriedade Intelectual, 2005, p. 43.

[93] FORGIONI, Paula A., *Importações Paralelas no Brasil*: a Propriedade Industrial nos Quadrantes dos Princípios Constitucionais, em GRAU-KUNTZ, Karin; BARBOSA, Denis Borges (org.), Ensaios sobre o Direito Imaterial: Estudos dedicados a Newton Silveira, Rio de Janeiro: Lumen Juris, 2009, p. 218.

que engatilha a discussão sobre a exaustão de direitos marcários no Brasil (se nacional ou internacional).

O posicionamento de Paula Forgioni, como se pode concluir, é o de que a exaustão do direito sobre a marca é internacional, uma vez que afirma que, quando o titular da marca (estrangeiro ou nacional) realiza a venda do produto no exterior, não pode o titular nacional impedir a entrada, nem a posterior comercialização, deste produto no território brasileiro – evidenciando-se o entendimento de que o direito se exauriu com a primeira venda ocorrida no mercado internacional.

Em contrapartida, Maristela Basso defende que o Brasil adota a exaustão nacional para os direitos das marcas: o direito de uso exclusivo sobre a marca esgota-se apenas a partir do momento em que ocorrer a primeira venda do produto marcado no território brasileiro com o consentimento do titular. Por conseguinte, esse entendimento determina que, quando o titular não consente com a primeira venda do produto distinguido pela marca no mercado brasileiro, pode se valer de seu direito de uso exclusivo para impedir a circulação do produto, uma vez que este não se exauriu. Assim, conclui Maristela Basso:

> Não presente uma dessas condições (**o mercado não é o nacional ou o produto foi posto em circulação sem autorização do titular da marca**) não se levanta o princípio da exaustão de direitos. Isto é, os direitos do titular da marca não sofrem as limitações do art. 132, III, e ele tem todo o direito de sair em defesa de sua marca para evitar que a venda ou importação paralela atentem contra a unicidade, consistência e reputação de seu bem imaterial.[94] (Grifo nosso)

Desse modo, nota-se que os dois principais posicionamentos da doutrina brasileira sobre o artigo 132, inciso III da LPI são convergentes apenas por extraírem do dispositivo conclusões relaciona-

---

[94] Basso, Maristela, *A Importação Paralela e o Princípio da Exaustão*: Especial referência às Marcas, em Grau-Kuntz, Karin; Barbosa, Denis Borges (org.), Ensaios sobre o Direito Imaterial: Estudos dedicados a Newton Silveira, Rio de Janeiro: Lumen Juris, 2009, p. 178.

das ao princípio da exaustão de direitos de marca, destacando-se que partem de pressupostos diferentes (diferença de entendimentos em relação à expressão "com seu consentimento"), para defenderem pontos de vista distintos quanto ao âmbito da exaustão adotada (nacional ou internacional).

No entanto, observa-se que a maior parte dos estudiosos brasileiros acompanha Maristela Basso. Assim, para a doutrina brasileira majoritária, o artigo 132, inciso III da LPI trata do consentimento do titular necessário à inserção do produto marcado no mercado nacional e determina expressamente que a exaustão dos direitos sobre a marca dá-se em âmbito nacional, isto é, a partir da primeira venda consentida no mercado interno. Assim, pontua Adiers: "O Brasil adotou tal princípio [exaustão nacional], significando dizer que, ocorrendo a primeira comercialização no Brasil, exauriu-se o direito do titular, mas, ocorrendo em outro país, não ocorrerá a exaustão".[95]

Para Newton Silveira, o dispositivo é claro quanto à adoção da exaustão nacional dos direitos marcários, haja vista a ressalva em relação ao licenciamento compulsório. Por isso, cita o artigo no seguinte formato: "[n]a forma do art. 132, o titular da marca não poderá impedir: [...] a livre circulação do produto colocado no mercado interno pelo titular ou com o seu consentimento (exaustão nacional), ressalvado o disposto nos § 3º e 4º do art. 68 (exaustão internacional)".[96]

Em palestra proferida no XVIII Seminário Nacional de Propriedade Intelectual, Luiz Henrique do Amaral assim se posicionou em relação ao princípio consagrado no referido artigo:

> A leitura *contrario sensu* desses dispositivos (artigo 132, inciso III) demonstra que está proibida a importação paralela de produtos, se esses

---

[95] ADIERS, Cláudia Marins. *As Importações Paralelas à Luz do Princípio de Exaustão do Direito de Marca e dos Aspectos Contratuais e Concorrenciais*, em BARBOSA, Denis Borges, org., Aspectos Polêmicos da Propriedade Intelectual, 2005, p. 63.

[96] SILVEIRA, Newton. *Propriedade intelectual*: propriedade industrial, direito de autor, *software*, cultivares, nome empresarial, 4ª ed. rev. e ampl., Barueri, SP: Manole, 2011, p. 48.

produtos não foram introduzidos no mercado interno, ou seja, no mercado brasileiro, com a autorização expressa ou tácita do titular.[97]

Nesse mesmo sentido, observa Rafael Lacaz Amaral:

[O] Brasil adotou justamente esta modalidade de princípio [exaustão nacional], valendo dizer que ocorrendo a primeira comercialização do produto em território brasileiro, encerrou-se, imediatamente, o direito do titular sobre aquela mercadoria, que poderá ser vendida e revendida por terceiros sem a sua prévia autorização ou intervenção. É o que determina o artigo 132, inciso III da LPI, ao assim prever: [...] Levando-se em consideração a modalidade de esgotamento de direitos optada pelo legislador nacional, dúvidas não há de que a internacionalização de produto idêntico (e genuíno) neste mesmo território, por terceiro sem autorização do titular do direito ou do licenciado ou distribuidor exclusivo local, infringirá a regra esculpida no supracitado comando, não havendo que se falar, nesta hipótese, em exaustão de direitos.[98]

Assim, a exposição de duas interpretações diferentes em relação ao termo "com seu consentimento" do artigo 132, inciso III da LPI, bem como dos entendimentos distintos relativos à abrangência da exaustão de direitos de marca no Brasil, resultam na existência de posicionamentos divergentes da doutrina brasileira sobre a licitude da importação paralela.

Entretanto, o caráter dicotômico dos posicionamentos que existem em relação ao princípio da exaustão de direitos marcários não é visualizado nos distintos posicionamentos a respeito da licitude da importação paralela de marcas. Em mais detalhes, apesar de aqueles que defendem a exaustão internacional de direitos encararem como

---

[97] AMARAL, Luiz Henrique do. *A questão das importações paralelas*: reflexos nos direitos autorais, em XVIII Seminário Nacional de Propriedade Intelectual, 1998, São Paulo. Anais da Revista da Associação Brasileira de Propriedade Intelectual, Rio de Janeiro: ABPI, 1998, p. 55-67.

[98] AMARAL, Rafael Lacaz. *Importação paralela no direito marcário brasileiro*: uma análise à luz do atual posicionamento jurisprudencial, em Revista da Associação Brasileira da Propriedade Intelectual, nº 81, Rio de Janeiro: ABPI, março/abril de 2006, p. 43-44.

lícita a importação paralela, não necessariamente aqueles que empregam a exaustão nacional concordam com o caráter ilícito da prática, uma vez que levam em consideração diversos outros fatores para a formação de seus entendimentos.

Desse modo, embora a maior parte da doutrina brasileira entenda que o artigo 132, inciso III da LPI condiciona a exaustão (nacional) dos direitos sobre a marca à ocorrência da primeira venda do produto marcado no Brasil consentida pelo titular, existem divergências em relação a como se deve validar esse consentimento. O titular do direito sobre a marca precisa expressamente autorizar a entrada do produto distinguido pela marca no território brasileiro ou pode o consentimento ser presumido das próprias atividades negociais do titular?

2.4.3.2.1. Consentimento expresso e consentimento tácito

Assim como ocorre com as patentes, a LPI não estabelece se o consentimento do titular da marca deve ser expresso ou tácito, deixando a questão em aberto ao intérprete aplicador. Dessa forma, parte da doutrina compreende que o titular da marca precisa expressamente concordar com a entrada do produto marcado no território onde será comercializado, de modo que só assim seu direito é exaurido. Isso se evidencia no posicionamento doutrinário em relação à necessidade de autorização do titular para que um distribuidor exporte a mercadoria marcada:

> A lei brasileira nº 9297/96, artigo 132, inciso III parece categórica, prevendo a exaustão de direito nacional: [...]. Em termos práticos, o titular da marca que licencia seus direitos a um empresário no território brasileiro, para que produza e comercialize os produtos identificados pela sua marca, não pode invocar o direito de exclusividade para impedir as vendas subseqüentes de um distribuidor local contratado pelo licenciado, ou seja, para impedir os elos da cadeia de comercialização, dentro deste mesmo território. Todavia, ressalta-se que referido **distribuidor fica impedido de introduzir o produto em outros territórios, necessitando, para tanto, do consentimento do titular.**[99] (Grifo nosso)

---

[99] CASTELLI, Thais. *Propriedade Intelectual*: O Princípio da Territorialidade, São Paulo: Quartier Latin, 2006, p. 173-174.

Embora o exemplo mencione produto a ser exportado do Brasil para outro território sem a autorização do titular, trata da necessidade de consentimento expresso deste no que diz respeito à circulação de produto marcado.

Por outro lado, baseado no "princípio de liberdade de forma", segundo o qual a validade do negócio somente se fragiliza pela inobservância de determinada forma quando a lei expressamente o exigir, há o entendimento de que, como "a lei não exige que o consentimento para ser válido seja expresso, o consentimento tácito exerce a mesma valia".[100] Desse modo, por conta do silêncio da lei, outra parte da doutrina interpreta como suficiente a existência do consentimento tácito do titular, quando da inserção de um produto marcado no mercado, para que seu direito de exclusividade de uso sobre a marca encontre-se exaurido.

No entanto, justamente pelo caráter implícito do consentimento tácito, sua verificação também é objeto de divergências doutrinárias, haja vista o seguinte entendimento:

> O critério mais simples e eficaz para aferir a licitude da introdução no comércio estará, precisamente, na existência, expressa ou tácita, do consentimento do titular da marca. Expressa no caso de licença; podendo ser apenas **implícita, quando a entidade que procede a comercialização se encontrar submetida ao controle do titular ou ambos dependerem de um controle comum.** Em qualquer destas situações, portanto, a colocação dos produtos no mercado deverá conduzir à exaustão do direito do titular da marca.[101] (Grifo nosso)

Observa-se que tal posicionamento condiciona a existência do consentimento tácito ao exercício do controle empresarial. Em outras palavras, consente tacitamente o titular com a colocação do

---

[100] ADIERS, Cláudia Marins. *As Importações Paralelas à Luz do Princípio de Exaustão do Direito de Marca e dos Aspectos Contratuais e Concorrenciais*, em BARBOSA, Denis Borges, org., Aspectos Polêmicos da Propriedade Intelectual, 2005, p. 43.

[101] ADIERS, Cláudia Marins. *As Importações Paralelas à Luz do Princípio de Exaustão do Direito de Marca e dos Aspectos Contratuais e Concorrenciais*, em BARBOSA, Denis Borges, org., Aspectos Polêmicos da Propriedade Intelectual, 2005, p. 59.

produto distinguido pela marca no mercado quando o agente estrangeiro que o fornece é controlado pelo titular ou depende de controle comum (contrato de licença, controle societário ou configuração de grupo econômico de fato ou de direito).

Neste ponto, é importante esclarecer que a relação entre os produtos do titular nacional e do importador paralelo pode dar-se (i) apenas por possuírem mesma marca, ou (ii) também por serem provenientes de um controle empresarial comum. A diferença entre essas duas situações está relacionada ao tipo de contrato e à relação contratual estabelecida no exterior entre o titular da marca e o agente estrangeiro que fornece as mercadorias ao importador paralelo.

O entendimento de que há consentimento tácito do titular da marca diante do exercício de controle empresarial, por sua vez, preocupa-se exclusivamente em fundamentar a exaustão dos direitos sobre a marca no controle empresarial da mercadoria. De modo que, quando o produto colocado no Brasil pelo importador paralelo apresentar controle empresarial correspondente ao do titular nacional, considera-se que este consentiu tacitamente com a importação, não podendo se opor a ela. Isso ocorre, por exemplo, quando o titular da marca celebra um contrato de licença com uma empresa estrangeira e essa empresa passa a exportar para o Brasil os produtos apostos pela marca: considera-se que houve consentimento tácito do titular, diante do fato de o controle empresarial exercido sobre os produtos ser o mesmo.

No entanto, quando o titular da marca cede a outro agente, totalmente independente, seus direitos sobre a marca (contrato de cessão, por exemplo), não há que se falar em controle empresarial por parte do titular. Consequentemente, os produtos adquiridos deste cessionário e colocados no território nacional pelo importador paralelo não são provenientes do mesmo controle empresarial dos produtos comercializados pelo titular da marca nacional, não podendo, assim, falar em consentimento tácito do titular. Ademais,

> [d]izer que o consentimento decorreria remotamente, do contrato de cessão, é irrelevante na ausência de outros laços contratuais ou econômicos. **De**

comum, ente os produtos de cedente e cessionário, há apenas a origem da marca e não a procedência empresarial, que fundamenta a exaustão.[102] (Grifo nosso)

Apesar de a discussão doutrinária sobre o consentimento do titular ter sido verificada apenas no âmbito do direito marcário, há precedentes judiciais relacionados à importação paralela de patentes no Brasil cujas decisões são fundamentadas exatamente com base nessa questão, conforme visto no item 2.4.2.1 acima.

2.4.3.3. No âmbito jurisprudencial

Diferentemente do que ocorre com as patentes, o número de casos relacionados à importação paralela de marcas que chegam aos tribunais brasileiros é mais expressivo. Evidência disso é o fato de haver quatro acórdãos sobre o tema no âmbito do STJ (sendo que um deles diz respeito a dois recursos distintos).[103]

Acredita-se que essa diferença significativa entre o número de precedentes relacionados à importação paralela de marcas e o número de precedentes relacionados à importação paralela de patentes decorre do fato de que o volume de marcas efetivamente concedidas pelo INPI e em vigor é substancialmente superior ao volume de patentes concedidas e em vigor no país. Para fins de comparação, adota-se os indicadores publicados pela OMPI[104] em outubro de 2016, que, apesar de não apresentarem o número de marcas em vigor, evidenciam que, no ano de 2015, o Brasil tinha um total de 23.952 patentes válidas, sendo que, apenas neste ano registrou um total de 96.050 marcas, enquanto concedeu mais 3.411 patentes.[105]

---

[102] ADIERS, Cláudia Marins. *As Importações Paralelas à Luz do Princípio de Exaustão do Direito de Marca e dos Aspectos Contratuais e Concorrenciais*, em BARBOSA, Denis Borges, org., Aspectos Polêmicos da Propriedade Intelectual, 2005, p. 67.

[103] Pesquisa atualizada até 24 de julho de 2017.

[104] *World Intellectual Property Organization* – WIPO.

[105] WORLD INTELLECTUAL PROPERTY ORGANIZATION. *World Intellectual Property Indicators 2016, Economic & Statistics Series*. Disponível em: http://www.wipo.int/edocs/pubdocs/en/wipo_pub_941_2016.pdf, p. 70 e 107. Acesso em 20 ago. 2017.

Conforme mencionado no item 2.4.2.3, no âmbito dos acórdãos do STJ que tratam de importação paralela de marcas, não se verifica a sobreposição do direito de patentes e do direito de marcas na análise do tema. Pelo contrário, como será visto a seguir, há precedentes que, ainda que brevemente, pontuam a necessidade de tratamento diferenciado da questão para cada modalidade de propriedade industrial.

Assim, ainda com a finalidade de permitir uma melhor compreensão sobre a importação paralela como um todo e, por conseguinte, sobre a importação paralela de patentes em particular, este item apresenta, de forma bastante sucinta, aspectos relevantes abordados nos quatro precedentes do STJ.

(i) Caso dos uísques[106]

Proferido em dezembro de 2012, trata-se do acórdão mais recente do STJ sobre o tema, que, ao julgar dois recursos conjuntamente, alterou a solução que havia sido aplicada pelo Tribunal de Justiça do Estado do Ceará e conferiu ao titular das marcas "Johnnie Walker", "White Horse" e "Black & White" e à sua distribuidora autorizada no Brasil a prerrogativa de impedir a atividade do importador paralelo no país.

Posicionou-se de forma expressa no sentido de que, pela lei brasileira, a exaustão do uso da marca deve dar-se mediante a introdução legítima, com o consentimento do titular da marca, no mercado nacional, não valendo como exaustão, para validação da importação paralela, a colocação no mercado externo. Segundo a decisão, presume-se que o titular da marca encontra-se automaticamente remunerado quando coloca o produto no mercado doméstico, não podendo impedir que tal produto circule indiscriminadamente neste mercado, de modo que o titular da marca internacional tem, portanto, em princípio, o direito de exigir seu consentimento para

---

[106] BRASIL. Superior Tribunal de Justiça. Recurso Especial nº 1.200.677/CE e Recurso Especial nº 1.249.718/CE. 3ª Turma. Ministro Relator Sidnei Beneti. Julgado em 18 de dezembro de 2012.

a importação paralela para o mercado nacional, com o ingresso e a exaustão da marca neste mercado.

Outro aspecto importante da decisão diz respeito às considerações feitas sobre o consentimento do titular das marcas. Apesar de não tratar de todas as nuances que envolvem a discussão sobre o caráter implícito do consentimento tácito, no caso, identificou-se a anuência tácita do titular devido à inércia na promoção de medidas destinadas à paralisação das atividades do importador paralelo, ao longo de aproximadamente 15 anos. Decidiu-se, assim, que este tem de arcar com a indenização pelos danos materiais em favor do titular das marcas e da sua distribuidora autorizada no Brasil apenas a partir da data em que houve a manifestação expressa da discordância em relação à importação paralela, ou seja, a partir do ajuizamento da ação.

Destaca-se, por fim, que, diante de uma breve comparação com o direito aplicado em outros países, a decisão chamou a atenção para a necessidade e possibilidade de tratamento diferenciado do tema da exaustão de direitos e, por conseguinte, da importação paralela para marcas e patentes, conforme segue:

> Ressalvem-se situações específicas cujo regramento ainda pende de determinar, como o debate a respeito da **importação paralela de medicamentos** – que, no âmbito da União Européia, os preços de medicamentos não podem ser determinados livremente pelo fabricante e os governos podem interferir na fixação do preço cobrado – **o que, pela especificidade do produto, forçosamente trará conseqüências para o conceito de exaustão nacional, regional ou internacional.**
>
> Certos casos, como o dos medicamentos, podem, ainda, vir a receber tratamento legal diferenciado, imposto por necessidades de Estados determinados, cuja legislação dosa as premências e conveniências nacionais, especialmente a necessidade de fornecimento de determinados produtos à população, de estímulo à concorrência para evitar a formação de monopólios ou cartéis, de atendimento privilegiado de determinadas áreas do consumo – mas de nenhuma dessas hipóteses se cogita no caso presente, em que se está diante de importação de "whiskies", produto desprovido de fornecimento imprescindível e, ademais, com farto fornecimento por diver-

sos produtores e marcas em salutar concorrência no mercado nacional.[107]
(Grifo nosso)

(ii) Caso dos aparelhos Minolta[108]

Além da importação paralela, o caso envolve a prática de recondicionamento e reconstrução de produtos para posterior recolocação no mercado, sem submissão ao controle e aos padrões adotados pelo titular da
marca. Não obstante, a tese do importador paralelo também é no sentido "de que os produtos comercializados são originais e importados
de revendedora autorizada da marca Minolta, não podendo a titular da
marca no Brasil impedir a comercialização dos produtos licitamente
inseridos no mercado interno".[109]

Importa destacar que, pela primeira vez, o STJ manifestou de
forma clara que terceiro não pode importar sem a autorização do
titular da marca. Com base na apuração realizada pelo tribunal de
origem de que "não há autorização, pela titular da marca, para a
importação dos produtos", a decisão proferida em agosto 2011 determina que:

> o artigo 132, inciso III, da Lei 9.279/96, não socorre a recorrente, pois não
> há materialização de hipótese de incidência da norma que, como ressalvado
> no texto legal, exige que o produto tenha sido inserido no mercado brasi-
> leiro com a anuência do titular da marca.[110]

Diante disso, o importador paralelo opôs embargos de divergência, cujo seguimento foi negado, e, na sequência, agravo regimental, sob a alegação de que a decisão divergia do acórdão no caso dos

---

[107] BRASIL. Superior Tribunal de Justiça. Recurso Especial nº 1.200.677/CE e Recurso Especial nº 1.249.718/CE. 3ª Turma. Ministro Relator Sidnei Beneti. Julgado em 18 de dezembro de 2012, p. 10-11.
[108] BRASIL, Superior Tribunal de Justiça. Recurso Especial nº 1.207.952/AM. 4ª Turma. Ministro Relator Luis Felipe Salomão. Julgado em 23 de agosto de 2011.
[109] BRASIL, Superior Tribunal de Justiça. Recurso Especial nº 1.207.952/AM. 4ª Turma. Ministro Relator Luis Felipe Salomão. Julgado em 23 de agosto de 2011, p. 17.
[110] BRASIL, Superior Tribunal de Justiça. Recurso Especial nº 1.207.952/AM. 4ª Turma. Ministro Relator Luis Felipe Salomão. Julgado em 23 de agosto de 2011, p. 23.

charutos cubanos (exposto a seguir) "quanto a questões nucleares condizentes ao nível de exaustão dos direitos do titular da marca e legalidade da importação paralela e os limites do direito à livre concorrência em face dos direitos marcários".[111]

De fato, o acórdão paradigma tratou da possibilidade de os charutos cubanos serem comercializados no Brasil, mesmo diante da existência de contrato de distribuição exclusiva, em razão da exaustão do direito sobre a marca. Contudo, como bem pontuou o STJ, a decisão no caso dos charutos cubanos "em nada tratou acerca do recondicionamento dos produtos adquiridos fora do país e aqui vendidos", de modo que "a dissonância dos acórdãos cotejados não decorre da diversa interpretação de símiles situações fático-jurídicas, possuindo, os casos concretos, expressivas e dissonantes particularidades a sustentarem a diferença de soluções dadas por ambos colegiados".[112] Assim, foi mantida a decisão proferida pela 4ª Turma.

(iii) Caso dos charutos cubanos[113]

Trata-se de prática de comercialização paralela, e não de importação paralela propriamente dita, já que não foi provado que a recorrida tenha realizado a introdução, no território nacional, do produto fabricado pelas recorrentes – a recorrida apenas realizava a circulação de charutos adquiridos licitamente por importadoras não inseridas na rede oficial de distribuição estabelecida pela fabricante cubana no Brasil, sendo que estas, sim, atuariam como as verdadeiras importadoras paralelas.

Apesar de não tratar diretamente do tema, em abril de 2011, o STJ adotou decisão indicando uma direção de posicionamento pela

---

[111] BRASIL. Superior Tribunal de Justiça. Agravo Regimental nos Embargos de Divergência em Recurso Especial nº 1.207.952/AM. 2ª Seção. Ministro Relator Paulo de Tarso Sanseverino. Julgado em 26 de setembro de 2012, p. 2.

[112] BRASIL. Superior Tribunal de Justiça. Agravo Regimental nos Embargos de Divergência em Recurso Especial nº 1.207.952/AM. 2ª Seção. Ministro Relator Paulo de Tarso Sanseverino. Julgado em 26 de setembro de 2012, p. 4-5.

[113] BRASIL. Superior Tribunal de Justiça. Recurso Especial nº 930.491/SP. 3ª Turma. Ministro Relator Sidnei Beneti. Julgado em 12 de abril de 2011.

licitude da importação paralela. Isso porque ficou definido que as empresas atuantes em um segmento de produtos estrangeiros podem importá-los e adquiri-los de distribuidoras não inseridas na rede oficial de distribuição estabelecida pela fabricante. A decisão pontuou claramente que nada obsta que as lojas de tabacaria do país importem, para venda, charutos cubanos que são adquiridos legalmente pelo regime de importação, pois "a lei do comércio não obriga a que as empresas do ramo adquiram essas mercadorias da distribuidora autorizada pela Corporación Habanos S/A [a titular da marca]".

O ponto mais relevante da decisão está no entendimento a respeito dos efeitos do contrato de distribuição exclusiva:

> Impõe-se ressaltar que o contrato de distribuição exclusiva, por si só, não anula a incidência dos princípios que fundamentam a ordem econômica e não atenta contra a economia baseada na propriedade privada e na livre concorrência, sendo certo que a dominação de mercado é prática vedada, de modo que, em regra, a nenhuma pessoa empresária toca o direito de operar no mercado com exclusividade sobre determinado bem. [...]
>
> Pode o produtor preparar os bens para serem introduzidos no mercado e, ulteriormente, desistir de fazê-lo, retendo ou até destruindo os produtos, desde que respeitada a função social da propriedade e arcando com eventuais consequências contratuais para com o seu contratado, mas **não sendo vedado o fato da comercialização por terceiros, alheios as relações contratuais entre o produtor e outros comerciantes**. [...]
>
> Operou-se, então, a exaustão do direito sobre a marca, que vem a ser a impossibilidade de o titular da marca impedir a circulação do produto após esta haver sido introduzida no mercado nacional.[114] (Grifo nosso)

(iv) Caso do multivitamínico Centrum[115]

Semelhante ao caso dos charutos cubanos, o precedente trata de comercialização paralela, e não de importação paralela, pois os produtos comercializados pela recorrida foram adquiridos de outra empresa

---

[114] BRASIL. Superior Tribunal de Justiça. Recurso Especial nº 930.491/SP. 3ª Turma. Ministro Relator Sidnei Beneti. Julgado em 12 de abril de 2011, p. 11-13.
[115] BRASIL. Superior Tribunal de Justiça. Recurso Especial nº 609.047/SP. 4ª Turma. Ministro Relator Luis Felipe Salomão. Julgado em 20 de outubro de 2009.

nacional importadora. Não obstante, o STJ, em decisão proferida em outubro de 2009, posicionou-se pela desnecessidade do consentimento do titular nacional da marca e da distribuidora exclusiva no Brasil quando da importação por terceiros de produtos marcados, nos seguintes termos:

> Assim, tendo em vista que as importações paralelas, lícitas, são contratos firmados com o produtor/titular do direito da marca no estrangeiro, ou com quem tinha o consentimento deste para comercializar o produto, ou seja, um distribuidor no país em que é realizada a operação, não pode o titular da marca opor ao adquirente do produto restrições de redistribuição, pois a colocação do produto no mercado esgota o seu direito de propriedade industrial, ainda que a titularidade da marca no Brasil seja diversa da titularidade da marca no exterior.[116]

Destaca-se que, nesta decisão, o STJ também se manifestou sobre o princípio da exaustão de direitos marcários, apresentando a possibilidade de considerá-lo no âmbito internacional, bem como a possibilidade de conferir tratamento distinto para marcas e patentes:

> Cumpre destacar que se discute na jurisprudência européia, se o consentimento do titular da marca e da patente no estrangeiro é suficiente para exaurir o direito de propriedade intelectual no território para onde o produto foi importado. Tem-se decidido que para as marcas a exaustão do direito é internacional, ao passo que para o direito de patentes a exaustão é nacional. Assim, bastaria a colocação no mercado com o acordo de quem concedeu a licença em qualquer lugar do mundo para que os direitos do titular da marca não pudessem mais ser invocados contra uma importação (nesse sentido decisão do Tribunal Federal da Suíça no Caso Chanel – ATF 122 III 469).[117]

Além disso, a decisão pondera que o desrespeito ao direito do titular da marca no Brasil decorrente da importação paralela é mais uma

---

[116] BRASIL. Superior Tribunal de Justiça. Recurso Especial nº 609.047/SP. 4ª Turma. Ministro Relator Luis Felipe Salomão. Julgado em 20 de outubro de 2009, p. 7.
[117] BRASIL. Superior Tribunal de Justiça. Recurso Especial nº 609.047/SP. 4ª Turma. Ministro Relator Luis Felipe Salomão. Julgado em 20 de outubro de 2009, p. 8.

problemática contratual do que uma questão sobre prática de mercado. Isto é, a violação ao direito marcário estaria fundada em um ilícito contratual (i) por parte do fabricante do produto, que, em violação ao contrato de distribuição exclusiva firmado com o titular da marca brasileiro, autoriza a importação de mercadorias a outras distribuidoras que também atuam no país, ou (ii) por parte do distribuidor agregado no país de origem ou do titular da marca em uma terceira circunscrição geográfica, que, violando o contrato de distribuição exclusiva firmado com o fabricante, vende os produtos a outros distribuidores que não atuam naquele território, e não apenas a consumidores finais, como deve ocorrer em contrato de distribuição exclusiva.

Por fim, a decisão determina que a finalidade das marcas encerra-se na identificação da origem dos produtos e na incitação ao seu consumo, bem como na proteção ao investimento do empresário e na garantia ao consumidor da capacidade de discernimento sobre a qualidade das mercadorias. Portanto, estabelece que o sistema de proteção do direito marcário não tem o escopo de proteger as redes de distribuição impostas pelo fabricante/titular da marca, que configuram relações estritas com distribuidores, não sendo possível impor obrigações a terceiros não contratantes.

A partir da análise desses quatro precedentes, constata-se que, em decorrência da ausência de previsão expressa no âmbito legislativo quanto à importação paralela de marcas, diversos aspectos relacionados aos casos concretos são discutidos na esfera judiciária e acabam por influenciar sobremaneira nas decisões, de modo que também não há jurisprudência uniforme sobre o caráter lícito ou ilícito da prática quando referente a marcas. Não obstante, nota-se que, pelo menos, no âmbito dos julgados do STJ, já se abordou a necessidade e possibilidade de tratamento diferenciado do tema da exaustão de direitos e, por conseguinte, da importação paralela para marcas e patentes.

2.5. Ausência de um regime jurídico consolidado

Conforme explicado no item 2.4.1 acima, das possíveis e existentes interpretações dos dispositivos da LPI referentes à importação paralela de patentes, extrai-se três perspectivas distintas.

A primeira considera que (i) em princípio, por meio do artigo 43, inciso IV, a LPI adotou a exaustão nacional dos direitos de patente, sendo que, em regra, a prática da importação paralela constitui ato ilícito; e (ii) como exceção, a LPI adotou a exaustão internacional dos direitos de patente, permitindo a importação paralela diante das hipóteses previstas no artigo 68, §§ 3º e 4º.

A segunda, por sua vez, pondera que o artigo 43, inciso IV da LPI refere-se apenas à exaustão nacional, de modo que esta pode ser interpretada tanto como uma regra máxima quanto como uma regra mínima, abrindo espaço para que a exaustão internacional seja aplicada pelos julgadores brasileiros quando necessário. Dessa forma, essa perspectiva defende que não existe qualquer vedação à importação paralela no âmbito da LPI.

Por fim, a terceira perspectiva também considera que a LPI abre espaço à importação paralela tanto nas hipóteses previstas nos §§ 3º e 4º do artigo 68 quanto no artigo 43, inciso IV, mas de forma mais restritiva que a segunda perspectiva. Isso porque entende que, nos termos do artigo 43, inciso IV da LPI, o direito do titular da patente de impedir terceiros de praticarem atos comerciais que tenham por objeto produtos que incorporam a respectiva patente exaure-se a partir do momento em que um primeiro exemplar do produto patenteado é colocado no mercado pelo titular ou com seu consentimento.[118]

Com efeito, a possibilidade e existência de interpretações distintas em relação aos mesmos dispositivos, juntamente com a carência de debates mais extensos entre os estudiosos quanto à importação paralela de patentes em si, ajudam a explicar o fato de a jurisprudência sobre o tema compreender dois precedentes da mesma câmara, que tratam de ações ajuizadas pela mesma empresa, mas cujas deci-

---

[118] SILVA, Antonio Carlos Fonseca da. *Importação paralela de medicamentos*. Rev. Fund. Esc. Super. Minist. Público Dist. Fed. Territ., Brasília, Ano 10, Volume 19, p. 11-27, jan./jun. 2002. Disponível em: www.escolamp.org.br/arquivos/19_01.pdf. Acesso em 6 ago. 2017.

sões são completamente díspares, conforme visto no item 2.4.2 acima.[119]

Diante disso, salta aos olhos a ausência de um regime jurídico consolidado no tocante ao tema da importação paralela de patentes no Brasil, o que resulta em um cenário de extrema insegurança tanto para os agentes econômicos quanto para os operadores do direito, prejudicando, ainda que indiretamente, o desenvolvimento econômico, social e tecnológico do país.

Contudo, tal cenário não está acabado: propostas de alteração da LPI que pretendem ajustar exatamente os dispositivos que tratam da importação paralela de patentes tramitam atualmente no Congresso Nacional. É o que expõe o próximo item.

2.6. Propostas de alteração do regime
2.6.1. Projeto de Lei nº 139/1999

A primeira e principal proposta de alteração legislativa do regime de importação paralela de patentes no Brasil foi apresentada pelo Deputado Alberto Goldman (PSDB-SP), em 2 de março de 1999, sob o Projeto de Lei nº 139/1999 ("PL 139/1999"), ainda em tramitação.[120]

Basicamente, o PL 139/1999 pretende introduzir duas modificações na LPI, quais sejam: (i) substituir a expressão "mercado interno" por "mercado interno ou externo" no inciso IV do artigo 43;[121] e (ii)

---

[119] São os precedentes: (i) São Paulo (Estado). Tribunal de Justiça do Estado de São Paulo. Apelação nº 0272901-70.2009.8.26.0000. Barueri. Apelante: Galena Química e Farmacêutica Ltda.; Apelada: Pharmaspecial Especialidades Químicas e Farmacêuticas Ltda. Relator: João Carlos Garcia. Julgado em 7 de junho de 2011; e (ii) São Paulo (Estado). Tribunal de Justiça do Estado de São Paulo. Apelação nº 0025224-50.2004.8.26.0114. Campinas. Apelante: Galena Química e Farmacêutica Ltda.; Apelada: Pharma Nostra Comercial Ltda. Relator: Mauro Conti Machado. Julgado em 10 de março de 2015.

[120] Para fins deste trabalho, o acompanhamento da tramitação legislativa do PL 139/1999 foi realizado até 6 de agosto de 2017.

[121] Para fácil referência: "Art. 43. O disposto no artigo anterior não se aplica: [...]
IV – a produto fabricado de acordo com patente de processo ou de produto que tiver sido colocado no *mercado interno* diretamente pelo titular da patente ou com seu consentimento". (Grifo nosso)

excluir a expressão "ressalvados os casos de inviabilidade econômica, quando será admitida a importação" do § 1º, inciso I, do artigo 68 (e, por conseguinte, a expressão "extinguindo-se nesse caso a excepcionalidade prevista no inciso I do parágrafo anterior" do § 2º do artigo 68).[122]

Vale destacar que o PL 139/1999 é criticado pela doutrina por dois motivos. Em primeiro lugar, porque é incompleto, uma vez que não introduz o princípio da exaustão internacional na seção da LPI que regula marcas. Em segundo lugar, porque, "não obstante revelar sintonia com a necessidade do Brasil de equilibrar os direitos de propriedade intelectual com o princípio da livre concorrência e os direitos fundamentais, o projeto não é efetivamente necessário".[123] Esta última crítica respalda-se no entendimento de que não existe qualquer vedação legal à prática da importação paralela de patentes no Brasil, conforme apresentado no item 2.4.1.

No entanto, de acordo com a "Justificação" apresentada pelo Deputado Alberto Goldman,

> [essas] modificações restringem a amplitude da proteção conferida a titular de patente de produto ou de processo para evitar que ela se transforme em reserva de mercado e alteram o sentido do licenciamento compulsório – um instrumento previsto pela Lei para reprimir o uso inadequado ou abusivo

---

[122] Para fácil referência: "Art. 68. [...]

§ 1º Ensejam, igualmente, licença compulsória:

I – a não exploração do objeto da patente no território brasileiro por falta de fabricação ou fabricação incompleta do produto, ou, ainda, a falta de uso integral do processo patenteado, *ressalvados os casos de inviabilidade econômica, quando será admitida a importação*; ou [...]

§ 2º A licença só poderá ser requerida por pessoa com legítimo interesse e que tenha capacidade técnica e econômica para realizar a exploração eficiente do objeto da patente, que deverá destinar-se, predominantemente, ao mercado interno, *extinguindo-se nesse caso a excepcionalidade prevista no inciso I do parágrafo anterior*". (Grifo nosso)

[123] Basso, Maristela. *Flexibilidades e salvaguardas do sistema legal de proteção das patentes*, em Basso, Maristela; Salomão Filho, Calixto; Polido, Fabrício; César, Priscilla. Direitos de propriedade intelectual e saúde pública: o acesso universal aos medicamentos anti-retrovirais no Brasil, São Paulo: IDCID, 2007, p. 126-127.

da patente – com o objetivo de defender o mercado e criar uma indústria nacional geradora de riqueza, empregos e tecnologia.[124]

Nota-se que ambas as modificações pretendidas retomam discussões levantadas pelos parlamentares quando dos trabalhos iniciais de elaboração da LPI (conforme abordado no item 2.3.2). Em particular, tanto a redação proposta para o inciso IV do artigo 43 quanto a redação proposta para o § 1º, inciso I, do artigo 68, pelo PL 139/1999, refletem os exatos termos em que tais dispositivos foram inicialmente apresentados quando da propositura da LPI no âmbito do PL 824/1991.

Especificamente em relação à exaustão de direitos e à importação paralela, o Deputado Alberto Goldman considera que existe uma lacuna no atual inciso IV do artigo 43 da LPI, o que, segundo ele, cria uma reserva de mercado indesejada. Assim explica:

> Sob a proteção do artigo 42 e do inciso IV do artigo 43, na forma atual, o titular de patente ou de processo pode impedir a aquisição de um produto colocado legalmente no mercado internacional. Trata-se da inversão do conceito conhecido como exaustão de direitos, [...].
>
> A modificação proposta permite a comercialização no mercado brasileiro de produto que tenha sido colocado pelo titular da patente, legalmente, em qualquer outro mercado, eliminando a lacuna atual que, mais do que preservar o direito patentário, cria uma reserva de mercado que desejamos evitar.[125]

Diante disso, o parlamentar pontua as vantagens do sistema de exaustão internacional dos direitos de patente, bem como a importância da atuação do importador paralelo no mercado brasileiro para fins de controle de preços, nos seguintes termos:

---

[124] BRASIL. CÂMARA DOS DEPUTADOS. Diário da Câmara dos Deputados, de 19 de março de 1999. Disponível em: http://imagem.camara.gov.br/Imagem/d/pdf/DCD-19MAR1999.pdf#page=163, p. 10511-10512. Acesso em 6 ago. 2017.

[125] BRASIL. CÂMARA DOS DEPUTADOS. Diário da Câmara dos Deputados, de 19 de março de 1999. Disponível em: http://imagem.camara.gov.br/Imagem/d/pdf/DCD-19MAR1999.pdf#page=163, p. 10511-10512. Acesso em 6 ago. 2017.

Assim, deixaria de existir a restrição de o patenteado impedir a livre circulação no território nacional de produto ou processo cuja patente lhe pertença e o tenha lançado em qualquer outro mercado. A partir deste momento, a importação tornar-se-ia livre, o que possibilitaria o abastecimento do mercado nacional por terceiros, sem que o detentor da patente pudesse impedi-lo. Esta prática permitiria a entrada em cena do importador, que adquiriria o objeto da patente de distribuidores no Exterior para tentar conquistar parte do mercado brasileiro ao oferecer o produto a menor preço.

A exaustão internacional de direitos, deste modo, constitui-se num mecanismo de controle de preços, pela via do livre comércio. O titular do privilégio deixaria de poder impedir a importação por terceiros para fins comerciais. Por outro lado, continuariam intocados tanto o direito de impedir a produção local do objeto da patente, a não ser nos casos de licença compulsória, como o direito de negociar a licença voluntária.[126]

No mesmo sentido, a alteração proposta pelo PL 139/1999 em relação ao § 1º, inciso I, do artigo 68 da LPI também tem o condão de evitar a caracterização da reserva de mercado em benefício do titular da patente. Para o Deputado Alberto Goldman, a expressão "ressalvados os casos de inviabilidade econômica, quando será admitida a importação" contribui para a criação dessa reserva de mercado na medida em que

se uma empresa entende ser mais interessante instalar uma planta industrial na Argentina e exportar seu produto para o Brasil, ela tem a garantia da reserva do mercado brasileiro, mesmo decorrido o prazo de três anos da concessão de patente previsto no § 5º do artigo 68 para que seja requerida a licença compulsória.[127]

---

[126] BRASIL. CÂMARA DOS DEPUTADOS. Diário da Câmara dos Deputados, de 19 de março de 1999. Disponível em: http://imagem.camara.gov.br/Imagem/d/pdf/DCD-19MAR1999.pdf#page=163, p. 10511-10512. Acesso em 6 ago. 2017.
[127] BRASIL. CÂMARA DOS DEPUTADOS. Diário da Câmara dos Deputados, de 19 de março de 1999. Disponível em: http://imagem.camara.gov.br/Imagem/d/pdf/DCD-19MAR1999.pdf#page=163, p. 10511-10512. Acesso em 6 ago. 2017.

Nas palavras do parlamentar, trata-se de "uma verdadeira aberração", uma vez que

> [o] equilíbrio de uma lei patentária está em que, ao se conceder a patente de interesse da empresa ela dá ao país a contrapartida de fabricação nacional, gerando riqueza, empregos e tecnologia. Se a fabricação nacional é economicamente inviável ou desinteressante para o detentor da patente, pode não ser para qualquer outro que, com a licença compulsória, poderá produzir no Brasil, sem prejuízo para o patenteado que tem, de qualquer maneira, o pagamento dos *royalties*, na forma da lei.[128]

Assim, de modo geral, a "Justificação" do Deputado Alberto Goldman para o PL 139/1999 baseia-se no fato de que, de acordo com a redação atual da LPI, "só o detentor de patente pode vender ou importar, só ele pode produzir aonde desejar e só ele pode definir como e quando nós poderemos usar o produto patenteado" – o que caracteriza uma reserva de mercado em benefício do titular da patente, a qual "permite estabelecer o preço ao mercado consumidor, sendo muito difícil caracterizar o abuso, já que a comparação torna-se impossível".[129]

Não obstante a relevância do tema e o lapso temporal transcorrido desde a apresentação (2 de março de 1999), o PL 139/1999 ainda tramita entre as Comissões da Câmara dos Deputados (não tendo sido levado ao Plenário), notando-se que são três as Comissões competentes para pronunciamento técnico: Comissão de Seguridade Social e Família (CSSF), Comissão de Desenvolvimento Econômico Indústria e Comércio (CDEIC) e Comissão de Constituição e Justiça e de Cidadania (CCJC).

Tanto a CSSF quanto a CDEIC (comissões originariamente competentes para pronunciamento de mérito) apresentaram parece-

---

[128] BRASIL. CÂMARA DOS DEPUTADOS. Diário da Câmara dos Deputados, de 19 de março de 1999. Disponível em: http://imagem.camara.gov.br/Imagem/d/pdf/DCD-19MAR1999.pdf#page=163, p. 10511-10512. Acesso em 6 ago. 2017.

[129] BRASIL. CÂMARA DOS DEPUTADOS. Diário da Câmara dos Deputados, de 19 de março de 1999. Disponível em: http://imagem.camara.gov.br/Imagem/d/pdf/DCD-19MAR1999.pdf#page=163, p. 10511-10512. Acesso em 6 ago. 2017.

res pela rejeição do PL 139/1999, em 29 de março de 2006 e 19 de dezembro de 2007, respectivamente. O parecer da CSSF sustentou que "a modificação ora proposta não se mostra apta para proteger a propriedade intelectual no sentido de propiciar o desenvolvimento tecnológico e científico e proteger o interesse público".[130] Já o parecer da CDEIC explicou que

a proposição se aprovada viria causar desestímulo à atração de investimentos e à formação de *joint ventures*, bem como abriria o mercado brasileiro à importação indiscriminada de produtos patenteados no mercado internacional, desconsiderando por outro lado mecanismos já previstos na legislação vigente.[131]

Na esfera da CCJC, por sua vez, o Relator Dilceu Sperafico (PP-PR) proferiu parecer pela inconstitucionalidade do PL, em 16 de julho de 2009, enquanto que o Relator Antonio Carlos Pannunzio (PSDB-SP) opinou pela constitucionalidade, juridicidade e técnica legislativa deste, em 9 de junho de 2010, considerando que "as modificações propostas à legislação vigente, apesar de ampliar o alcance, em sua totalidade não afetam o direito de propriedade, no limite da visão e condicionantes que emanam do contexto de relações internacionais".[132]

---

[130] BRASIL. CÂMARA DOS DEPUTADOS. Comissão de Seguridade Social e Família. Projeto de Lei nº 139, de 1999 (Apensados os PLs 3.562/00, 7.066/02 e 303/03). Disponível em: http://www2.camara.leg.br/proposicoesWeb/prop_mostrarintegra?codteor=372315&filename=PRL+1+CSSF+%3D%3E+PL+139/1999, p. 7. Acesso em 6 ago. 2017.

[131] BRASIL. CÂMARA DOS DEPUTADOS. Comissão de Desenvolvimento Econômico, Indústria e Comércio. Projeto de Lei nº 139, de 1999 (Apensados os Projetos de Lei nº 3.562, de 2000, nº 7.066, de 2002, e nº 303, de 2003). Disponível em: http://www2.camara.leg.br/proposicoesWeb/prop_mostrarintegra?codteor=530722&filename=PRL+3+CDEICS+%3D%3E+PL+139/1999, p. 5. Acesso em 6 ago. 2017.

[132] BRASIL. CÂMARA DOS DEPUTADOS. Comissão de Constituição e Justiça e de Cidadania. Projeto de Lei nº 139, de 1999 (Apensos: PL nº 3.562, de 2000; PL nº 7.066, de 2002; PL nº 303, de 2003, e PL nº 5.176, de 2009). Disponível em: http://www.camara.gov.br/proposicoesWeb/prop_mostrarintegra;jsessionid=7848C8BA18F8E42D4B4AED97C8A45352.proposicoesWeb2?codteor=778017&filename=PRL+4+CCJC+%3D%3E+PL+139/1999, p. 4. Acesso em 6 ago. 2017.

Contudo, em 17 de julho de 2015, foi deferido o Requerimento nº 2.526/2015 do Deputado Arthur Lira (PP-AL) para incluir a CCJC como competente para se pronunciar quanto ao mérito do PL 139/1999.[133] Por conseguinte, em 16 de setembro de 2015, o Relator Deputado Andre Moura (PSC-SE) apresentou parecer opinando pela constitucionalidade, juridicidade e técnica legislativa do PL 139/1999 e de todos os 15 Projetos de Lei a ele apensados até aquela data (como será visto no item 2.6.2) e, no mérito, pela aprovação do PL 139/1999 e do apenso Projeto de Lei nº 5.402/2013 ("PL 5.402/2013"), na forma de substitutivo que os integra em um só texto, e pela rejeição dos demais apensos. Nas palavras do Deputado,

> [n]o mérito, quanto aos projetos voltados a alterar as patentes de medicamentos bem como a estabelecer hipóteses relacionadas à licença compulsória de produtos farmacêuticos, considero o PL nº 5.402, de 2013, o mais bem elaborado e o que com maior profundidade e sistematicidade modifica a legislação em vigor. [...]
> **Por sua vez, o Projeto nº 139, de 1999, traz modificações benéficas ao ordenamento jurídico brasileiro, pois evita que o titular de patente crie uma reserva abusiva de mercado em prejuízo do consumidor nacional.** Por seu turno, se há abuso de poder econômico, como no caso da privação de acesso ao produto pelos cidadãos brasileiros, em virtude da não exploração da patente em território brasileiro ou da falta de uso integral do processo patenteado, cabe o uso do instituto da licença compulsória para a defesa do interesse público nacional.
> Por sua vez, creio que o escopo almejado pelos demais projetos que não cuidam da alteração da legislação sobre patente de medicamentos já resta atendido com a aprovação do PL nº 139, de 1999.[134] (Grifo nosso)

---

[133] BRASIL. CÂMARA DOS DEPUTADOS. Projetos de Leis e Outras Proposições. PL 139/1999. Disponível em: http://www.camara.gov.br/proposicoesWeb/fichadetramitac ao?idProposicao=15088. Acesso em 6 ago. 2017.

[134] BRASIL. CÂMARA DOS DEPUTADOS. Comissão de Constituição e Justiça e de Cidadania. Projeto de Lei nº 139, de 1999 (Apensos os Projetos de Lei nos 3.562/2000, 7066/2002, 303/2003, 2.511/2007, 3.709/2008, 3.995/2008, 5.176/2009, 7.965/2010, 2846/2011, 3.943/2012, 3.944/2012, 3.945/2012, 5.402/2013, 9.090/2014, 8.091/2014). Disponível em: http://www.camara.gov.br/proposicoesWeb/prop_mostrarintegra;jses

Nota-se ainda que, em 25 de agosto de 2015, foi aprovado o Requerimento de Audiência Pública nº 41/2015, apresentado pela Deputada Erika Kokay (PT-DF), para discutir o PL 139/1999 e apensos no âmbito da CCJC, o qual foi seguido dos adendos apresentados pelos Deputados Arnaldo Faria de Sá (PTB-SP) (em 9 de setembro de 2015, por meio do Requerimento nº 51/2015) e Nelson Marchezan Junior (PSDB-RS) (em 17 de setembro de 2015, por meio do Requerimento nº 55/2015). Em 22 de setembro de 2015, também com a finalidade de discutir o PL 139/1999 e apensos no âmbito da CCJC, o Deputado Marcos Rogério (PDT-RO) apresentou o Requerimento de Audiência Pública nº 57/2015.[135]

Após o PL 139/1999 ter sido retirado da pauta de três reuniões deliberativas da CCJC, em 28 de outubro de 2015, a Deputada Cristiane Brasil (PTB-RJ) apresentou o "Voto em Separado nº 1 CCJC", opinando "pela injuridicidade e, no mérito, pela rejeição do Projeto de Lei nº 139, de 1999, bem como dos demais apensados e do substitutivo apresentado, visto que são contrários à sistemática legal sobre o tema", sendo que, especificamente sobre o PL 139/1999, a Deputada afirmou:

> No PL nº 139/99, a intenção das modificações propostas é a de restringir o âmbito da proteção conferida a titular de patente de produto ou de processo, visando a evitar que esta se torne uma reserva de mercado. Não obstante, busca, outrossim, alterar o sentido do licenciamento compulsório, que está atualmente previsto para reprimir o uso inadequado ou abusivo da patente, com o escopo de defender o mercado e, de certa forma, fomentar a indústria nacional. Contudo, pensamos que **as propostas do PL em comento são desnecessárias para evitar abusos pelo titular de uma patente. Isto porque, os abusos que se busca evitar já se encontram devidamente coibidos e detalhados pela seção "Da Licença Compulsória"**, em que estão contidos os artigos 68 a 74, do capítulo VIII, do Título I

sionid=0B9F75DE800C2B6DA1023973E93B6039.proposicoesWeb2?codteor=1387517 &filename=Parecer-CCJC-17-09-2015, p. 5-6. Acesso em 6 ago. 2017.
[135] BRASIL. CÂMARA DOS DEPUTADOS. Projetos de Leis e Outras Proposições. PL 139/1999. Disponível em: http://www.camara.gov.br/proposicoesWeb/fichadetramitac ao?idProposicao=15088. Acesso em 6 ago. 2017.

("Das Patentes"), da Lei nº 9.279, de 14 de Maio de 1996 – Lei da Propriedade Industrial –, que regula os direitos e obrigações relativas à propriedade
industrial.[136] (Grifo nosso)

Dias depois, em 3 de novembro de 2015, o Relator Deputado
Andre Moura (PSC-SE) requereu a desconsideração dos pareceres ao
PL 139/1999 por ele emitidos anteriormente, o que foi deferido. Na
mesma data, o Deputado apresentou nova versão de seu parecer, em
que a opinião e os termos do parecer apresentado em 16 de setembro de 2015 no que diz respeito à exaustão de direitos e à importação
paralela foram mantidos.[137]

Não obstante, também em 3 de novembro de 2015, o Deputado Covatti Filho (PP-RS) apresentou o "Voto em Separado nº 2
CCJC", opinando "pela inconstitucionalidade do substitutivo e do
PL 5.402/2003, pela injuridicidade de todas as proposições" e, no
mérito, "pela rejeição do PL nº 139/1999, de todos os seus apensados
e do substitutivo apresentado". Em relação ao objeto deste estudo
mais especificamente, o Deputado Covatti Filho (PP-RS) afirma que
a permissão à importação paralela

---

[136] BRASIL. CÂMARA DOS DEPUTADOS. Comissão de Constituição e Justiça e de Cidadania. Projeto de Lei nº 139, de 1999 (Apensos os Projetos de Lei nos 3.562/2000,
7066/2002, 303/2003, 2.511/2007, 3.709/2008, 3.995/2008, 5.176/2009, 7.965/2010,
2846/2011, 3.943/2012, 3.944/2012, 3.945/2012, 5.402/2013, 9.090/2014, 8.091/2014).
Voto em Separado (Da Deputada Cristiane Brasil). Disponível em: http://www.camara.
gov.br/proposicoesWeb/prop_mostrarintegra?codteor=1405273&filename=Tramita
cao-PL+139/1999, p. 3. Acesso em 6 ago. 2017.

[137] Em comparação com o parecer apesentado pelo Relator Deputado Andre Moura
(PSC-SE) em 16 de setembro de 2015, o parecer de 3 de novembro de 2015 apenas
incluiu considerações sobre alterações na "legislação vigente referente à industrialização e comercialização de minerais considerados de interesse para a energia nuclear,
mas que não constituem o combustível nuclear propriamente dito". Cf. BRASIL.
CÂMARA DOS DEPUTADOS. Comissão de Constituição e Justiça e de Cidadania. Projeto de Lei nº 139, de 1999 (Apensos os Projetos de Lei nos 3.562/2000, 7066/2002,
303/2003, 2.511/2007, 3.709/2008, 3.995/2008, 5.176/2009, 7.965/2010, 2846/2011,
3.943/2012, 3.944/2012, 3.945/2012, 5.402/2013, 9.090/2014, 8.091/2014). Disponível
em: http://www.camara.gov.br/proposicoesWeb/prop_mostrarintegra?codteor=140710
3&filename=Tramitacao-PL+139/1999, p. 6. Acesso em 6 ago. 2017.

irá desestimular a produção nacional pelo titular da patente ou por um licenciado, uma vez que quaisquer terceiros poderão importar o produto de outros países em que o titular já tenha o colocado no mercado. Mais, poderá prejudicar a indústria nacional, acarretando aumento dos preços e desvantagem competitiva dos produtos fabricados localmente, devido à carga tributária e encargos sociais aos quais os fabricantes nacionais estão sujeitos.[138]

Na sequência, em 11 de novembro de 2015, o Deputado Alceu Moreira (PMDB-RS) apresentou o Requerimento de Audiência Pública nº 85/2015, o qual não foi apreciado até a data da última atualização do acompanhamento da tramitação do PL 139/1999[139]. No mais, após designação do Relator Substituto Deputado Bacelar (PTN-BA), o qual acatou, na íntegra, o parecer apresentado em 3 de novembro de 2015 pelo Relator Deputado Andre Moura (PSC-SE), em 26 de novembro de 2015, o Deputado Andre Moura (PSC-SE) foi designado novamente Relator do PL 139/1999, sendo que, apenas em 24 de março de 2017, o PL 139/1999 foi devolvido ao Relator Deputado Andre Moura (PSC-SE) para reexame, em razão da apensação de mais uma proposta de alteração da LPI, o Projeto de Lei nº 6.968/2017 ("PL 6.968/2017").[140]

2.6.2. Apensos ao PL 139/1999

Há 16 Projetos de Lei em tramitação que também tratam de direitos de patentes e que, em razão disso, foram apensados ao PL 139/1999.

---

[138] BRASIL. CÂMARA DOS DEPUTADOS. Comissão de Constituição e Justiça e de Cidadania. Projeto de Lei nº 139, de 1999 (Apensos os Projetos de Lei nos 3.562/2000, 7066/2002, 303/2003, 2.511/2007, 3.709/2008, 3.995/2008, 5.176/2009, 7.965/2010, 2846/2011, 3.943/2012, 3.944/2012, 3.945/2012, 5.402/2013, 9.090/2014, 8.091/2014). Voto em Separado do Deputado Covatti Filho (PP/RS). Disponível em: http://www. camara.gov.br/proposicoesWeb/prop_mostrarintegra?codteor=1407335&filename=Tr amitacao-PL+139/1999, s/p. Acesso em 6 ago. 2017.

[139] Para fins deste trabalho, o acompanhamento da tramitação legislativa do PL 139/ 1999 foi realizado até 6 de agosto de 2017.

[140] BRASIL. CÂMARA DOS DEPUTADOS. Projetos de Leis e Outras Proposições. PL 139/1999. Disponível em: http://www.camara.gov.br/proposicoesWeb/fichadetramitac ao?idProposicao=15088. Acesso em 6 ago. 2017.

Em 17 de maio de 2013, no âmbito do Requerimento nº 7.803/2013 para "apensação do PL 2511/2007 e seus apensos, bem como do PL 3709/2008 e seus apensos, ao PL 139/1999", o Deputado Newton Lima (PT-SP) classificou 13 dessas propostas (aquelas que até então existiam) em três blocos, sendo que "[o] bloco principal e mais antigo é o referente ao PL 139/1999. O 2º bloco é relativo ao PL 2511/2007 e o 3º bloco é o referente ao PL 3709/2008".[141]

Mais especificamente, o primeiro bloco reúne os Projetos de Lei que tratam de diversos dispositivos da LPI referentes a patentes, o segundo está relacionado à matéria considerada como não patenteável (conforme disposto nos artigos 10 e 18 da LPI[142]) e o terceiro

---

[141] BRASIL. CÂMARA DOS DEPUTADOS. Diário da Câmara dos Deputados, de 19 de março de 1999. Disponível em: http://imagem.camara.gov.br/Imagem/d/pdf/DCD-19MAR1999.pdf#page=163, p. 10511-10512. Acesso em 6 ago. 2017.

[142] "Art. 10. Não se considera invenção nem modelo de utilidade:

I – descobertas, teorias científicas e métodos matemáticos;

II – concepções puramente abstratas;

III – esquemas, planos, princípios ou métodos comerciais, contábeis, financeiros, educativos, publicitários, de sorteio e de fiscalização;

IV – as obras literárias, arquitetônicas, artísticas e científicas ou qualquer criação estética;

V – programas de computador em si;

VI – apresentação de informações;

VII – regras de jogo;

VIII – técnicas e métodos operatórios ou cirúrgicos, bem como métodos terapêuticos ou de diagnóstico, para aplicação no corpo humano ou animal; e

IX – o todo ou parte de seres vivos naturais e materiais biológicos encontrados na natureza, ou ainda que dela isolados, inclusive o genoma ou germoplasma de qualquer ser vivo natural e os processos biológicos naturais. [...]

Art. 18. Não são patenteáveis:

I – o que for contrário à moral, aos bons costumes e à segurança, à ordem e à saúde públicas;

II – as substâncias, matérias, misturas, elementos ou produtos de qualquer espécie, bem como a modificação de suas propriedades físico-químicas e os respectivos processos de obtenção ou modificação, quando resultantes de transformação do núcleo atômico; e

III – o todo ou parte dos seres vivos, exceto os microorganismos transgênicos que atendam aos três requisitos de patenteabilidade – novidade, atividade inventiva e aplicação industrial – previstos no art. 8º e que não sejam mera descoberta.

Parágrafo único. Para os fins desta Lei, microorganismos transgênicos são organismos, exceto o todo ou parte de plantas ou de animais, que expressem, mediante interven-

trata da anuência prévia da Agência Nacional de Vigilância Sanitária (Anvisa) (conforme disposto no artigo 229-C da LPI[143]).

Com base nessa classificação, o Deputado organizou os Projetos de Lei conforme a Tabela 1 abaixo:

TABELA 1[144]

PL	Ementa	Artigos que visam a modificar na LPI	Assunto
1º Bloco – PL 139/1999			
139/1999	Altera a Lei nº 9.279, de 14 de maio de 1996, que "regula direitos e obrigações relativos à propriedade industrial", modificando dispositivos que dispõem sobre direitos conferidos pela patente e a concessão de licença compulsória.	Arts. 43 e 68	Direitos conferidos ao titular da patente (art. 43) Licença compulsória (art. 68)
3562/2000	Dispõe sobre a licença compulsória para exploração de patente na produção de medicamentos.	Complementa artigos 68 a 73	Licença compulsória
5176/2009	Acrescenta dispositivo à Lei nº 9.279, de 14 de maio de 1996, que regula direitos e obrigações relativos à propriedade industrial, dispondo sobre licenciamento compulsório de patentes em caso de falta de medicamento de uso continuado no mercado.	Acrescenta art. 71-A	Licença compulsória
3945/2012	Estabelece a não patenteabilidade de medicamentos utilizados no diagnóstico e terapêutica de doenças negligenciadas e promove a produção destes medicamentos sem pagamento de *royalties*.	Arts. 18 e 68	Não patenteabilidade

ção humana direta em sua composição genética, uma característica normalmente não alcançável pela espécie em condições naturais."

[143] "Art. 229-C. A concessão de patentes para produtos e processos farmacêuticos dependerá da prévia anuência da Agência Nacional de Vigilância Sanitária – ANVISA. (Incluído pela Lei nº 10.196, de 2001)."

[144] BRASIL. CÂMARA DOS DEPUTADOS. Diário da Câmara dos Deputados, de 19 de março de 1999. Disponível em: http://imagem.camara.gov.br/Imagem/d/pdf/DCD-19MAR1999.pdf#page=163, p. 10511-10512. Acesso em 6 ago. 2017.

PL	Ementa	Artigos que visam a modificar na LPI	Assunto
7066/2002	Dispõe sobre as indenizações cabíveis por infrações aos direitos de propriedade industrial.	Arts. 207, 208, 209 e 210	Indenização relativa à infração de direitos de propriedade intelectual
303/2003	Altera o inciso I do § 1º do art. 68 da Lei nº 9.279, de 14 de maio de 1996, dispondo sobre o licenciamento compulsório em caso de não fabricação do objeto da patente em Território Nacional.	Art. 68	Licença compulsória
2846/2011	Altera a Lei nº 9.279, de 14 de maio de 1996, que "regula direitos e obrigações relativos à propriedade industrial", quanto a licenciamento compulsório de patente.	Arts. 68 e 74	Licença compulsória
3944/2012	Revoga o dispositivo que estipula o prazo de vigência de patentes de invenção e de modelo de utilidade, para estimular a pesquisa e facilitar o acesso aos medicamentos.	Art. 40	Prazo de vigência de patentes
5402/2013	Altera a Lei nº 9.279, de 14 de maio de 1996, para revogar o parágrafo único de seu art. 40, alterar seus arts. 10, 13, 14, 31, 195 e 229-C, e acrescentar os arts. 31-A e 43-A; e altera a Lei nº 9.782, de 26 de janeiro de 1999, para alterar seu art. 7º	Arts. 10, 13, 14, 31, 40, 195, 229-C e acrescenta arts. 31-A e 43-A	Prazo de vigência de patentes Não patenteabilidade Altera o rigor dos critérios de patenteabilidade Cria o mecanismo de oposição contra pedidos de patentes Anuência prévia da Anvisa Proteção de dados de testes farmacêuticos na forma de concorrência desleal Institui o mecanismo do uso público não comercial

PL	Ementa	Artigos que visam a modificar na LPI	Assunto
2º Bloco – PL 2511/2007			
2511/2007	Altera a Lei nº 9.279, de 14 de maio de 1996, que "Regula direitos e obrigações relativos à propriedade industrial".	Art. 18	Não patenteabilidade
3995/2008	Acrescenta incisos ao art. 10 da Lei nº 9.279, de 14 de maio de 1996, que regula direitos e obrigações relativos à propriedade industrial.	Art. 10	Não patenteabilidade
3º Bloco – PL 3709/2008			
3709/2008	Dispõe sobre alteração do art. 229-C, da Lei nº 9.279, de 14 de maio de 1996, e dá outras providências.	Art. 229-C	Anuência prévia da Anvisa
7965/2010	Dispõe sobre alteração do art. 229-C, da Lei nº 9.279, de 14 de maio de 1996 e dá outras providências.	Art. 229-C	Anuência prévia da Anvisa
3942/2012	Altera o art. 229-C da Lei nº 9.279, de 14 de maio de 1996.	Art. 229-C	Anuência prévia da Anvisa

Somam-se a essas 13 propostas os Projetos de Lei nº 8.090/2014 e nº 8.091/2014, ambos apresentados em 12 de novembro de 2014 pelo Deputado Federal Amauri Teixeira, e o Projeto de Lei nº 6.968, apresentado em 20 de fevereiro de 2017 pela Deputada Gorete Pereira.

O primeiro pretende alterar o artigo 68 da LPI, para prever a hipótese de licença compulsória de produtos patenteados para fins de produção e exportação a países que tenham capacidade de produção insuficiente ou inexistente no setor farmacêutico. Mais especificamente, a proposta visa a incorporar ao ordenamento jurídico brasileiro a Emenda ao Acordo TRIPS adotada pela OMC em 6 de dezembro de 2005.[145]

Como será visto mais detalhadamente no item 3.3.3, a origem dessa emenda remonta à celebração da Declaração de Doha sobre o Acordo TRIPS e Saúde Pública em 2001, ocasião em que os países

---

[145] No Brasil, essa emenda foi aprovada pelo Decreto Legislativo nº 262/2008.

explicitaram no parágrafo 6 a necessidade de encontrar uma solução para os países membros da OMC que tivessem capacidade de produção no setor farmacêutico insuficiente ou inexistente, circunstância que dificultaria o uso efetivo da licença compulsória. Tal solução foi alcançada com a aprovação da Decisão de 30 de agosto de 2003, que, posteriormente, tornou-se a referida emenda, a qual, de acordo com Justificação apresentada pelo Deputado,

> cria um sistema no qual um país importador elegível – menos desenvolvido e sem capacidade de produção local – pode emitir uma licença compulsória e importar de um país exportador elegível que, por sua vez, emite uma licença compulsória especificamente para atender às necessidades do país importador dentro deste sistema específico.[146]

O parlamentar entende que, em um futuro próximo, o Brasil terá condições de se tornar um país exportador elegível nos termos do sistema proposto no Acordo TRIPS, uma vez que "a atual política industrial no setor farmacêutico no Brasil tem entre seus objetivos o de estimular a produção local de medicamentos adotados pelo Sistema Único de Saúde (SUS), incluindo o fortalecimento da produção nacional de ingrediente farmacêutico ativo (IFA)". Além disso, considera que

> [a] produção local de medicamentos para fins de exportação a um país menos desenvolvido elegível ao sistema tem o potencial de fortalecer a solidariedade entre os países do sul, por meio da ampliação do acesso a medicamentos a preços acessíveis, assim como também poderá representar parte de uma estratégia de estímulo à exportação dos produtos produzidos localmente no Brasil.[147]

---

[146] BRASIL. CÂMARA DOS DEPUTADOS. Comissão de Seguridade Social e Família. Projeto de Lei nº 8090, de 2014. Disponível em: http://www.camara.gov.br/proposicoesWeb/prop_mostrarintegra?codteor=1286184&filename=PL+8090/2014, s/p. Acesso em 6 ago. 2017.

[147] BRASIL. CÂMARA DOS DEPUTADOS. Comissão de Seguridade Social e Família. Projeto de Lei nº 8090, de 2014. Disponível em: http://www.camara.gov.br/proposicoesWeb/prop_mostrarintegra?codteor=1286184&filename=PL+8090/2014, s/p. Acesso em 6 ago. 2017.

Por sua vez, o Projeto de Lei nº 8.091/2014 ("PL 8.091/2014"), assim como o PL 139/1999, pretende substituir a expressão "mercado interno" por "mercado interno ou externo" no inciso IV do artigo 43 da LPI.

Na Justificação da proposta, o Deputado Amauri Teixeira pontua que "o Acordo TRIPS não obrigava qualquer país signatário a adotar a modalidade interna de exaustão dos direitos de propriedade intelectual", que o Brasil a adotou "por espontânea vontade, para atender reclames do governo dos EUA" e que tal modalidade "tem grande impacto sobre o acesso dos brasileiros aos medicamentos".[148]

Dessa forma, o PL 8.091/2014 visa a superar essa barreira por meio da substituição da modalidade interna de exaustão dos direitos de patentes pela modalidade internacional. Nas palavras do Deputado,

> [e]sta proposição permite a aplicação do princípio da exaustão de direitos a produtos colocado no mercado internacional (em qualquer país), por qualquer pessoa autorizada, com ou sem o consentimento do titular da patente, possibilitando não apenas a importação do produto patenteado, mas também a importação de produtos não comercializados diretamente pelo titular da patente ou seu licenciado.[149]

Sendo assim, a proposta também pretende modificar o artigo 184, inciso II da LPI[150] quanto à caracterização de crime contra patentes, para introduzir o trecho "ou por qualquer pessoa legalmente autori-

---

[148] BRASIL. CÂMARA DOS DEPUTADOS. Comissão de Seguridade Social e Família. Projeto de Lei nº 8091, de 2014. Disponível em: http://www.camara.gov.br/proposicoesWeb/prop_mostrarintegra?codteor=1286185&filename=PL+8091/2014, s/p. Acesso em 6 ago. 2017.

[149] BRASIL. CÂMARA DOS DEPUTADOS. Comissão de Seguridade Social e Família. Projeto de Lei nº 8091, de 2014. Disponível em: http://www.camara.gov.br/proposicoesWeb/prop_mostrarintegra?codteor=1286185&filename=PL+8091/2014, s/p. Acesso em 6 ago. 2017.

[150] Para fácil referência: "Art. 184. Comete crime contra patente de invenção ou de modelo de utilidade quem:

I – exporta, vende, expõe ou oferece à venda, tem em estoque, oculta ou recebe, para utilização com fins econômicos, produto fabricado com violação de patente de invenção ou de modelo de utilidade, ou obtido por meio ou processo patenteado; ou

zada, ainda que sem o consentimento do titular da patente" ao final da redação do dispositivo, a fim de adequá-lo ao artigo 43 a ser modificado.

Por fim, apenas a título de completude das informações ora apresentadas, o Projeto de Lei nº 6.968/2017 visa a alterar o prazo de vigência da patente de invenção e da patente de modelo de utilidade.

2.7. O que se deve considerar para a escolha do regime jurídico mais adequado ao Brasil?

Não obstante haver o entendimento de que um projeto de lei que altere as disposições relativas à importação paralela de patentes da LPI não é efetivamente necessário, sob o argumento de que não existe qualquer vedação legal à prática no Brasil, é certo que não há um regime jurídico consolidado sobre a disciplina da atividade no país. Dessa forma, deve haver a consolidação desse regime, ao menos, em prol da segurança jurídica – seja por meio da alteração da LPI, seja por meio da criação de uma norma esclarecedora da LPI, ou, ainda, por meio de um precedente judicial que analise profundamente a questão.

Diante disso, é necessário refletir sobre qual regime jurídico é mais adequado para disciplinar a importação paralela de patentes no país, notando-se que a escolha a ser feita deve levar em consideração dois aspectos, quais sejam: (i) a dicotomia entre interesses particulares e interesses públicos que permeia o tema; e (ii) os efeitos que o tratamento jurídico conferido à importação paralela provoca no mercado.

2.7.1. Dicotomia entre interesses particulares e interesses públicos

Inicialmente, deve-se entender que a proteção à propriedade intelectual como um todo atinge, ao mesmo tempo, interesses particulares e interesses públicos – que não são necessariamente excludentes entre si – e que a discussão sobre a prática da importação paralela de paten-

II – importa produto que seja objeto de patente de invenção ou de modelo de utilidade ou obtido por meio ou processo patenteado no País, para os fins previstos no inciso anterior, e que não tenha sido colocado no mercado externo diretamente pelo titular da patente ou com seu consentimento.
Pena – detenção, de 1 (um) a 3 (três) meses, ou multa".

tes nada mais é do que uma aplicação dessa dicotomia entre interesses particulares e interesses públicos.

Em um segundo plano, deve-se observar que a propriedade intelectual – o que inclui a patente – pode ser utilizada como instrumento para a promoção do desenvolvimento de um país. Por conta disso, o nível de proteção a ser conferido à propriedade intelectual – o que inclui a aplicação do princípio da exaustão dos direitos de patente – deve condizer com os interesses do mercado local e, por conseguinte, com as necessidades político-econômico-sociais do país.

Em um terceiro plano, deve-se atentar para o fato de que os interesses envolvidos na proteção conferida à patente e os valores econômicos e sociais associados a ela são diferentes daqueles relacionados às demais modalidades de propriedade intelectual – o que justifica a aplicação de níveis de proteção distintos para patentes e marcas, considerando que o tema da importação paralela é bastante frequente também em relação às marcas e que, não raras vezes, um produto patenteado também é aposto por uma marca.

A partir desses pressupostos e fatores, é possível analisar de forma mais crítica as vantagens e desvantagens de cada regime jurídico proposto para disciplinar a importação paralela de patentes. A ideia é levar em consideração como cada sistema de exaustão de direitos prioriza mais ou menos interesses particulares em relação aos interesses públicos (e vice-versa), de modo a (i) atender as necessidades político-econômico-sociais de cada país (considerando o nível de desenvolvimento econômico) e a (ii) permitir que o direito de patente seja exercido tendo em vista sua eficiência social, ou seja, promovendo pesquisas e, consequentemente, o desenvolvimento tecnológico e econômico do país e garantindo o direito de acesso e escolha dos consumidores.

2.7.2. Efeitos da importação paralela no mercado

No mais, a escolha do regime jurídico adequado deve considerar a relação existente entre a hermenêutica jurídica e o efeito prático da finalidade da norma, notando-se que a previsão legal em relação à importação paralela influencia o comportamento do titular da patente no que tange a sua atuação no mercado do território que reconhece a licitude ou ilicitude da prática. Mais especificamente, deve-se compreender que o comportamento estratégico dos agentes econômicos é distinto diante das situações de permissão e de vedação legal da prática de importação paralela, refletindo na dinâmica concorrencial das relações de mercado que envolvem titular da patente e importador paralelo no respectivo território.

Em razão disso, os Capítulos 3 e 4 a seguir abordarão esses dois aspectos de forma mais detalhada e explicativa.

3. Importação Paralela de Patentes: uma Aplicação da Dicotomia entre Interesses Particulares e Interesses Públicos

3.1. Interesses envolvidos na proteção à propriedade intelectual e na prática da importação paralela de patentes

Em que pese a discussão sobre a adequação do uso do termo "propriedade" no ramo do direito intelectual, é necessário esclarecer que a propriedade *lato sensu* refere-se a um direito patrimonial, enquanto que a propriedade *stricto sensu*, no sentido técnico do direito privado, é relacionada a um direito real. O direito de propriedade intelectual caracteriza-se por ser um direito privado e patrimonial, porém as regras concretas ditadas para o direito da propriedade em sentido estrito não se aplicam integralmente ao direito intelectual em razão do caráter imaterial do objeto da propriedade intelectual, que é coisa incorpórea.[151]

Explica-se. A própria natureza corpórea de uma coisa, com seus atributos de individualidade e atualidade, condiciona a exclusividade dos direitos que se exercem em relação a ela. O mesmo não ocorre com os bens incorpóreos, que não são unos, nem atuais, mas apresentam como principal característica a capacidade de estar em diversos locais ao mesmo tempo, sendo inesgotáveis. Isso significa que o bem incorpóreo é de uso ilimitado, de modo que, quando utilizado por um terceiro, o proprietário não estará impedido de utilizá-lo e vice-

---

[151] Cf. Barbosa, Denis Borges. *Tratado da Propriedade Intelectual.* Rio de Janeiro: Lumen Juris, tomo I, 2010, p. 80-81.

-versa.[152] Por conta disso, o detentor de bens intelectuais não consegue assegurar sua exclusividade de fato, sendo imprescindível uma restrição de direito, isto é, uma exclusividade criada juridicamente que assim a garanta.[153]

Nesse sentido, sob uma perspectiva econômica, a proteção aos bens intelectuais justifica-se na medida em que criações intelectuais consistem em informações e estas, em termos econômicos, nada mais são do que bens públicos, os quais, conforme explica Cláudio R. Barbosa,

> acarretam um problema específico que é a falta de motivação para produzi-los, pois não é eficiente despender tempo e esforço para a produção de um **bem não-rival e não excludente**. Essa situação na qual a oferta não consegue atender a demanda sem uma intervenção externa é denominada, em economia, uma "falha de mercado" (*"market failure"*) e, para contorná-la, é necessária uma intromissão: **atribui-se ao bem público uma exclusividade, transformando-o em bem privado sob o ponto de vista econômico.**
>
> Assim, com algumas condições específicas (limitações de procedimento, escopo e duração) e por uma definição jurídica, **atribui-se exclusividade à informação, ou seja, atribui-se ao titular daquele direito o poder de evitar que terceiros controlem o bem jurídico que incorpora àquela informação.**[154] (Grifo nosso)

Assim, a melhor solução para o fato de os indivíduos e as empresas não se acharem especialmente motivados para investir no bem público informação é a que resulta na criação de "direitos subjectivos

---

[152] Cf. BARBOSA, Denis Borges. *Do bem incorpóreo à propriedade intelectual*, em GRAU-KUNTZ, Karin; BARBOSA, Denis Borges (org.), Ensaios sobre o Direito Imaterial: Estudos dedicados a Newton Silveira, Rio de Janeiro: Lumen Juris, 2009, p. 416-417.

[153] Cf. BARBOSA, Denis Borges. *Tratado da Propriedade Intelectual*. Rio de Janeiro: Lumen Juris, tomo I, 2010, p. 76-77.

[154] Cf. BARBOSA, Cláudio R. *Propriedade Intelectual*: Introdução à Propriedade Intelectual como Informação, Rio de Janeiro: Elsevier, 2009, p. 11-12.

patrimoniais privados" sobre os bens intelectuais enquanto bens jurídicos incorpóreos – a propriedade intelectual.[155]

Todavia, nem sempre a criação de direitos de exclusividade é uma resposta social e economicamente eficiente. Isso porque, no caso da propriedade intelectual, o conteúdo e o valor da informação suscetível de ser transacionada no mercado são conhecidos apenas após sua criação. É o mercado (estrutura do mercado e características da demanda) que determina o valor econômico das criações intelectuais, independentemente dos custos incorridos na criação, o que sugere que, mesmo na presença de um sistema eficiente de propriedade intelectual, nem sempre será possível estabelecer incentivos adequados para a criação de informação.[156] Nesse sentido, Denis Borges Barbosa esclarece em relação à patente:

> Ela não tem o valor do seu conhecimento em face do conhecimento pre-existente. Não é a comparação entre a atividade inventiva em si que determina o valor da patente, a não ser indiretamente, mas, sim, a capacidade primária de adquirir um mercado para o usuário da patente, de manter-se no mercado em face de uma competição aguerrida ou evitar com que se perca o mercado.[157]

Não obstante, em complemento à justificativa econômica da proteção à propriedade intelectual, Cláudio R. Barbosa pontua que são quatro os pilares em que repousam os argumentos para a justificativa (filosófica) da existência da propriedade intelectual:

> a) no direito pessoal que os criadores dos bens intelectuais teriam; b) numa recompensa que os criadores teriam pelos benefícios trazidos à socie-

---

[155] Cf. MARQUES, J.P. Remédio. *Propriedade intelectual e interesse público.* Revista da Faculdade de Direito de Coimbra, v. 79, 2003, p. 298-299.

[156] Cf. LILLA, Paulo Eduardo. *A Proteção da Propriedade Intelectual e seus Limites*: Uma Abordagem de *Law and Economics*, em TIMM, Luciano Beneti; BRAGA, Rodrigo Bernardes (org.), Propriedade Intelectual, Belo Horizonte: Arraes Editores, 2011, p. 134.

[157] BARBOSA, Denis Borges. *Uma introdução à propriedade intelectual.* Disponível em: http://www.denisbarbosa.addr.com/arquivos/livros/umaintro2.pdf, p. 549. Acesso em 20 ago. 2017.

dade; c) numa versão mais elaborada dos dois primeiros (ainda que não dependentes dos mesmos), na recompensa pela alocação de esforços e capital em criar um bem intelectual; e, finalmente, d) na recompensa pela divulgação (publicação) da informação, permitindo que terceiros usufruam dessas obras intelectuais.[158]

Observa-se que a abordagem que Cláudio R. Barbosa faz da "justificação filosófica da propriedade intelectual" é tratada por Remédio Marques no âmbito das funções da propriedade intelectual. Segundo este, a proteção conferida à propriedade intelectual tem a função de (i) remunerar o esforço criativo (individual ou empresarial); (ii) incentivar essa mesma criação; (iii) estimular a realização de investimento na pesquisa científica; e (iv) informar, permitindo orientar de forma mais eficaz decisões que dizem respeito a novos investimentos.[159]

A partir disso, percebe-se que as justificativas e funções atribuídas à proteção à propriedade intelectual envolvem tanto interesses particulares quanto interesses públicos.

Mais detalhadamente, a proteção à propriedade intelectual atinge interesses particulares dos agentes econômicos titulares na medida em que, por meio da concessão da exclusividade, os remunera e os protege do fenômeno denominado pela doutrina de *free-riding* ou, simplesmente, efeito "carona". Pois, conforme bem explica Remédio Marques, se os titulares de propriedade intelectual

> actuassem em *regime absolutamente concorrencial* – em um sistema que, por exemplo, não conhecesse *exclusivos industriais* – seria incerta aquela amortização e a remuneração dos factores de produção dirigidos à inovação tecnológica, já que os concorrentes ou quaisquer outros "passageiros clandestinos" (*free raiders*) ficariam livres de reproduzir os resultados do esforço intelectual ou material alheio, sem que, em contrapartida, tivessem que

---

[158] BARBOSA, Cláudio R. *Propriedade Intelectual*: Introdução à Propriedade Intelectual como Informação, Rio de Janeiro: Elsevier, 2009, p. 49.
[159] Cf. MARQUES, J.P. Remédio. *Propriedade intelectual e interesse público*. Revista da Faculdade de Direito de Coimbra, v. 79, 2003, p. 295.

suportar os custos inerentes ao desenvolvimento de criações ou prestações alternativas.[160]

Ao mesmo tempo, a proteção à propriedade intelectual alcança interesses públicos, pois estimula o progresso tecnológico e incentiva a divulgação da informação, permitindo que terceiros usufruam de bens intelectuais. Conforme esclarece Remédio Marques, a proteção à propriedade intelectual "constitui um incentivo à divulgação de inovações tecnológicas que, doutro modo, seriam mantidas em regime de segredo, e cujo *conteúdo informacional* seria transacionado".[161]

Assim, os direitos de propriedade intelectual desempenham um protagonismo central e específico na amortização dos custos e na remuneração do investimento precipuamente efetuado pelos empresários e empresas, mas a proteção à exclusividade só é justificável se a propriedade intelectual cumprir com sua função de propiciar "a disseminação e a utilização do conhecimento protegido com vista a permitir que terceiros produzam bens ou prestem serviços, que, doutra forma, não seriam levados a produzir ou a prestar".[162] No mais, as condições em que as informações "são objeto de direitos de exclusivo devem permitir que os custos sociais do funcionamento de um sistema deste jaez sejam minimizados, de jeito a que o exclusivo jurídico não se transforme num peso morto (*deadweight burden*)",[163] tampouco que "o *uso* ou o *exercício* destes direitos, à luz dos interesses egoísticos do titular", conduzam "à prática de *actos abusivos e anti- -concorrenciais*".[164]

---

[160] Cf. MARQUES, J.P. Remédio. *Propriedade intelectual e interesse público*. Revista da Faculdade de Direito de Coimbra, v. 79, 2003, p. 310.

[161] Cf. MARQUES, J.P. Remédio. *Propriedade intelectual e interesse público*. Revista da Faculdade de Direito de Coimbra, v. 79, 2003, p. 310-311.

[162] Cf. MARQUES, J.P. Remédio. *Propriedade intelectual e interesse público*. Revista da Faculdade de Direito de Coimbra, v. 79, 2003, p. 298-299.

[163] Cf. MARQUES, J.P. Remédio. *Propriedade intelectual e interesse público*. Revista da Faculdade de Direito de Coimbra, v. 79, 2003, p. 298-299.

[164] Cf. MARQUES, J.P. Remédio. *Propriedade intelectual e interesse público*. Revista da Faculdade de Direito de Coimbra, v. 79, 2003, p. 310-311.

Quanto a essa relação existente entre a propriedade intelectual e a defesa da concorrência, Calixto Salomão Filho posiciona-se de forma bastante incisiva, assegurando que "[a]ntes que uma justificativa para a desaplicação do direito concorrencial, o direito industrial é um caso especial de sua aplicação" e que "[a] compreensão concorrencial do direito industrial torna tudo mais simples", pois "[a]mplia e torna pública a disciplina exatamente porque tira o foco dos requisitos para a concessão e centra-se na disciplina do abuso de direito".[165] Para Salomão Filho,

> [...] o direito à patente ou à marca não mais pode ser visto como uma propriedade ou privilégio de seu titular. Entendido como meio de tutelar a concorrência (no sentido institucional), assume a função principal de garantir o acesso e escolha dos consumidores. Assim, ao contrário do que normalmente se acredita, a compreensão do direito industrial na lógica institucional do direito concorrencial é a única capaz de dar ao primeiro a conotação publicista de que este necessita. Como se verá mais adiante, isso se faz sentir tanto na ampliação dos deveres de compartilhamento do titular do privilégio quanto na imposição ao seu titular de funções públicas.[166] (Grifo nosso)

É com base nessa imposição de funções públicas que a Constituição Federal brasileira condiciona a proteção à propriedade industrial ao interesse social e ao desenvolvimento tecnológico e econômico do país, conforme disposto no artigo 5º, inciso XXIX.[167] Denis Borges

---

[165] SALOMÃO FILHO, Calixto. *Razoabilidade e legalidade do licenciamento compulsório do ponto de vista concorrencial*, em BASSO, Maristela; SALOMÃO FILHO, Calixto; POLIDO, Fabrício; CÉSAR, Priscilla. Direitos de propriedade intelectual e saúde pública: o acesso universal aos medicamentos anti-retrovirais no Brasil, São Paulo: IDCID, 2007, p. 155-157.

[166] SALOMÃO FILHO, Calixto. *Razoabilidade e legalidade do licenciamento compulsório do ponto de vista concorrencial*, em BASSO, Maristela; SALOMÃO FILHO, Calixto; POLIDO, Fabrício; CÉSAR, Priscilla. Direitos de propriedade intelectual e saúde pública: o acesso universal aos medicamentos anti-retrovirais no Brasil, São Paulo: IDCID, 2007, p. 155.

[167] Para fácil referência: "Art. 5º [...] XXIX – a lei assegurará aos autores de inventos industriais privilégio temporário para sua utilização, bem como proteção às criações

Barbosa, a quem foi dada a oportunidade de participar da redação do referido dispositivo, assim explica:

> Segundo o nosso sistema legal, o nosso sistema constitucional, a propriedade intelectual tem um fim. Ela não é um valor em si próprio. Ela não está protegida simplesmente como uma propriedade. Ela é uma propriedade que serve para um fim determinado. E o fim que lá está indicado é o de propiciar o desenvolvimento social, tecnológico e econômico do país, do Brasil, não da humanidade, nem da comunidade dos povos e, seguramente, não dos titulares das patentes.[168]

Dessa forma, fica caracterizada a dicotomia, sendo evidente a necessidade de estabelecer um equilíbrio, entre o interesse público na utilização livre dos bens intelectuais e o interesse particular do titular do direito em manter a exclusividade que mais facilmente o pode colocar em uma posição monopolista em termos econômicos. Tendo isso em vista, Paulo Eduardo Lilla trata da necessidade de o sistema de propriedade intelectual "impor limitações e exceções a aquisição e uso dos bens objeto de proteção, de modo a reduzir eventuais custos sociais e maximizar o valor econômico desses bens para toda a sociedade",[169] argumentando que:

> ao contrário da propriedade física que não sofre qualquer limitação além do atendimento de sua função social, a propriedade intelectual sofre limitações intrínsecas, impostas pelo próprio sistema, com o intuito de amenizar os custos sociais decorrentes da exclusividade conferida para o uso e explo-

industriais, à propriedade das marcas, aos nomes de empresas e a outros signos distintivos, *tendo em vista o interesse social e o desenvolvimento tecnológico e econômico do País*". (Grifo nosso)

[168] BARBOSA, Denis Borges. *Uma introdução à propriedade intelectual*. Disponível em: http://www.denisbarbosa.addr.com/arquivos/livros/umaintro2.pdf, p. 550. Acesso em 20 ago. 2017.

[169] LILLA, Paulo Eduardo. *A Proteção da Propriedade Intelectual e seus Limites*: Uma Abordagem de *Law and Economics*, em TIMM, Luciano Beneti; BRAGA, Rodrigo Bernardes (org.), Propriedade Intelectual, Belo Horizonte: Arraes Editores, 2011, p. 126.

ração da informação criada, e da consequente restrição ao seu livre acesso e utilização por terceiros.[170]

Nessa mesma esteira, Cláudio R. Barbosa identifica a "função social" da propriedade intelectual:

> O aspecto final, e mais recente, na concepção filosófica da propriedade intelectual, reside na necessidade de se estabelecer diretrizes, especialmente quando vários direitos e liberdades estão em conflito. Pode-se assumir, nesse sentido, que as limitações finais são dadas pela função social e pelos princípios constitucionais, em uma visão distributiva de justiça. [...]
>
> A proteção aos bens intelectuais é um sistema que intrinsecamente tem os mecanismos para alcançar, de forma eficiente, sua função social.
>
> **A questão da função social está ligada à problemática constitucional na área da propriedade intelectual, podendo ser vista como um equilíbrio entre os vários direitos, entre os quais os direitos a coletividade pela difusão do conhecimento, ao lado dos interesses particulares e de mercado e, ainda, o interesse do desenvolvimento dos povos,** como aponta Remédio Marques, frisando que as normas constitucionais relativas à propriedade intelectual deixam clara sua coerência com os princípios da livre iniciativa e da prevenção de abuso de posição dominante.[171] (Grifo nosso)

E conclui:

> **A função social é alcançada com a manutenção de um fluxo de criação e circulação de informação, criando-se um valor econômico e social.** Quando a proteção é excessiva, perde-se a função de incentivo, estanca-se a criação e a circulação da informação, e, consequentemente,

---

[170] LILLA, Paulo Eduardo. *A Proteção da Propriedade Intelectual e seus Limites*: Uma Abordagem de *Law and Economics*, em TIMM, Luciano Beneti; BRAGA, Rodrigo Bernardes (org.), Propriedade Intelectual, Belo Horizonte: Arraes Editores, 2011, p. 139.
[171] BARBOSA, Cláudio R. *Propriedade Intelectual*: Introdução à Propriedade Intelectual como Informação, Rio de Janeiro: Elsevier, 2009, p. 52-53.

constata-se que a proteção gera externalidades negativas, acarretando um custo social.[172] (Grifo nosso)

Nota-se que é justamente essa busca pelo balanceamento adequado entre interesses particulares e interesses públicos, com a imposição de limitações e exceções a aquisição e uso dos bens objeto de proteção, que permeia os debates a respeito da importação paralela de patentes.

De forma mais detalhada, a partir da análise do conceito de importação paralela de patentes – atividade de aquisição e comercialização de produtos importados praticada por agentes econômicos não integrantes da cadeia de distribuição estabelecida pelo fabricante estrangeiro e/ou pelo titular do direito de propriedade industrial no país –, é possível identificar a existência de diversos interesses envolvidos na prática.

Em primeiro lugar, observa-se que a atividade relaciona, ainda que de forma indireta, diferentes agentes econômicos, os quais, inevitavelmente, têm interesses particulares distintos. São eles: (i) o titular da patente no país (ou representante/distribuidor/licenciado), que, de modo geral, pretende preservar o direito de uso exclusivo que possui, o que inclui o direito de proibir a venda e importação por terceiros de produtos patenteados ou de produtos obtidos por meio de processo patenteado, sem sua autorização; (ii) o importador paralelo, que, por sua vez, visa a desempenhar livremente a atividade de importação e comercialização de produtos lícitos disponíveis no mercado internacional; (iii) o agente estrangeiro que, ao fornecer o produto ao importador paralelo, busca realizar suas vendas da forma mais lucrativa possível, com a manutenção de uma ampla carteira de clientes; e, por fim, (iv) os consumidores, que são ávidos por produtos e serviços de qualidade a preços baixos.

Em segundo lugar, mas não menos importante, nota-se que a prática da importação paralela de patentes também envolve interes-

---

[172] Barbosa, Cláudio R. *Propriedade Intelectual*: Introdução à Propriedade Intelectual como Informação, Rio de Janeiro: Elsevier, 2009, p. 53.

ses públicos distintos, os quais estão estritamente relacionados às discussões que permeiam a proteção jurídica conferida à patente, como a proteção à inovação, à concorrência e à saúde pública.

É justamente nesse mosaico de interesses que se encontra parte da justificativa do porquê o tema da importação paralela de patentes é tão polêmico. A discussão nada mais é do que uma aplicação da dicotomia entre interesses particulares e interesses públicos que permeia a proteção à propriedade intelectual como um todo, da qual vale a pena destacar a relação que se estabelece entre esses interesses.

Inicialmente, é importante perceber que o atendimento a interesses particulares não necessariamente exclui o alcance de interesses públicos. Por exemplo, ao proteger o interesse particular relacionado ao direito de exclusividade do titular da patente, também se protege os interesses públicos inovação e concorrência, pois a concessão da exclusividade funciona como um incentivo ao investimento em inovação, o que estimula a concorrência pelo desenvolvimento de inovação. Sob outra perspectiva, o atendimento aos interesses particulares do importador paralelo e do agente estrangeiro que fornece produtos ao importador paralelo também favorece o interesse público concorrência, na medida em que estes agentes econômicos, direta ou indiretamente, atuam no mercado como concorrentes do titular da patente, fornecendo produtos a preços mais competitivos aos consumidores, podendo ainda atender ao interesse público saúde, quando as mercadorias tratam de medicamentos patenteados.

Em contrapartida, por conclusão lógica, o atendimento a alguns interesses particulares pode prejudicar o alcance de certos interesses públicos. Por exemplo, a proteção à exclusividade concedida ao titular da patente pode limitar a atuação dos demais agentes econômicos (importador paralelo e agente estrangeiro que fornece produtos ao importador paralelo) e restringir o acesso dos consumidores a produtos de qualidade a preços baixos (como medicamentos), prejudicando o atendimento aos interesses públicos concorrência (entre produtos, por preço) e saúde pública. Ao mesmo tempo, nota-se que o atendimento aos interesses particulares do importador paralelo e do agente estrangeiro pode funcionar como um desincentivo ao investimento em novas tecnologias, prejudicando o atendimento aos interesses públicos inovação e concorrência (entre patentes, pelo desenvolvimento de inovação).

Dessa tentativa de alcançar o balanceamento adequado entre interesses particulares e interesses públicos decorre uma questão básica das políticas relativas à propriedade intelectual, qual seja: como harmonizar os benefícios dos consumidores a curto prazo (eficiência estática) com a necessidade de assegurar a obtenção de benefícios futuros a longo prazo, como resultado da inovação (eficiência dinâmica)?

A eficiência estática é alcançada quando há uma utilização ótima dos recursos existentes, ao menor custo possível (eficiência de produção e eficiência distributiva). Já a eficiência dinâmica consiste na apresentação ótima de produtos novos ou de qualidade superior, processos e organização de produção mais eficientes e preços mais baixos no decorrer do tempo.

Dessa forma, a fim de promover a inovação, por meio da concorrência, pode ser necessário restringir temporariamente a concorrência baseada em preço e quantidade. Com efeito, essa perda de eficiência estática deve ser contrabalançada pelos benefícios de crescimento e bem-estar provenientes da apresentação futura de novos produtos e processos (eficiência dinâmica).[173] Em outras palavras, as eficiências dinâmicas advindas da propriedade industrial (a longo prazo, ocorre o aumento da concorrência por inovações e a introdução de novos e melhores produtos, em favor do desenvolvimento econômico e dos consumidores) superam as ineficiências estáticas anticompetitivas decorrentes da concessão da exclusividade (a curto prazo ocorre diminuições da oferta, aumentos de preços e exclusão de consumidores).

---

[173] Cf. CORREA, Carlos M. *Aperfeiçoando a eficiência econômica e a equidade pela criação de leis de propriedade intelectual*, em VARELLA, Marcelo Dias (organizador e co-autor), Propriedade Intelectual e Desenvolvimento, São Paulo: Lex Editora, 2005, p. 39-40.

Todavia, destaca-se que a proteção intensa a direitos de propriedade intelectual não necessariamente resulta em maior inovação e futuros benefícios à sociedade. A extensão em que se sacrifica a eficiência estática e realmente se alcança a eficiência dinâmica depende de alguns outros fatores, entre eles, a posição econômica que o país ocupa no contexto internacional (se produtor ou importador de propriedade intelectual, por exemplo), o que está diretamente relacionado ao nível de desenvolvimento do país.[174]

Isso significa que o nível de proteção a ser conferido à propriedade intelectual deve condizer com os interesses do mercado local e, por conseguinte, com as necessidades político-econômico-sociais do país – destacando-se que a propriedade intelectual pode ser utilizada como instrumento para a promoção do desenvolvimento de um país, uma vez que pode ser empregada como "um mecanismo de controle da entrada e saída de divisas, da promoção de setores estratégicos da indústria nacional, [e] do acesso a medicamentos por pessoas mais carentes".[175]

Ainda, quanto ao nível de proteção a ser conferido à propriedade intelectual, destaca-se que os valores econômicos e sociais associados a cada uma das modalidades de propriedade intelectual são diferentes,[176] o que explica a abordagem e tratamento em separado no âmbito de tratados internacionais e legislações nacionais, bem como a possibilidade de conferir níveis de proteção distintos a cada uma delas.

Em razão desses dois fatores, faz-se necessária uma abordagem mais detalhada dos entendimentos existentes sobre a relação entre o nível de proteção que determinado país confere ou pretende conferir

---

[174] Cf. CORREA, Carlos M. *Aperfeiçoando a eficiência econômica e a equidade pela criação de leis de propriedade intelectual*, em VARELLA, Marcelo Dias (organizador e co-autor), Propriedade Intelectual e Desenvolvimento, São Paulo: Lex Editora, 2005, p. 46-47.

[175] VARELLA, Marcelo Dias. *Políticas Públicas para Propriedade Intelectual no Brasil*, em VARELLA, Marcelo Dias (organizador e co-autor), Propriedade Intelectual e Desenvolvimento, São Paulo: Lex Editora, 2005, p. 171.

[176] Cf. BASSO, Maristela. *Propriedade intelectual e importação paralela*. São Paulo: Atlas, 2011, p. 13-14.

aos direitos de propriedade intelectual e o nível de desenvolvimento desse país, bem como é válida uma análise a respeito dos valores associados às modalidades de propriedade intelectual – em particular, às patentes e às marcas, considerando que o tema da importação paralela é bastante frequente também em relação às marcas e que, não raras vezes, um produto patenteado também é aposto por uma marca.

3.1.1. Nível de proteção à propriedade intelectual e nível de desenvolvimento dos países

Existe uma relação comum entre o nível de proteção que determinado país confere ou pretende conferir aos direitos de propriedade intelectual e o nível de desenvolvimento desse país. Em geral, países desenvolvidos têm interesse em uma proteção mais ampla aos direitos de propriedade intelectual, enquanto que países em desenvolvimento preferem um sistema com menor nível de proteção.[177] Maristela Basso explica:

> **Os países que investem em pesquisa e desenvolvimento e que possuem grande quantidade de direitos de propriedade intelectual (países desenvolvidos e exportadores) preferem um sistema rigoroso de proteção desses direitos no mundo,** uma vez que levam em conta apenas os benefícios que isso traz para os seus produtores locais ignorando, por outro lado, os benefícios que os consumidores estrangeiros conseguiriam por meio de um sistema menos rigoroso devido ao aumento do acesso à inovação. **Por outro lado, os países importadores de direitos de propriedade intelectual (países em desenvolvimento) preferem um sistema com menor nível de protcção,** que conferiria aos seus residentes maior acesso às novas tecnologias, ignorando os interesses dos produtores estrangeiros de propriedade intelectual.[178] (Grifo nosso)

---

[177] Cf. PIMENTEL, Luiz Otávio. *Direito industrial*: as funções do direito de patentes. Porto Alegre: Síntese, 1999, p. 19-20.

[178] Cf. BASSO, Maristela. *Importação Paralela*: Efeitos no Comércio Internacional e nos Direitos de Propriedade Intelectual. Tese apresentada no Concurso para Professor Titular do Departamento de Direito Internacional e Comparado – Faculdade de Direito, Universidade de São Paulo, São Paulo, 2009, p. 243.

Assim, é possível classificar os países (quanto aos interesses relacionados à proteção à propriedade intelectual) de acordo com seu nível de desenvolvimento científico-tecnológico, da seguinte forma: (i) os países que produzem tecnologias e obtêm as patentes; (ii) os que reproduzem e podem adaptar essa tecnologia para sua utilização doméstica, pagando *royalties*; e (iii) os que são excluídos da produção e da reprodução tecnológica.[179] Partindo dessa divisão, Marcelo Dias Varella considera que:

> **[O]s países com maior nível de produção científica e tecnológica, [...], têm maior interesse em direitos de propriedade intelectual amplos, abrangendo diversos setores produtivos, com maiores prazos de proteção, válidos internacionalmente e eficazes.** Como produzem mais, a garantia de monopólios de exploração em outros mercados significa garantia de exclusividade de venda para seus produtos; preços mais elevados, em função do monopólio da exploração; concentração da produção em seu próprio território e recebimento de *royalties*, garantindo a entrada líquida de divisas. Por esses motivos, justifica-se a pressão dos Estados Unidos, França, Holanda, Japão, Reino Unido e Alemanha para a expansão dos tratados de direitos de propriedade intelectual, no âmbito das organizações internacionais de cunho universal. [...]
>
> **Caso o país tenha apenas capacidade de adaptar tecnologia, copiando produtos estrangeiros para a fabricação local, devem-se evitar direitos de propriedade intelectual rígidos, para possibilitar às empresas nacionais de fabricar os produtos sem ter que pagar *royalties* ou obter autorizações.** Esse é o caso do Brasil, México, Índia, África do Sul, Argentina e Chile. Por essa razão esses países foram resistentes ao avanço dos direitos de propriedade intelectual na Rodada Uruguai e são resistentes às negociações *Trips-plus*, que pretendem aumentar os direitos de propriedade intelectual.
>
> **Quando o país é excluído tecnologicamente, como a maior parte deles, deve procurar implementar normas de propriedade intelectual que permitam importar o produto de diferentes produtores licenciados**

---

[179] Cf. VARELLA, Marcelo Dias. *Políticas Públicas para Propriedade Intelectual no Brasil*, em VARELLA, Marcelo Dias (organizador e co-autor), Propriedade Intelectual e Desenvolvimento, São Paulo: Lex Editora, 2005, p. 176.

pelo titular dos direitos, fundado na exaustão internacional de direitos, reduzindo os efeitos da propriedade intelectual ou, ao menos, estimular a produção local dos produtos protegidos pelas empresas titulares dos direitos de propriedade intelectual, tentando gerar empregos e talvez obter transferência de tecnologia. Dizemos talvez porque, para obter transferência de tecnologia, são necessários investimentos na capacitação local, o que raras vezes ocorre nos países tecnologicamente excluídos. Seria incorreto afirmar que esses países foram contrários às negociações internacionais de propriedade intelectual porque a maioria deles não passou de expectador passivo dessas negociações, mas pode-se dizer que os avanços de direitos mais rígidos lhes é favorável na medida em que estimulam o lançamento de novos produtos no mercado, ao mesmo tempo que lhes é contrário, visto que diminui a concorrência internacional, com possível aumento de preços.[180] (Grifo nosso)

Nota-se, assim, que países com níveis de desenvolvimento diferentes são afetados diferentemente pelos direitos de propriedade intelectual, pois as justificativas e funções da proteção à propriedade intelectual, incluindo seus valores e eficiências, aplicáveis a uma sociedade desenvolvida podem não ser sustentáveis onde existem profundas desigualdades. Inclusive, modelos formulados para estender de um país a outro a proteção de patentes demonstram que, quando essa proteção é estendida a um país "que não inventa", o bem-estar desse país diminui enquanto o bem-estar do país que inventa se amplia.[181]

Com base nesse entendimento, Marcelo Dias Varella chama a atenção para o fato de que, em função da posição desfavorável na balança comercial, a concessão de direitos de propriedade intelectual em determinado país pode desestimular ou mesmo impedir a geração de emprego e de renda. Isso porque, ao mesmo tempo em

---

[180] VARELLA, Marcelo Dias. *Políticas Públicas para Propriedade Intelectual no Brasil*, em VARELLA, Marcelo Dias (organizador e co-autor), Propriedade Intelectual e Desenvolvimento, São Paulo: Lex Editora, 2005, p. 180-182.
[181] Cf. CORREA, Carlos M. *Aperfeiçoando a eficiência econômica e a equidade pela criação de leis de propriedade intelectual*, em VARELLA, Marcelo Dias (organizador e co-autor), Propriedade Intelectual e Desenvolvimento, São Paulo: Lex Editora, 2005, p. 48.

que a atribuição de direitos de propriedade intelectual pode significar o estímulo à inovação tecnológica da indústria local, pode também significar o aumento do domínio do mercado nacional por uma empresa estrangeira, que não produz localmente, com a consequente inibição da indústria nacional que poderia produzir o produto objeto do bem intelectual protegido. Para Marcelo Dias Varella, nem o fato de a empresa estrangeira licenciar uma empresa nacional para produzir o bem protegido altera essa situação de diminuição do bem-estar, uma vez que o monopólio da exploração comercial exige o pagamento de *royalties*, o que implica na evasão de divisas.[182]

Nesse sentido, Luiz Otávio Pimentel apresenta uma visão bastante crítica sobre a função da patente, distinguindo-a em função explícita e função implícita, conforme segue:

> Assim, a hipótese formulada na tese é que **a função explícita da patente é estimular a difusão da tecnologia e o surgimento de inovações industriais com capacidade para impulsionar a produção de bens e a competitividade dos agentes econômicos.** Considerando o estágio atual da mundialização econômica, principalmente do capital, a existência de um modelo normativo de patente para todos os estados e o fato das empresas transnacionais e megaempresas terem sede nos países mais desenvolvidos, permite uma segunda hipótese, a de que **a função implícita da patente é servir de instrumento ao poder econômico transnacional, permitir o neocolonialismo privado, a geração de dependência e o estabelecimento do predomínio dos grupos dominantes no âmbito transnacional, sem que se possa propor uma alternativa a essa ordem dentro do sistema capitalista atual.**[183] (Grifo nosso)

Em contrapartida a esse entendimento, a partir de 1986, muitos países em desenvolvimento aumentaram a proteção à propriedade

---

[182] Cf. VARELLA, Marcelo Dias. *Políticas Públicas para Propriedade Intelectual no Brasil*, em VARELLA, Marcelo Dias (organizador e co-autor), Propriedade Intelectual e Desenvolvimento, São Paulo: Lex Editora, 2005, p. 178-179.

[183] PIMENTEL, Luiz Otávio. *Direito industrial*: as funções do direito de patentes. Porto Alegre: Síntese, 1999, p. 19-20.

intelectual, seja por pressão externa, seja devido à aparente convicção de que tal medida poderia convidar as empresas estrangeiras a investirem nesses países.[184] Trata-se de comportamento que se alinha com o entendimento de que países subdesenvolvidos devem aumentar a proteção à propriedade intelectual para obterem benefícios substanciais, como investimento, tecnologia e, em geral, crescimento econômico.[185]

A respeito da relação entre proteção à propriedade intelectual e crescimento econômico, o relatório Gowers sobre propriedade intelectual de 2006, do governo do Reino Unido, afirma que foi demonstrada a existência de uma relação entre fortes direitos de patentes e elevado crescimento do país, no entanto, não foi comprovada uma relação de causa e efeito.[186] No mesmo sentido, o Banco Mundial, em relatório produzido em 2005, conclui que "as evidências são inconclusivas quanto à reação dos investimentos diretos estrangeiros aos regimes de propriedade intelectual".[187]

No mais, a experiência histórica de países desenvolvidos revela que forte proteção aos direitos de patentes não foi uma condição essencial para o desenvolvimento econômico. Conforme é apresentado na justificativa do projeto de lei que visa a alterar a LPI, atualmente em tramitação na Câmara dos Deputados, a maioria dos países desenvolvidos "adotou proteção fraca e incompleta até alcançarem

---

[184] Cf. MASKUS, Keith E.; PENUBARTI, Mohan. *How trade-related are intellectual property rights?*, Journal of International Economics, vol. 39, 1995.

[185] Cf. PIMENTEL, Luiz Otávio; BARRAL, Welber. *Direito de propriedade intelectual e desenvolvimento*, em PIMENTEL, Luiz Otávio; BARRAL, Welber (organizadores). Direito de propriedade intelectual e desenvolvimento. Florianópolis: Fundação Boiteux, 2006, p. 26-27.

[186] GOVERNMENT OF THE UNITED KINGDOM. *Gowers Review of Intellectual Property. December, 2006.* Disponível em: https://www.gov.uk/government/uploads/system/uploads/attachment_data/file/228849/0118404830.pdf, p. 58. Acesso em 20 ago. 2017.

[187] WORLD BANK. 2005. *Global Economic Prospects 2005: Trade, Regionalism and Development. Washington, DC. © World Bank. https://openknowledge.worldbank. org/handle/10986/14783 License: CC BY 3.0 IGO.*. Disponível em: https://openknowledge.worldbank.org/bitstream/handle/10986/14783/9780821357477. pdf?sequence=1&isAllowed=y, p. 110. Acesso em 20 ago. 2017.

estágios avançados de desenvolvimento, e muitos violaram os direitos de patentes de outros países".[188]

Observa-se, assim, que o fato de a propriedade intelectual poder ser utilizada como um instrumento para a promoção do desenvolvimento de um país não significa que, para tanto, é necessária a concessão de uma proteção ampla aos direitos a ela relacionados. Com efeito, apesar de haver o reconhecimento de que países desenvolvidos têm interesse em uma proteção mais rigorosa aos direitos de propriedade intelectual, enquanto que países em desenvolvimento preferem um sistema com menor nível de proteção, isso não demonstra que o desenvolvimento econômico decorre ou depende da maior amplitude da proteção à propriedade intelectual.

Todavia, o nível de desenvolvimento econômico de um país – juntamente com os interesses do mercado local e, por conseguinte, com suas necessidades político-econômico-sociais – deve consistir em fator determinante para a decisão sobre o nível de proteção a ser conferido à determinada propriedade intelectual. Em particular, no que tange à prática da importação paralela de patentes, um dos pontos mais relevantes a se observar, quando da escolha do regime jurídico para discipliná-la, é a posição econômica que o país em questão ocupa no contexto internacional – se produtor ou importador de propriedade intelectual.

Explica-se. Os países produtores de patentes, com elevados investimentos em pesquisa e desenvolvimento (P&D) – geralmente, países desenvolvidos – tendem a priorizar a vedação à importação paralela, uma vez que pretendem proteger o titular da patente da concorrência de eventuais importadores. Dessa forma, esses países

---

[188] BRASIL. CÂMARA DOS DEPUTADOS. Projeto de Lei nº 5.402/2013, proposto pelos Deputados Newton Lima Neto (PT-SP) e Rosinha (PT-PR). Disponível em: http://www.camara.gov.br/proposicoesWeb/prop_mostrarintegra;jsessionid=1993E705C6C918CFC1D65EBE07AE9F5E.proposicoesWeb1?codteor=1078755&filename=PL+5402/2013. Acesso em 6 ago. 2017. O texto da justificativa apresenta o exemplo da Holanda, que "revogou integralmente sua lei de patentes por 47 anos, de 1869 a 1910, de modo que o país pudesse copiar livremente as invenções da área química da Alemanha, sua vizinha".

acabam por estimular ainda mais o investimento em inovação em seu território, por meio do acirramento da concorrência entre os próprios titulares de patentes.

Por outro lado, nota-se que países importadores de patentes – em geral, países em desenvolvimento e não desenvolvidos – costumam não possuir uma indústria nacional bem desenvolvida, sobretudo em relação a produtos de alta tecnologia que requerem investimentos em P&D. Assim, esses países dependem do investimento estrangeiro para oferecer esses produtos à população.

Em razão dessa dependência, não existe uma clareza sobre qual regime jurídico deve ser escolhido para disciplinar a importação paralela de patentes. Isso porque existe a necessidade de atrair investimentos estrangeiros em tecnologia avançada e, sob essa perspectiva, faz mais sentido vedar a importação paralela para proteger o titular nacional da patente – destacando-se que, nesses países, o titular nacional da patente, geralmente, é um licenciado que remunera o titular estrangeiro por meio de *royalties*. Ao mesmo tempo, a vedação à importação paralela é desvantajosa para a população, na medida em que, ante a ausência de concorrência, restringe o acesso aos produtos de alta tecnologia aos preços ditados pelo titular da patente.

Não obstante os posicionamentos críticos – no sentido de que a proteção à propriedade intelectual em determinado país pode desestimular ou mesmo impedir a geração de emprego e de renda e de que ela serve de instrumento ao poder econômico transnacional –, a conclusão a que se chega é a de que a propriedade intelectual pode e deve ser aplicada pelos países em desenvolvimento e não desenvolvidos como mecanismo efetivo de promoção de setores estratégicos da indústria nacional e como meio para oferecer produtos de alta tecnologia à população, sem restrição de acesso.

Isso não significa que a decisão sobre o nível de proteção a ser conferido à propriedade intelectual, com base no nível de desenvolvimento econômico do país, seja tarefa fácil, o que fica evidente no caso da importação paralela de patentes. Assim, também com o intuito de contribuir para a escolha do regime jurídico mais adequado para disciplinar a importação paralela de patentes, o item 3.2 expõe e analisa as vantagens e desvantagens que cada sistema de exaustão de direitos oferece, levando-se em consideração como cada um deles atende as necessidades político-econômico--sociais dos países (considerando o nível de desenvolvimento econômico).

No entanto, ainda sobre o nível de proteção a ser conferido à propriedade intelectual, é importante ressaltar que os interesses envolvidos na proteção e os valores econômicos e sociais associados a cada uma das modalidades de propriedade intelectual são diferentes entre si.[189] É notório, por exemplo, que a proteção conferida às patentes atinge interesses públicos distintos daqueles alcançados pela proteção conferida às marcas. Isso fica evidente quando comparada a exclusividade concedida ao titular de uma patente de medicamento com a exclusividade concedida ao titular de uma marca de bebida; ambas estão relacionadas à promoção de um mercado mais competitivo e ao desenvolvimento tecnológico e econômico do país, porém, apenas a primeira guarda estrita relação com a saúde pública daquele país.

Assim, não por acaso, as diferentes modalidades de propriedade intelectual são abordadas e tratadas em separado no âmbito de tratados internacionais e legislações nacionais, existindo a possibilidade de conferir níveis de proteção distintos a cada uma delas. Dessa forma, antes da exposição e análise das vantagens e desvantagens que cada sistema de exaustão de direitos oferece, faz-se necessário o exame a respeito dos interesses envolvidos na proteção e dos valores associados às modalidades de propriedade intelectual – em particular, às patentes e às marcas.

---

[189] Cf. BASSO, Maristela. *Propriedade intelectual e importação paralela*. São Paulo: Atlas, 2011, p. 13-14.

3.1.2. Diferentes níveis de proteção às diferentes modalidades de propriedade intelectual

Ainda que muito diferentes entre si, as diversas modalidades de propriedade intelectual (patentes, marcas, desenhos industriais, denominações de origem, direitos autorais etc.)[190] são consideradas em conjunto por apresentarem características intrínsecas comuns, como: (i) o fato de possuírem valor econômico, pois para cada uma delas há consumidores dispostos a desembolsar um determinado valor em troca desses bens imateriais; e (ii) o fato de poderem ser consumidas simultaneamente por terceiros sem que haja perda do valor para os demais consumidores. Conforme abordado no item 3.1, essas duas características contribuem para a necessidade de proteção jurídica da propriedade intelectual, pois, como os custos de reprodução dos bens imateriais são baixos, podem ser facilmente copiados e apropriados.[191]

No entanto, os interesses envolvidos na proteção e os valores econômicos e sociais associados a cada uma das modalidades de propriedade intelectual são diferentes entre si.[192] Isso explica a abordagem e o tratamento em separado no âmbito de tratados internacionais e legislações nacionais, bem como a possibilidade de conferir níveis de proteção distintos a cada uma delas, o que acaba sendo verificado na prática.

---

[190] Detalhadamente, a OMPI define a propriedade intelectual como: "[A] soma dos direitos relativos às obras literárias, artísticas e científicas, às interpretações dos artistas intérpretes e às execuções dos artistas executantes, aos fonogramas e às emissões de radiodifusão, às invenções em todos os domínios da atividade humana, às descobertas científicas, aos desenhos e modelos industriais, às marcas industriais, comerciais e de serviço, bem como às firmas comerciais e denominações comerciais, à proteção contra a concorrência desleal e todos os outros direitos inerentes à atividade intelectual nos domínios industrial, científico, literário e artístico". BARBOSA, Denis Borges. *Tratado da Propriedade Intelectual*. Rio de Janeiro: Lumen Juris, tomo I, 2010, p. 7.

[191] Cf. ROSENBERG, Barbara. *Considerações sobre Direito da Concorrência e os Direitos de Propriedade Intelectual*, em BRANCHER, Paulo; ZANOTTA, Pedro. Desafios Atuais do Direito da Concorrência. São Paulo: Editora Singular, 2008, p. 170.

[192] Cf. BASSO, Maristela. *Propriedade intelectual e importação paralela*. São Paulo: Atlas, 2011, p. 13-14.

Não obstante, Denis Borges Barbosa defende que, em um contexto competitivo (que se opõe a um contexto de economia planificada), o valor da propriedade intelectual como um todo é ser um ativo de competição. Assim, ao tratar do valor da patente, em palestra realizada em 2000, no Rio de Janeiro, sustentou o jurista:

> **Ora, tudo o que falei de marca estende-se perfeitamente a outros ativos da propriedade intelectual, sejam patentes, seja um *software*, seja um nome de domínio. Por maior que seja o desgosto dos nossos colegas engenheiros, não há nenhuma natureza excelsa numa patente, não há nenhum valor tecnológico numa patente, não há nenhum valor social numa patente, dentro de um regime estritamente competitivo, diferente de um valor de uma marca. São ativos de competição.** São ativos que criam uma diferença na competição, diferença essa que resulta em maior rentabilidade. O contexto social, o contexto tecnológico, o doente da África, tudo isso é absolutamente irrelevante para atribuição do valor da propriedade intelectual.[193] (Grifo nosso)

Fica claro que, ao defender que o valor de toda modalidade de propriedade intelectual é ser um ativo de competição, Denis Borges Barbosa está se referindo ao valor social da propriedade intelectual. Tanto assim o é que, na mesma palestra, o jurista excepcionou a marca ao tratar do valor econômico da propriedade intelectual, nos seguintes termos: "Qual é o valor econômico jurídico de qualquer propriedade intelectual, com exceção talvez da marca? É o conferir ao seu titular um tempo de vantagem na concorrência".[194]

A partir desse pressuposto, na referida palestra, Denis Borges Barbosa analisou a eficiência da proteção jurídica conferida à patente,

---

[193] Palestra In Anais do III Encontro de Propriedade Intelectual e Comercialização de Tecnologia, Rio de Janeiro, 24, 25 e 26 de julho de 2000, Rede de Tecnologia do Rio de Janeiro, Associação Brasileira das Instituições, de Pesquisa Tecnológica – ABIPTI, Instituto Nacional da Propriedade Industrial – INPI, em BARBOSA, Denis Borges. *Uma introdução à propriedade intelectual.* Disponível em: http://www.denisbarbosa.addr.com/arquivos/livros/umaintro2.pdf, p. 549. Acesso em 20 ago. 2017.

[194] BARBOSA, Denis Borges. *Uma introdução à propriedade intelectual.* Disponível em: http://www.denisbarbosa.addr.com/arquivos/livros/umaintro2.pdf, p. 550-551. Acesso em 20 ago. 2017.

desvinculando da "eficiência social" da patente a necessidade de atender aos interesses do consumidor em si, de modo que, para o jurista, o interesse público a que a patente deve satisfazer consiste em "conseguir mais pesquisa, mais desenvolvimento".[195]

Diante desses posicionamentos e considerando que o tema da importação paralela é bastante frequente também em relação às marcas e que, não raras vezes, um produto patenteado também é aposto por uma marca, torna-se pertinente destacar algumas constatações prévias. Para tanto, retoma-se as justificativas e funções da propriedade intelectual, conforme exposto no item 3.1, com base em algumas particularidades relativas à proteção conferida às patentes e às marcas.

Em primeiro lugar, tem-se que a justificativa para a proteção da propriedade intelectual, a qual se confunde com sua função elementar, é suprir a falha de mercado que decorre da falta de motivação para produzir bens não rivais e não excludentes (bens públicos em termos econômicos), como o são as criações intelectuais.

Em segundo lugar, constata-se que a exclusividade que é atribuída aos bens intelectuais confere à propriedade intelectual como um todo um valor econômico e um valor social que lhes são intrínsecos – há uma demanda por esses bens (valor econômico) que propicia uma maior competição no mercado (valor social).

Em terceiro lugar, tem-se que essa exclusividade deve ser constantemente exercida tendo em vista as finalidades últimas da concessão – as quais Cláudio R. Barbosa identifica como "função social" da propriedade intelectual e são previstas na Constituição Federal brasileira como "o interesse social e o desenvolvimento tecnológico e econômico do país" –, sendo o que Denis Borges Barbosa denomina de "eficiência social", opondo-se ao exercício abusivo do direito.

Com base na exposição de Denis Borges Barbosa, conclui-se que, no caso das patentes, a eficiência social (mediata) é a garantia de

---

[195] BARBOSA, Denis Borges. *Uma introdução à propriedade intelectual.* Disponível em: http://www.denisbarbosa.addr.com/arquivos/livros/umaintro2.pdf, p. 550-551. Acesso em 20 ago. 2017.

mais pesquisas e, consequentemente, mais desenvolvimento tecnológico e econômico do país. Já no caso das marcas, a eficiência social (mediata) é a garantia de mais opções e melhor qualidade de produtos e, consequentemente, mais desenvolvimento tecnológico e econômico do país.

Não obstante, tendo em vista o entendimento de Calixto Salomão Filho, apresentado no item 3.1, tanto o direito de patente quanto o direito de marca devem ser exercidos visando a "garantir o acesso e escolha dos consumidores" – o que se pode denominar de eficiência social (mas, agora, imediata). É neste ponto que se encontra a principal razão pela qual os níveis de proteção jurídica podem e devem ser distintos para patentes e marcas, bem como a explicação do porquê que a proteção conferida às patentes pode atingir interesses públicos distintos daqueles alcançados pela proteção conferida às marcas.

Explica-se. A exclusividade conferida para o uso e exploração da informação criada, inevitavelmente, resulta na restrição, ainda que temporária, a seu livre acesso e utilização por terceiros, o que, por sua vez, gera custos sociais inversamente proporcionais à eficiência social (imediata). Todavia, os custos sociais acarretados com a proteção das marcas são distintos dos custos sociais decorrentes da proteção das patentes. Enquanto em relação às marcas fica prejudicado o direito dos consumidores de disporem de produtos de qualidades distintas a preços diversos, no que diz respeito às patentes pode ficar prejudicado o direito dos consumidores à saúde, uma vez que o acesso a medicamentos essenciais patenteados pode ser restringido.

Isso pode ocorrer porque esses custos dizem respeito aos custos associados ao "monopólio" conferido pela exclusividade,[196] os quais podem ensejar uma situação de poder de mercado que, por sua vez, pode gerar abusos. As patentes que efetivamente geram poder monopolista, geralmente, são aquelas relacionadas a produtos de alta tecnologia dotados de alto grau de essencialidade para o consumidor

---

[196] Cf. LILLA, Paulo Eduardo. *A Proteção da Propriedade Intelectual e Seus Limites*: Uma Abordagem de *Law and Economics*, em TIMM, Luciano Beneti; BRAGA, Rodrigo Bernardes (org.), Propriedade Intelectual, Belo Horizonte: Arraes Editores, 2011, p. 146-154.

ou para outros produtores, como os medicamentos. Ao tratar particularmente da indústria farmacêutica, Salomão Filho sustenta que "[n]essa hipótese, haverá claramente a função social, derivada de sua essencialidade. Há, portanto, um dever de fornecimento dos produtos a preços não abusivos".[197]

Em paralelo, cabe ressalvar que os efeitos da discriminação de preços entre países não são necessariamente maléficos à concorrência, desde que o agente econômico que pratica a discriminação seja capaz de atingir o equilíbrio nos mercados em questão. De acordo com o Calixto Salomão Filho, "em uma situação ideal, os preços diferenciados permitem exatamente que o produtor obtenha de cada consumidor exatamente aquilo que este pode dar", pois "[o]perando ao longo da curva de demanda, o ofertante cobra de cada consumidor preço compatível com a capacidade de consumo deste (essa é a chamada discriminação perfeita)".[198] Contudo, como bem reconhece o jurista,

> [t]al situação ideal inexiste na realidade, [...]. A utilização de um comportamento estratégico que envolva preços diferenciados só faz com que o agente econômico maximize ainda mais o lucro, obtendo lucro normal nas regiões onde há concorrência, e lucro monopolista nas regiões onde não há.[199]

---

[197] SALOMÃO FILHO, Calixto. *Razoabilidade e legalidade do licenciamento compulsório do ponto de vista concorrencial*, em BASSO, Maristela; SALOMÃO FILHO, Caixto; POLIDO, Fabrício; CÉSAR, Priscilla. Direitos de propriedade intelectual e saúde pública: o acesso universal aos medicamentos anti-retrovirais no Brasil, São Paulo: IDCID, 2007, p. 157-158.

[198] SALOMÃO FILHO, Calixto. *Razoabilidade e legalidade do licenciamento compulsório do ponto de vista concorrencial*, em BASSO, Maristela; SALOMÃO FILHO, Caixto; POLIDO, Fabrício; CÉSAR, Priscilla. Direitos de propriedade intelectual e saúde pública: o acesso universal aos medicamentos anti-retrovirais no Brasil, São Paulo: IDCID, 2007, p. 159-160.

[199] SALOMÃO FILHO, Calixto. *Razoabilidade e legalidade do licenciamento compulsório do ponto de vista concorrencial*, em BASSO, Maristela; SALOMÃO FILHO, Caixto; POLIDO, Fabrício; CÉSAR, Priscilla. Direitos de propriedade intelectual e saúde pública: o acesso universal aos medicamentos anti-retrovirais no Brasil, São Paulo: IDCID, 2007, p. 160.

Daí a relevância da disciplina do abuso de poder perante os custos associados ao "monopólio" conferido pela patente, uma vez que "[a]umentos de preços ou reduções de quantidade ofertada na região monopolizada podem ser muito bem resolvidos, sancionando-se o abuso de preços nesse último mercado"[200] – isso explica a necessidade de previsão sobre a licença compulsória no que tange à patente.

Nota-se, assim, que, além de distintos, os custos sociais associados à exclusividade conferida à patente, quando comparados com os custos sociais associados à exclusividade conferida à marca, trazem prejuízos efetivamente mais gravosos à população, em razão do alto grau de essencialidade para o consumidor ou para outros produtores que a patente pode ter, que é o caso dos medicamentos. É por conta disso que os níveis de proteção jurídica podem, são e devem ser distintos para patentes e marcas.

Tal distinção ocorre (e deve ocorrer), principalmente, no âmbito das limitações e exceções a aquisição e uso dos bens objeto de proteção impostas à propriedade intelectual pelo próprio sistema, com o intuito de amenizar os custos sociais. Tratam-se dos limites e exceções de ordem temporal, material, espacial e circunstancial previstos pelos sistemas jurídicos nacionais, em conformidade com o TRIPS, sendo que os dois últimos (limites de ordem espacial e circunstancial) são os que têm maior relevância para o estudo das importações paralelas, pois trazem implícitos o princípio da territorialidade e o princípio da exaustão de direitos.

A territorialidade das patentes e marcas assume importância no tema da importação paralela na medida em que a prática permite que efeitos do exercício de um direito sobre uma propriedade intelectual reconhecida no exterior atinjam o mercado local, onde a mesma é de titularidade de outro agente. Assim, a importação paralela introduz no país efeitos relacionados ao exercício do direito da patente ou da

---

[200] SALOMÃO FILHO, Calixto. *Razoabilidade e legalidade do licenciamento compulsório do ponto de vista concorrencial*, em BASSO, Maristela; SALOMÃO FILHO, Caixto; POLIDO, Fabrício; CÉSAR, Priscilla. Direitos de propriedade intelectual e saúde pública: o acesso universal aos medicamentos anti-retrovirais no Brasil, São Paulo: IDCID, 2007, p. 160.

marca cuja proteção foi concedida a um titular estrangeiro em outra jurisdição (a atuação do importador paralelo depende de um agente estrangeiro que lhe fornece os produtos cuja patente ou marca é protegida no mercado local, e este provedor do exterior é titular, licenciado ou cessionário da propriedade intelectual no país de origem, ou ainda um terceiro que, a cabo, adquiriu a mercadoria licitamente).

A partir disso, retoma-se a principal questão no tocante ao tema: pode o titular da propriedade intelectual no país impedir a importação de produtos legítimos cuja patente ou marca é também de titularidade de agentes estrangeiros? E se propõe a seguinte reflexão: ante a possibilidade de impedir tal importação, o direito de patente e o direito de marca são exercidos tendo em vista a eficiência social de cada qual, de forma a garantir o direito de acesso e escolha dos consumidores? Tratam-se de pontos diretamente relacionados ao princípio da exaustão de direitos.

A exaustão de direitos proíbe o titular de invocar seu direito de exclusividade de uso sobre o bem imaterial protegido para impedir atividades comerciais subsequentes (após a colocação do produto no mercado) desempenhadas por terceiros. Dessa forma, a exaustão de direitos tem tanto a função de impedir que o titular exerça seu direito de forma abusiva, criando, por exemplo, reservas de mercado, como pode contribuir diretamente para que o direito de propriedade intelectual seja exercido tendo em vista sua eficiência social.

Ante a existência de diferentes sistemas de exaustão de direitos (nacional, internacional e regional), cabe destacar que em nenhum deles a função da exaustão é prejudicada. A diferença está no nível de proteção que é conferido à propriedade intelectual. Isso porque, a depender do sistema de exaustão de direitos adotado, o direito de propriedade intelectual pode ser utilizado para coibir a segregação de mercados no âmbito nacional (exaustão nacional) ou no âmbito internacional (exaustão internacional), bem como o direito de acesso e escolha dos consumidores pode ser mais restrito (exaustão nacional) ou menos restrito (exaustão internacional).

Conforme será visto mais detalhadamente no item 3.3.3, salienta-se que, na esfera da Declaração de Doha, o princípio da exaustão de direitos não foi abordado apenas como um limite intrínseco do direito de propriedade intelectual, que, a depender do sistema adotado (nacional ou internacional), estende mais ou menos a proteção à propriedade intelectual. O princípio foi tratado como uma efetiva flexibilidade desse direito, que pode ser utilizada como medida de proteção à saúde pública e, em particular, como meio de permitir o acesso a medicamentos. Retoma-se, aqui, a questão da adoção de níveis de proteção jurídica distintos para patentes e marcas.

Apesar de a Declaração de Doha não abordar qualquer diferença entre as distintas modalidades de propriedade intelectual, é evidente o enfoque sobre o direito de patentes, principalmente no que diz respeito às patentes relacionadas a saúde pública e medicamentos, conforme será demonstrado no item 3.3.3. Isso evidencia como, de fato, os custos sociais decorrentes da proteção das patentes, sobretudo as de medicamentos, são distintos dos custos sociais acarretados com a proteção das marcas, especialmente quanto aos diferentes efeitos que podem causar sobre o direito de acesso e escolha dos consumidores – o que, em tese, justifica a adoção de níveis de proteção jurídica distintos para patentes e marcas.

Todavia, conforme elucidado no Capítulo 2, no que tange à exaustão de direitos e, por conseguinte, à importação paralela, o sistema jurídico brasileiro, sobretudo a LPI, não leva em consideração, tampouco esclarece, os distintos custos sociais decorrentes da proteção das patentes e da proteção das marcas. Mais especificamente, no que diz respeito à exaustão de direitos, os níveis de proteção jurídica para patentes e marcas (se sujeitas à exaustão nacional ou internacional) foram estabelecidos e são tratados pelos operadores do direito, na maior parte das vezes, sem a devida atenção quanto aos distintos efeitos que podem causar sobre a eficiência social de cada qual.

Não obstante, também como abordado no Capítulo 2, o cenário do sistema jurídico brasileiro no que diz respeito ao tema não está acabado: propostas de alteração da LPI que pretendem ajustar exatamente os dispositivos que tratam da importação paralela de patentes tramitam atualmente no Congresso Nacional. Assim, considerando que o sistema TRIPS/OMC concedeu livre arbítrio a cada país-membro para legislar sobre o princípio da exaustão de direitos de cada modalidade de propriedade intelectual, a expectativa é a de que se escolha o regime jurídico mais adequado para disciplinar a questão no Brasil.

Para tanto, entende-se fundamental uma análise crítica das vantagens e desvantagens de cada sistema de exaustão de direitos passível de disciplinar a importação paralela de patentes, levando-se em consideração como cada um deles prioriza mais ou menos interesses particulares em relação aos interesses públicos (e vice-versa), de modo a (i) atender as necessidades político-econômico-sociais de cada país (considerando o nível de desenvolvimento econômico) e a (ii) permitir que o direito de patente seja exercido tendo em vista sua eficiência social, ou seja, promovendo pesquisas e, consequentemente, o desenvolvimento tecnológico e econômico do país e garantindo o direito de acesso e escolha dos consumidores.

3.2. Vantagens e desvantagens dos sistemas de exaustão de direitos

Conforme apresentado no Capítulo 2, o princípio da exaustão de direitos de propriedade intelectual pode ser aplicado no âmbito nacional, internacional ou, ainda, regional. No entanto, na medida em que a exaustão regional de direitos consiste na dupla aplicação da exaustão nacional e da exaustão internacional – a exaustão regional impõe-se entre países signatários de tratados comerciais que constituem blocos econômicos, de modo que, para as relações de mercado verificadas entre eles, adota-se o princípio da exaustão internacional, enquanto que, diante de relações comerciais ocorridas em países não integrantes do bloco, aplica-se a exaustão nacional –, a abordagem das vantagens e desvantagens em relação às duas últimas é suficiente para os fins deste trabalho.

Inicialmente, cabe analisar as possibilidades de aplicação do princípio levando em consideração que a exaustão de direitos tem tanto a função de impedir que o titular exerça seu direito de forma abusiva (criando, por exemplo, reservas de mercado) como pode contribuir diretamente para que o direito de propriedade intelectual seja exercido tendo em vista sua eficiência social.

No que diz respeito à função de impedir que o titular exerça seu direito de forma abusiva, o princípio tem o papel de evitar que o direito de propriedade intelectual seja utilizado pelo titular como meio de segregar mercados, extrapolando, assim, seu escopo. Desse modo, como a finalidade da exaustão de direitos é proibir o titular de invocar o direito de exclusividade de uso sobre o bem imaterial protegido para impedir atividades comerciais subsequentes (após a colocação do produto no mercado) desempenhadas por terceiros, (i) se adotada a exaustão nacional, evita-se que o titular controle a circulação dos produtos e crie uma divisão de mercado apenas no âmbito doméstico, enquanto que, (ii) se aplicada a exaustão internacional, evita-se a segregação de mercado também no âmbito internacional.

Dessa forma, a abrangência que cada jurisdição confere ao princípio da exaustão de direitos está diretamente relacionada ao grau de coibição da segregação de mercados e, por conseguinte, ao tratamento conferido à importação paralela. Nota-se que a exaustão nacional proíbe o titular de controlar a circulação dos produtos apenas no mercado doméstico, permitindo que ele segregue o mercado das mercadorias que incorporam sua propriedade intelectual da maneira como lhe convém na esfera internacional – o que inclui a autorização para obstar a importação paralela.[201] Já a exaustão internacional impede que o titular controle o tráfego dos produtos que incorporam sua propriedade intelectual no mercado internacional, proibindo qualquer segregação de mercado – o que resulta na permissão à prática da importação paralela.

No que tange à contribuição para que o direito de propriedade intelectual seja exercido tendo em vista sua eficiência social, a análise das possibilidades de aplicação do princípio da exaustão de direitos compreende a dicotomia entre interesses particulares e interesses

---

[201] Cf. AFONSO, Larissa Maria Galimberti. *Exclusões e exceções ao direito de patentes.* Dissertação (Mestrado em Direito) – Faculdade de Direito, Universidade de São Paulo, São Paulo, 2013, p. 333.

públicos que envolve a proteção da propriedade intelectual como um todo, conforme explicado no item 3.1. A seguir, retoma-se essa dicotomia, mas, agora, relacionando diretamente os interesses particulares e os interesses públicos identificados com os tipos de exaustão de direitos.

A exaustão nacional de direitos, ao proibir a importação paralela, protege o produtor local contra a invasão de produtos estrangeiros que podem colocar as mercadorias nacionais em desvantagens comerciais e impede o *free-riding* em relação aos investimentos realizados pelos licenciados e distribuidores oficiais (interesse particular).[202] Dessa forma, visa a atrair investimentos em P&D realizados pelos detentores de propriedade intelectual, estrangeiros ou nacionais (interesse público). Ao mesmo tempo, o sistema de exaustão nacional de direitos, por ter esse nítido caráter protecionista aos detentores de propriedade intelectual, no sentido de evitar a concorrência externa, pode gerar grandes desvantagens aos consumidores e ao comércio internacional, incluindo a discriminação de preços e de qualidade dos produtos entre os países, destacando-se o cerceamento ao direito de acesso e escolha dos consumidores (interesse público).[203]

Em contrapartida, a exaustão internacional de direitos de propriedade intelectual reduz a proteção aos detentores de propriedade intelectual, na medida em que, ao permitir a importação paralela, autoriza a entrada no mercado doméstico de produtos cuja propriedade intelectual aposta é de titularidade de agentes estrangeiros (interesse particular). Isso estimula a concorrência entre licenciados, distribuidores e importadores paralelos que comercializam os mesmos produtos, fazendo com que haja uma natural redução de preços ao consumidor

---

[202] Cf. AFONSO, Larissa Maria Galimberti. *Exclusões e exceções ao direito de patentes*. Dissertação (Mestrado em Direito) – Faculdade de Direito, Universidade de São Paulo, São Paulo, 2013, p. 333.

[203] Cf. AFONSO, Larissa Maria Galimberti. *Exclusões e exceções ao direito de patentes*. Dissertação (Mestrado em Direito) – Faculdade de Direito, Universidade de São Paulo, São Paulo, 2013, p. 334.

(interesse público).[204] Por outro lado, o sistema de exaustão internacional de direitos pode provocar um desincentivo à realização de investimentos e, por conseguinte, à inovação (interesse público).

Nesse sentido, Barbara Rosenberg pondera os prós e contras da exaustão internacional de direitos:

> [S]eria possível dizer que a exaustão internacional estimularia a concorrência e o comércio internacional: ela possibilitaria a aquisição do produto pelo preço mais baixo em que estivesse disponível no mundo, além de forçar os distribuidores locais a abaixar seus preços segundo os menores preços praticados em outros mercados. Por outro lado, alguns países avaliam que a adoção da exaustão internacional poderia funcionar como um desincentivo para o estabelecimento de indústrias locais, uma vez que sabendo da possibilidade de importação sempre que o produto fosse vendido a preços inferiores no exterior, os agentes econômicos poderiam não ter incentivos para manter uma fábrica nesse país. **Assim, dependendo do contexto, não obstante a exaustão internacional possa fomentar a concorrência, pode ser um empecilho à adoção de políticas industriais.**[205] (Grifo nosso)

Outra crítica relacionada à permissão à exaustão internacional de direitos e, portanto, à importação paralela reside no fato de que os importadores paralelos atuam como *free-riders*, pois se aproveitam dos investimentos realizados pelos titulares dos direitos de propriedade intelectual ou pelos licenciados sem arcar com qualquer custo – custos de investimento em P&D, *marketing* e publicidade e na disponibilização de serviços aos consumidores.[206] Não obstante, os defensores da importação paralela sustentam que os titulares não são prejudica-

---

[204] Cf. Afonso, Larissa Maria Galimberti. *Exclusões e exceções ao direito de patentes.* Dissertação (Mestrado em Direito) – Faculdade de Direito, Universidade de São Paulo, São Paulo, 2013, p. 335.

[205] Rosenberg, Barbara. *Patente de medicamentos e comércio internacional:* os parâmetros do TRIPS e do direito concorrencial para a outorga de licenças compulsórias. Dissertação (Doutorado em Direito) – Faculdade de Direito, Universidade de São Paulo, São Paulo, 2004, p. 228.

[206] Cf. Afonso, Larissa Maria Galimberti. *Exclusões e exceções ao direito de patentes.* Dissertação (Mestrado em Direito) – Faculdade de Direito, Universidade de São Paulo, São Paulo, 2013, p. 336-337.

dos, pois recebem a compensação econômica no país de origem do produto, uma vez que a produção dos produtos nos países de origem é realizada pelo próprio titular ou com seu consentimento.[207]

Ao tratar particularmente das patentes essenciais, Salomão Filho considera a posição que os países desenvolvidos e em desenvolvimento ocupam dentro da indústria farmacêutica internacional (se produtores ou importadores de medicamentos), para sustentar que o comportamento *free riding*

> só ocorreria se o investimento em pesquisa sobre as invenções relacionadas a determinados medicamentos essenciais fosse realizado no Brasil e em outros países em desenvolvimento, o que, na prática, raramente acontece. Quando realizado nos países desenvolvidos, só se poderia considerar o *free riding*, como relevante do ponto de vista concorrencial, caso este não permitisse recuperar investimentos. Ora, sendo o investimento em tecnologia realizado normalmente pelas matrizes das empresas que aqui empregam a tecnologia, a constatação da possibilidade de recuperação precisa ser realizada no mercado internacional. Todavia, mesmo que não fosse, é difícil sustentar que a recuperação do investimento não ocorreria.[208]

Nota-se, assim, que as vantagens e desvantagens dos sistemas de exaustão de direitos também devem ser analisadas sob a perspectiva do nível de desenvolvimento econômico de cada país. Isso porque, como abordado no item 3.1.1, países com níveis de desenvolvimento diferentes são afetados diferentemente pelos direitos de propriedade intelectual.

Os países desenvolvidos, por exemplo, geralmente, são produtores de propriedade intelectual e, por conta disso, tendem a prefe-

---

[207] Cf. AFONSO, Larissa Maria Galimberti. *Exclusões e exceções ao direito de patentes*. Dissertação (Mestrado em Direito) – Faculdade de Direito, Universidade de São Paulo, São Paulo, 2013, p. 336.

[208] SALOMÃO FILHO, Calixto. *Razoabilidade e legalidade do licenciamento compulsório do ponto de vista concorrencial*, em BASSO, Maristela; SALOMÃO FILHO, Caixto; POLIDO, Fabrício; CÉSAR, Priscilla. Direitos de propriedade intelectual e saúde pública: o acesso universal aos medicamentos anti-retrovirais no Brasil, São Paulo: IDCID, 2007, p. 159.

rir a exaustão nacional de direitos, que veda a importação paralela, pois pretendem proteger os titulares da concorrência de eventuais importadores. Dessa forma, esses países acabam por estimular ainda mais o investimento em inovação em seu território, por meio do acirramento da concorrência entre os próprios titulares de propriedade intelectual.

Por outro lado, países em desenvolvimento e não desenvolvidos, em geral, importadores de propriedade intelectual, costumam depender do investimento estrangeiro para oferecer produtos de alta tecnologia à população. Dessa forma, ao mesmo tempo em que faz sentido adotar a exaustão nacional, com o fim de atrair investimentos estrangeiros para desenvolver a indústria local, oferecendo produtos de alta tecnologia à população, faz sentido aplicar a exaustão internacional, para garantir à população o acesso a esses produtos sem restrição.

Diante dessas constatações, de forma sintética e comparativa, a Tabela 2 abaixo apresenta as vantagens e desvantagens dos sistemas de exaustão dos direitos de patente.

TABELA 2

Vantagens e desvantagens dos sistemas de exaustão dos direitos de patente		
	Vantagens	Desvantagens
Exaustão nacional ↓ Importação paralela: prática ILÍCITA	• Proteção dos produtos nacionais contra a invasão de produtos estrangeiros que poderiam colocar os produtos nacionais em desvantagens comerciais. • Impedimento ao *free-riding*. • Aumento de investimentos em P&D pelos detentores de patentes.	• Possibilidade de segregação do mercado no âmbito internacional. • Aspecto anticoncorrencial: caráter protecionista aos produtores nacionais, evitando a concorrência externa (desvantagem aos consumidores e ao comércio internacional). • Discriminação de preços e de qualidade dos produtos entre diferentes países, o que pode resultar no cerceamento ao direito de acesso e escolha dos consumidores, podendo ficar prejudicado o direito dos consumidores à saúde.

Vantagens e desvantagens dos sistemas de exaustão dos direitos de patente		
	Vantagens	Desvantagens
Exaustão internacional ↓ Importação paralela: prática LÍCITA	• Evita-se a segregação do mercado no âmbito internacional. • Possibilidade de concorrência entre licenciados, distribuidores e importadores paralelos. • Consequente redução de preços, garantindo o direito de acesso e escolha dos consumidores.	• Desincentivo ao investimento e, por conseguinte, à inovação e ao estabelecimento de indústrias locais. • Atuação dos *free-riders*, os quais se aproveitariam dos investimentos realizados pelo titular da patente ou pelos licenciados sem arcar com os custos.

Do mesmo modo, as vantagens e desvantagens dos sistemas de exaustão de direitos também devem ser examinadas de acordo com a modalidade de propriedade intelectual protegida, uma vez que, como visto no item 3.1.2, os interesses envolvidos na proteção conferida à patente e os valores econômicos e sociais associados a ela são diferentes daqueles relacionados à marca.

A grande relevância da diferença entre patentes e marcas, para este estudo, está nos diferentes efeitos que a exaustão nacional e a exaustão internacional podem causar sobre o direito de acesso e escolha dos consumidores. Enquanto que a exaustão nacional, ao proibir a importação paralela, em relação às marcas, prejudica o direito dos consumidores de disporem de produtos de qualidades distintas a preços diversos, no que diz respeito às patentes, pode ficar prejudicado o direito dos consumidores à saúde, uma vez que o acesso a medicamentos essenciais patenteados pode ser restringido.

Por outro lado, em um segundo plano, ao comparar marcas com patentes de medicamentos especificamente, nota-se que a exaustão internacional de direitos, ao permitir a importação paralela, traz mais prejuízos aos titulares das marcas do que aos titulares das patentes, uma vez que os primeiros sofrem mais com o fenômeno do *free--riding*. Isso porque as marcas, em geral, exigem mais investimento em *marketing* e publicidade e na disponibilização de serviços aos consumidores do que as patentes de medicamentos. Consequentemente, os importadores paralelos acabam se aproveitando dos investimentos realizados pelos titulares das marcas ou pelos licenciados sem arcar com qualquer custo, criando uma desvantagem competitiva, o que não ocorre em relação às patentes de medicamentos. Primeiro, porque em relação a estas não há necessidade de investir em *marketing* e publicidade e na disponibilização de serviços aos consumidores e, segundo, porque o investimento em tecnologia realizado normalmente pelas matrizes das empresas é recuperado no mercado internacional.

Tendo isso em vista e por todo o exposto, conclui-se que a escolha do sistema de exaustão dos direitos de patente a ser adotado em um país consiste em questão de política pública, destacando-se que o sistema TRIPS/OMC concedeu livre arbítrio a cada país-membro para tanto. Dessa forma, é válido examinar, preliminarmente, como o tema foi abordado pelo sistema internacional de patentes, sobretudo as discussões, justificativas e posicionamentos que conduziram e influenciaram as decisões a respeito da exaustão de direitos, para, ao depois, analisar como o tema vem sendo abordado pelos sistemas nacionais de patentes.

3.3. Abordagem da importação paralela no sistema internacional de patentes
3.3.1. Histórico pré-TRIPS

O sistema internacional de propriedade intelectual tem como marco inicial a Convenção da União de Paris para proteção da propriedade industrial (CUP), em 1883 – por meio da qual dez países, entre eles o Brasil, comprometeram-se a criar um serviço especial da propriedade industrial e um depósito central para a comunicação ao público das patentes de invenção, modelos de utilidade, desenhos e modelos industriais e marcas de fábrica e de comércio –,[209-210-211] seguida da

---

[209] Cf. CERQUEIRA, João da Gama. *Tratado da Propriedade Industrial*. Rio de Janeiro: Lumen Juris, v. I, 2010, p. 19-21.

[210] Cf. RÊGO, Elba Cristina Lima. *Acordo sobre propriedade intelectual da OMC*: implicações para a saúde pública nos países em desenvolvimento, Revista do BNDES, Rio de Janeiro, v. 8, nº 16, p. 43-78, dez. 2001 – Economista do BNDES e assessora do Ministro da Saúde à época, p. 46-47.

Convenção da União de Berna para a proteção das obras literárias e artísticas (CUB), em 1886.[212] Destaca-se que, quando da negociação da CUP, optou-se por estabelecer um mecanismo de compatibilização entre as legislações dos países signatários, permitindo a diversidade nacional.[213]

Em 1967, a OMPI constituiu-se como órgão autônomo dentro do sistema da Organização das Nações Unidas (ONU), englobando a CUP e a CUB. Todavia, as normas sobre propriedade intelectual continuaram sendo assunto doméstico, de modo que "[c]ada país definia que proteção conferir aos DPIs [direitos de propriedade intelectual], colocando na balança os custos e benefícios de mantê-los".[214]

Foi no final dos anos 1970 que houve uma mudança de enfoque: as autoridades governamentais dos Estados Unidos da América (EUA) passaram a adotar estratégias agressivas para garantir proteção à propriedade intelectual, tanto nos fóruns internacionais competentes quanto por meio de pressão direta junto aos governos de outros países.

---

[211] Várias foram as modificações introduzidas no texto de 1883 por meio de sete revisões. Na primeira, em Roma, os atos assinados não foram ratificados por qualquer país. Seguiram-se as Revisões de Bruxelas (1900), Washington (1911), Haia (1925), Londres (1934), Lisboa (1958) e Estocolmo (1967). O Brasil, país signatário original, aderiu à Revisão de Estocolmo em 1992. INSTITUTO DA PROPRIEDADE INDUSTRIAL. Convenção de Paris. Disponível em: http://www.inpi.gov.br/legislacao-1/cup.pdf. Acesso em 6 ago. 2017.

[212] Da mesma forma que a CUP, a CUB foi alterada em diversas ocasiões: foi completada em Paris (1896), revista em Berlim (1908), completada em Berna (1914), revista em Roma (1928), em Bruxelas (1948), em Estocolmo (1967) e em Paris (1971). UNESCO. Convenção de Berna. Disponível em: http://www.unesco.org/culture/natlaws/media/pdf/bresil/brazil_conv_berna_09_09_1886_por_orof.pdf. Acesso em 20 ago. 2017.

[213] Cf. BARBOSA, Denis Borges. *Usucapião de patentes e outros estudos de propriedade intelectual*, Rio de Janeiro: Editora Lumen Juris, 2006, p. 416.

[214] RÊGO, Elba Cristina Lima. *Acordo sobre propriedade intelectual da OMC*: implicações para a saúde pública nos países em desenvolvimento, Revista do BNDES, Rio de Janeiro, v. 8, nº 16, p. 43-78, dez. 2001 – Economista do BNDES e assessora do Ministro da Saúde à época, p. 48.

Em 1982, com o apoio de outros membros da Organização para a Cooperação e Desenvolvimento Econômico (OCDE),[215] os EUA propuseram utilizar o *General Agreement on Trade and Tariff* (GATT) para a repressão da contrafação. Denis Borges Barbosa, que foi membro da delegação brasileira no GATT em 1986 e 1987, quando a Rodada Uruguai estava sendo lançada, pontua que:[216]

> Por ocasião da reunião ministerial do GATT de 1982, as partes contratantes decidiram solicitar o exame pelo Conselho do GATT da questão dos bens contrafeitos, visando estabelecer se era apropriado tomar qualquer atitude em conjunto quanto aos aspectos da contrafação relativos ao comércio internacional. A posição brasileira, naquela primeira sessão em que participei, foi de circunscrever a discussão aos termos literais do mandato de Punta Del Leste, tomando como base o relatório do grupo de especialistas publicado como Doc. L/5878 e não a proposta americana de 1982.[217]

Quanto à pressão direta realizada pelos EUA junto aos governos de outros países, cabe destacar:

> Como as discussões no âmbito da OMPI não prosperaram, o governo americano passou a ameaçar os governos mais resistentes com sanções diversas. [...] Em 1984, a lei de comércio do país (o *Trade Act*, de 1974) foi emendada por intermédio do *Trade and Tariff Act*, e a proteção inadequada aos direitos de propriedade intelectual de nacionais americanos entrou na lista das "práticas não razoáveis" passíveis de investigação e de posterior sanção comercial pelo *US Trade Representative* (USTR). Em 1988, uma outra emenda, o 1988 *Omnibus Trade and Competitiveness Act*, criou a chamada "*Special 301*", que deu ao governo um instrumento legal para identificar anualmente os países que supostamente não oferecem proteção adequada e efetiva à propriedade intelectual de americanos.[218]

---

[215] *Organisation for Economic Co-operation and Development – OECD.*

[216] Cf. BARBOSA, Denis Borges. *Usucapião de patentes e outros estudos de propriedade intelectual*, Rio de Janeiro: Editora Lumen Juris, 2006, p. 411.

[217] BARBOSA, Denis Borges. *Usucapião de patentes e outros estudos de propriedade intelectual*, Rio de Janeiro: Editora Lumen Juris, 2006, p. 414-415.

[218] RÊGO, Elba Cristina Lima. *Acordo sobre propriedade intelectual da OMC*: implicações para a saúde pública nos países em desenvolvimento, Revista do BNDES, Rio de

Sobre esses fatos, Denis Borges Barbosa explica:

> Na passagem da década de 1970, pela primeira vez na História, a balança de intangíveis (inclusive financeiros e de investimentos) dos Estados Unidos superou a balança comercial. [...] Por isso mesmo o governo americano tinha de se valer de meios unilaterais, da sua própria Seção 301 do *Tariff and Trade Act* de 1984 [...], para conseguir o que a lei e os tratados da época lhe negavam.[219]

De modo geral, a reforma no sistema de comércio internacional proposta no âmbito do GATT pelos EUA – que já estavam a implementando por meio de ação unilateral (via Seção 301 do *Tariff and Trade Act*) – visava a eliminar o tratamento exclusivamente doméstico das normas de propriedade intelectual e, por conseguinte, a diversidade nacional. Dessa forma, no âmbito do sistema internacional de propriedade intelectual, o fato mais relevante das décadas de 1980 e 1990 foi o movimento de uniformização dos sistemas nacionais de proteção, "resultante especialmente da ação direta, diplomática e econômica, dos Estados Unidos"[220] – o que culminou na proposta dos EUA, de 1987, para o Acordo TRIPS.

Todavia, como será visto a seguir, essa uniformização não foi, de fato, alcançada no que diz respeito à exaustão de direitos e à importação paralela, em particular. Não obstante, antes de explorar como se deram as discussões sobre o tema no âmbito do Acordo TRIPS, é válida uma breve exposição, a título exemplificativo, de como os países lidavam com a questão, sobretudo em relação às patentes, no período anterior ao tratado.

De modo geral, antes das negociações do Acordo TRIPS, alguns países-membros do GATT proibiam a importação paralela em certos campos da propriedade intelectual, enquanto outros a permi-

Janeiro, v. 8, nº 16, p. 43-78, dez. 2001 – Economista do BNDES e assessora do Ministro da Saúde à época, p. 48.

[219] BARBOSA, Denis Borges. *Usucapião de patentes e outros estudos de propriedade intelectual*, Rio de Janeiro: Editora Lumen Juris, 2006, p. 415.

[220] BARBOSA, Denis Borges. *Usucapião de patentes e outros estudos de propriedade intelectual*, Rio de Janeiro: Editora Lumen Juris, 2006, p. 416-418.

tiam, sendo que estes, não raras vezes, acabavam por proibir a prática quando os casos eram levados aos tribunais.[221]

Com base no sistema jurídico de *common law*, a Suprema Corte dos EUA, por sua vez, nunca definiu expressamente a regra relativa à exaustão de direitos no campo das patentes e, apesar de haver decisões importantes proferidas pela Corte de Apelação em favor da exaustão internacional dos direitos de patentes, havia decisões contrárias proferidas pelas Cortes Distritais.[222]

Já a história da construção da jurisprudência da Corte Europeia de Justiça sobre o princípio da exaustão de direitos de propriedade intelectual é marcada pela presença da tensão existente entre (i) a proibição das restrições quantitativas à importação e das medidas de efeito equivalente entre os Estados-membros (artigo 28 do Tratado de Roma da Comunidade Europeia, atual artigo 34 do Tratado sobre o Funcionamento da União Europeia)[223] e (ii) as medidas de proteção da propriedade intelectual (artigo 30 do Tratado de Roma da Comunidade Europeia, atual artigo 36 do Tratado sobre o Funcionamento da União Europeia)[224]. Em suma, antes das negociações

---

[221] Cf. BASSO, Maristela. *Propriedade intelectual e importação paralela*. São Paulo: Atlas, 2011, p. 15.

[222] Cf. BASSO, Maristela. *Propriedade intelectual e importação paralela*. São Paulo: Atlas, 2011, p. 15.

[223] "Artigo 34º (ex-artigo 28º TCE). São proibidas, entre os Estados-Membros, as restrições quantitativas à importação, bem como todas as medidas de efeito equivalente." UNIÃO EUROPEIA. Conselho da União Europeia. Versões consolidadas do Tratado da União Europeia e do Tratado sobre o Funcionamento da União Europeia e Carta dos Direitos Fundamentais da União Europeia, Bruxelas, 30 de janeiro de 2015. Disponível em: http://data.consilium.europa.eu/doc/document/ST-6655-2008-REV-8/pt/pdf, p. 80. Acesso em 20 ago. 2017.

[224] "Artigo 36º (ex-artigo 30º TCE). As disposições dos artigos 34º e 35º são aplicáveis sem prejuízo das proibições ou restrições à importação, exportação ou trânsito justificadas por razões de moralidade pública, ordem pública e segurança pública; de proteção da saúde e da vida das pessoas ou animais ou de preservação das plantas; de proteção do património nacional de valor artístico, histórico ou arqueológico; ou de proteção da propriedade industrial e comercial. Todavia, tais proibições ou restrições não devem constituir nem um meio de discriminação arbitrária nem qualquer restrição dissimulada ao comércio entre os Estados-Membros." UNIÃO EUROPEIA. Conse-

do Acordo TRIPS, os Estados-membros da União Europeia, em nível nacional, não tinham o mesmo entendimento sobre os princípios da exaustão comunitária e da exaustão internacional. Diante disso, foram as decisões da Corte Europeia de Justiça, em um primeiro momento, que consolidaram a regra da exaustão intracomunitária ou regional em todos os campos da propriedade intelectual, destacando--se que, no que concerne às patentes, a Corte Europeia de Justiça não abriu exceções nem flexibilidades (apenas os bens postos no mercado dos Estados-membros estavam sujeitos à exaustão comunitária).[225]

No mais, ainda a título exemplificativo, Japão e Suíça apresentavam um conjunto substancial de jurisprudência, contudo, não uniforme, seja em um sentido, seja em outro. Os países da América Latina, por sua vez, defendiam, na sua maioria, o princípio da exaustão internacional, ressaltando-se que comunidade Andina de Nações, por meio da "Decisão 85 sobre Propriedade Industrial", excluiu (expressamente) o direito dos titulares de patentes de proibir a importação paralela, promovendo entre seus Estados-membros, a regra da exaustão internacional. Já a África do Sul fixava a política em torno da regra da exaustão internacional para as marcas e patentes, mas não estabelecia posição definitiva em outros setores da propriedade intelectual.[226]

Assim, em resumo, antes das negociações do Acordo TRIPS, cada país mantinha regras e políticas diferentes de exaustão de direitos de propriedade intelectual e, muitas vezes, essas regras e políticas variavam conforme a modalidade de propriedade intelectual protegida. Sobre esse período, a Maristela Basso destaca: "[m]uito embora se soubesse da importância e dos efeitos, pouco se investigava sobre as

---

lho da União Europeia. Versões consolidadas do Tratado da União Europeia e do Tratado sobre o Funcionamento da União Europeia e Carta dos Direitos Fundamentais da União Europeia, Bruxelas, 30 de janeiro de 2015. Disponível em: http://data.consilium. europa.eu/doc/document/ST-6655-2008-REV-8/pt/pdf, p. 80. Acesso em 20 ago. 2017.

[225] Cf. BASSO, Maristela. *Propriedade intelectual e importação paralela*. São Paulo: Atlas, 2011, p. 16-18.

[226] Cf. BASSO, Maristela. *Propriedade intelectual e importação paralela*. São Paulo: Atlas, 2011, p. 18-19.

potenciais consequências dos vários regimes de exaustão no comércio internacional e no desenvolvimento econômico".[227]

Entretanto, como será visto a seguir, quanto ao tratamento doméstico conferido à exaustão de direitos e, por conseguinte, à importação paralela, o cenário pós-TRIPS não é muito diferente do cenário pré-TRIPS – o que mudou, de fato, foi a relevância com que o tema passou a ser tratado no âmbito das discussões envolvendo comércio internacional de bens intelectuais e desenvolvimento econômico.

3.3.2. TRIPS: ausência de consenso sobre a exaustão de direitos
3.3.2.1. Projetos do TRIPS: oposição entre países desenvolvidos e países em desenvolvimento

À época das negociações do Acordo TRIPS, havia três concepções sobre a propriedade intelectual, quais sejam: (i) a "primeira, defendida pelos Estados Unidos, entendia a proteção da propriedade intelectual como instrumento para favorecer a inovação, as invenções e a transferência de tecnologia, independentemente dos níveis de desenvolvimento econômico dos países"; (ii) a segunda, defendida pelos países em desenvolvimento, destacava as profundas assimetrias entre os países norte-sul, no que diz respeito à capacidade de geração de tecnologia, e, "[s]em desconhecer a importância da proteção da propriedade intelectual", sustentava "que o objetivo primordial das negociações deveria ser assegurar a difusão de tecnologia mediante mecanismos formais e informais de transferência"; e, por fim, (iii) a posição intermediária de alguns países desenvolvidos, dentre os quais o Japão e os membros das Comunidades Europeias, que destacava "a necessidade de assegurar a proteção dos direitos de propriedade intelectual, evitando abusos no seu exercício ou outras práticas que constituíssem impedimento ao comércio legítimo", sendo que, para esses países, "as distorções no comércio podem surgir não apenas da 'inadequada' pro-

---

[227] BASSO, Maristela. *Propriedade intelectual e importação paralela*. São Paulo: Atlas, 2011, p. 19.

teção como também de uma 'excessiva' proteção".[228] Obviamente, essas concepções distintas repercutiram nas discussões em relação à exaustão de direitos e, por conseguinte, à importação paralela.

Inicialmente, a proposta dos EUA, de 1987, para o Acordo TRIPS nem sequer fez referência à exaustão de direitos, sendo que a primeira preocupação com as importações paralelas deu-se em abril de 1988, quando o Secretário Geral do GATT publicou uma compilação de submissões escritas e orais relativa ao comércio de mercadorias falsificadas, mostrando "preocupação com as importações paralelas no sentido de diferenciá-las das mercadorias contrafeitas, de forma que os Estados-membros não tivessem que prover os meios de ação contra esses bens".[229] Porém, foi a partir de 1990, que as discussões "aprofundaram cada vez mais as questões relativas à importação paralela e seus efeitos no comércio dos países-membros e no comércio internacional".[230]

No que diz respeito aos projetos do Acordo TRIPS, o projeto de Lars E. Anell, presidente do grupo de negociação do TRIPS, de julho de 1990, fez limitadas referências à questão da exaustão. Não obstante, em outubro de 1990, Anell incorporou ao texto provisões revisadas a respeito da exaustão, de modo que, nas discussões sobre esse projeto revisado, foram apontadas "as necessidades específicas dos países em desenvolvimento com relação à exaustão, bem como a falta de convergência sobre o tema entre países desenvolvidos e em desenvolvimento".[231]

Na sequência, o projeto de Brussels, o qual se aproxima mais do texto final do artigo 6 do TRIPS, referiu-se "à exaustão de direitos de propriedade intelectual com relação a uso, venda, importação

---

[228] BARBOSA, Denis Borges. *Usucapião de patentes e outros estudos de propriedade intelectual*, Rio de Janeiro: Editora Lumen Juris, 2006, p. 421-422.

[229] BASSO, Maristela. *Propriedade intelectual e importação paralela*. São Paulo: Atlas, 2011, p. 22.

[230] BASSO, Maristela. *Propriedade intelectual e importação paralela*. São Paulo: Atlas, 2011, p. 23.

[231] BASSO, Maristela. *Propriedade intelectual e importação paralela*. São Paulo: Atlas, 2011, p. 23.

ou outra distribuição de bens, uma vez que estes tenham sido postos no mercado pelo ou com o consentimento do titular do direito". Diante disso, diversos países em desenvolvimento criticaram-no, pois não queriam a aplicação do princípio da exaustão de direitos fosse limitada a circunstâncias em que o titular da propriedade intelectual tivesse consentido em dispor os bens no mercado, sob o argumento de que "existem outras circunstâncias que podem potencialmente exaurir direitos, como, por exemplo, as vendas sob licença compulsória".[232]

Sobre essa hipótese de exaustão sem o consentimento do titular (licença compulsória), Maristela Basso explica:

> Alguns especialistas em TRIPS entendem que a primeira venda ou disposição no mercado do bem protegido por propriedade intelectual exaure os direitos da mesma forma que o consentimento, e que os Estados-membros da OMC devem adotar regras de exaustão internacional que reconheçam a licença compulsória como base para a exaustão. Outros especialistas, porém, entendem que o consentimento do titular do direito é a única base aceitável para políticas de exaustão internacional, e que a concessão de licenças compulsórias não deve entrar no tema da exaustão de que trata o art. 6. Considerando que TRIPS permite que cada Estado-membro determine suas próprias políticas e regras sobre exaustão, não está claro se o Estado-membro pode também reconhecer a licença compulsória como base para exaustão, mas isto pode acontecer da forma como o Acordo TRIPS está redigido hoje.[233]

Em paralelo à proposição dos projetos do TRIPS, o Projeto de Tratado para a Harmonização das Leis sobre Patentes (da OMPI) – elaborado por um comitê de especialistas encarregado da harmonização de determinadas disposições da Lei de Proteção das Invenções, estabelecido em 1985 – dispôs, em seu artigo 19, que "só seria possível o Estado adotar a exaustão nacional ou regional, não sendo possível a

---

[232] Cf. BASSO, Maristela. *Propriedade intelectual e importação paralela*. São Paulo: Atlas, 2011, p. 23-24.
[233] BASSO, Maristela. *Propriedade intelectual e importação paralela*. São Paulo: Atlas, 2011, p. 43.

exaustão internacional". Maristela Basso explica que isso resultou em discussões que levaram à suspensão das negociações na OMPI e que acabaram repercutindo no Acordo TRIPS. Não obstante, a autora esclarece que a OMPI utilizava uma fórmula diferente das discussões em andamento no GATT: "o texto da OMPI permitia a adoção nacional ou regional da exaustão e admitia a prática de 'atos', com relação aos produtos patenteados, sem autorização do titular do direito" – aspectos estes que não estavam definidos no âmbito do Acordo TRIPS.[234]

Retomando a análise dos projetos do Acordo TRIPS, foi no projeto de Dunkel, de 1991, que o artigo 6 do TRIPS foi redigido como o é atualmente. Sobre este desfecho, Adrian Otten, diretor da divisão de propriedade intelectual da OMC, que atuou como Secretário do Grupo de Negociação do TRIPS, na Rodada Uruguai, durante uma importante reunião, em 1998, na qual foram discutidas questões relativas à exaustão de direitos e importação paralela, assim explicou:

> A penúltima fórmula proposta indicou que o Acordo TRIPS não deveria tratar do tema da exaustão, ao passo que a fórmula final indicou que para os propósitos de solução de controvérsias, sobre o Acordo TRIPS, nada no Acordo (com exceção dos arts. 3 e 4) seria usado para tratar de questões relativas à exaustão. Todos preferiram a fórmula final.[235]

Dessa forma, a solução encontrada pelos países foi deixar a questão da exaustão de direitos em aberto para que cada país-membro escolha, segundo suas necessidades político-econômico-sociais, estender mais ou menos a proteção à propriedade intelectual. Como consequência, os países não podem recorrer ao Órgão de Solução de Controvérsias da OMC para discutir questões atinentes à exaustão de direitos. Assim conclui Maristela Basso:

---

[234] BASSO, Maristela. *Propriedade intelectual e importação paralela*. São Paulo: Atlas, 2011, p. 24.
[235] BASSO, Maristela. *Propriedade intelectual e importação paralela*. São Paulo: Atlas, 2011, p. 25.

O tema da exaustão dos direitos de propriedade intelectual, como se vê no art. 6 do TRIPS e, posteriormente, na Declaração de Doha, constitui, em essência, um "acordo para discordar": [...] **os Estados-membros do GATT não conseguiram chegar a um consenso sobre como endereçar e definir, em um *standard* comum, o complexo tema da exaustão de direitos.**[236] (Grifo nosso)

Ocorre que a falta de um *standard* comum abriu oportuno espaço para que os países exercessem uns sobre os outros certa influência – quando não, verdadeira pressão – na escolha do regime de exaustão a ser adotado. Situação da qual os países desenvolvidos aproveitaram-se diante do poder que detêm no âmbito do comércio internacional.

Dessa forma, a solução de deixar a questão da exaustão de direitos em aberto para que cada país-membro escolha, segundo suas necessidades político-econômico-sociais, estender mais ou menos a proteção à propriedade intelectual, não atingiu, por si só, o objetivo expressamente pretendido. Isso porque, não raras vezes, as necessidades político-econômico-sociais de países em desenvolvimento e não desenvolvidos esbarram antes na dependência econômica que têm em relação aos países desenvolvidos e, por conseguinte, nas exigências impostas por estes países.

3.3.2.2. Artigo 6 e a "ambiguidade construtiva" do TRIPS

Como no TRIPS não se acordou uma regra comum ou um padrão mínimo a ser observado, os Estados-membros continuaram adotando regras e políticas diferentes quanto à exaustão de direitos e, consequentemente, continuaram discutindo assuntos relacionados ao tema. De acordo com Maristela Basso, a principal questão que ainda permanece em discussão "é se os Estados-membros devem limitar o reconhecimento das bases para a exaustão dos direitos de propriedade

---

[236] BASSO, Maristela. *Propriedade intelectual e importação paralela*. São Paulo: Atlas, 2011, p. 21.

intelectual sobre produto e serviços postos no mercado ao 'consentimento' do titular do direito".[237] Assim explica:

> O conceito de exaustão dos direitos de propriedade intelectual fundamenta-se na noção de que o titular não tem o direito perpétuo e indefinido de consentir, e de que este direito sofre limites. Titulares de direitos de propriedade intelectual sustentam que limitar ou interferir no seu direito de consentir implica violação ao seu direito fundamental de propriedade. Desde que a exaustão representa um fim do controle sobre os bens e serviços protegidos por propriedade intelectual, exaustão sem consentimento é uma ingerência não permitida em um direito de propriedade.[238]

No âmbito das patentes, a hipótese que é frequentemente sugerida para a exaustão sem o consentimento do titular é a da licença compulsória, admitida pelo Acordo TRIPS por meio dos artigos 30 ("Exceções aos Direitos Conferidos") e 31 ("Outro Uso sem Autorização do Titular") – os quais, por sua vez, também autorizam as importações paralelas.[239]

---

[237] BASSO, Maristela. *Propriedade intelectual e importação paralela*. São Paulo: Atlas, 2011, p. 42.

[238] BASSO, Maristela. *Propriedade intelectual e importação paralela*. São Paulo: Atlas, 2011, p. 42.

[239] "Artigo 30. Exceções aos Direitos Conferidos. Os Membros poderão conceder exceções limitadas aos direitos exclusivos conferidos pela patente, desde que elas não conflitem de forma não razoável com sua exploração normal e não prejudiquem de forma não razoável os interesses legítimos de seu titular, levando em conta os interesses legítimos de terceiros.

Artigo 31. Outro Uso sem Autorização do Titular. Quando a legislação de um Membro permite outro uso do objeto da patente sem a autorização de seu titular, inclusive o uso pelo Governo ou por terceiros autorizados pelo governo, as seguintes disposições serão respeitadas: a) a autorização desse uso será considerada com base no seu mérito individual; b) esse uso só poderá ser permitido se o usuário proposto tiver previamente buscado obter autorização do titular, em termos e condições comerciais razoáveis, e que esses esforços não tenham sido bem sucedidos num prazo razoável. Essa condição pode ser dispensada por um Membro em caso de emergência nacional ou outras circunstâncias de extrema urgência ou em casos de uso público não comercial. No caso de uso público não-comercial, quando o Governo ou o contratante sabe ou tem base demonstrável para saber, sem proceder a uma busca, que uma patente vigente

Tanto a licença compulsória quanto a importação paralela tratam de assuntos relacionados ao tema da exaustão de direitos que continuaram em discussão entre os Estados-membros. Ambas consistem em flexibilidades previstas pelo Acordo TRIPS que permitem que os países protejam a propriedade intelectual de forma equilibrada,

é ou será usada pelo ou para o Governo, o titular será prontamente informado; c) o alcance e a duração desse uso será restrito ao objetivo para o qual foi autorizado e, no caso de tecnologia de semicondutores, será apenas para uso público não-comercial ou para remediar um procedimento determinado como sendo anticompetitivo ou desleal após um processo administrativo ou judicial; d) esse uso será não-exclusivo; e) esse uso não será transferível, exceto conjuntamente com a empresa ou parte da empresa que dele usufruir; f) esse uso será autorizado predominantemente para suprir o mercado interno do Membro que autorizou; g) sem prejuízo da proteção adequada dos legítimos interesses das pessoas autorizadas, a autorização desse uso poderá ser terminada se e quando as circunstâncias que o propiciaram deixarem de existir e se for improvável que venham a existir novamente. A autoridade competente terá o poder de rever, mediante pedido fundamentado, se essas circunstâncias persistem; h) o titular será adequadamente remunerado nas circunstâncias de cada uso, levando-se em conta o valor econômico da autorização; i) a validade legal de qualquer decisão relativa à autorização desse uso estará sujeita a recurso judicial ou outro recurso independente junto a uma autoridade claramente superior naquele Membro; j) qualquer decisão sobre a remuneração concedida com relação a esse uso estará sujeita a recurso judicial ou outro recurso independente junto a uma autoridade claramente superior naquele Membro; k) os Membros não estão obrigados a aplicar as condições estabelecidas nos subparágrafos (b) e (f) quando esse uso for permitido para remediar um procedimento determinado como sendo anticompetitivo ou desleal após um processo administrativo ou judicial. A necessidade de corrigir práticas anticompetitivas ou desleais pode ser levada em conta na determinação da remuneração em tais casos. As autoridades competentes terão o poder de recusar a terminação da autorização se e quando as condições que a propiciam forem tendentes a ocorrer novamente; l) quando esse uso é autorizado para permitir a exploração de uma patente ("a segunda patente") que não pode ser explorada sem violar outra patente ("a primeira patente"), as seguintes condições adicionais serão aplicadas: (i) a invenção identificada na segunda patente envolverá um avanço técnico importante de considerável significado econômico em relação à invenção identificada na primeira patente; (ii) o titular da primeira patente estará habilitado a receber uma licença cruzada, em termos razoáveis, para usar a invenção identificada na segunda patente; e (iii) o uso autorizado com relação à primeira patente será não transferível, exceto com a transferência da segunda patente." INSTITUTO DA PROPRIEDADE INDUSTRIAL. Acordo TRIPS. Disponível em: http://www.inpi.gov.br/legislacao--1/27-trips-portuguesl.pdf. Acesso em 6 ago. 2017.

perante suas necessidades político-econômico-sociais. Com efeito, a previsão de tais flexibilidades demonstra que o Acordo TRIPS "foi baseado naquilo que o antigo presidente do grupo, o Embaixador da Suécia, chamava de ambigüidade construtiva".[240]

Contudo, essa ambiguidade construtiva do TRIPS, bem como as funções das flexibilidades previstas, foram discutidas e estabelecidas, em parte, apenas em um momento posterior. Nas palavras de Denis Borges Barbosa, "o uso da licença compulsória pelo Brasil – ou melhor, a ameaça de seu uso – que deflagrou, em 2000/2001, o espaço para evidenciar que o equilíbrio em TRIPs era real e eficaz".[241] Isso porque, em 14 de novembro de 2001, o Conselho Ministerial da OMC, reunido na cidade de Doha, emitiu a "Declaração Ministerial de Doha, incluindo uma declaração específica sobre TRIPs e Saúde Pública", a qual "suscitou uma nova ótica para o impacto do Acordo TRIPs em face dos países em desenvolvimento".[242]

3.3.3. Declaração de Doha sobre o Acordo TRIPS e Saúde Pública

A Declaração de Doha sobre o Acordo TRIPS e Saúde Pública ("Declaração de Doha") consiste em uma declaração assinada na IV Conferência Ministerial da OMC, que se realizou no período de 9 a 14 de novembro de 2001, na cidade de Doha (capital do Qatar).[243-244]

---

[240] Trecho da palestra de Rubem Ricupero, na Câmara dos Deputados, Seminário "O Brasil e a Alca", 24/10/01, segundo painel do segundo dia, "Defesa Comercial, Política de Concorrência e Propriedade Intelectual". Cf. BARBOSA, Denis Borges. *Usucapião de patentes e outros estudos de propriedade intelectual*, Rio de Janeiro: Editora Lumen Juris, 2006, p. 435-436.

[241] BARBOSA, Denis Borges. *Usucapião de patentes e outros estudos de propriedade intelectual*, Rio de Janeiro: Editora Lumen Juris, 2006, p. 432.

[242] BARBOSA, Denis Borges. *Usucapião de patentes e outros estudos de propriedade intelectual*, Rio de Janeiro: Editora Lumen Juris, 2006, p. 432-433.

[243] MINISTÉRIO DO DESENVOLVIMENTO, INDÚSTRIA E COMÉRCIO EXTERIOR. Rodada de Doha. Disponível em: http://www.mdic.gov.br/sitio/interna/interna.php?area=5&menu=373. Acesso em 24 nov. 2015.

[244] BRASIL. CÂMARA DOS DEPUTADOS. Resumo dos Mandatos de Doha. Disponível em http://www2.camara.leg.br/camaranoticias/noticias/80108.html. Acesso em 20 ago. 2017.

O principal objetivo da Declaração de Doha foi a harmonização dos aspectos de propriedade intelectual relacionados com o comércio e a saúde pública. Nas palavras de Remédio Marques, procurou-se "conciliar a protecção dos direitos de propriedade intelectual com o desenvolvimento de novos fármacos e o acesso das populações aos cuidados de saúde".[245]

Por um lado, o artigo 8 do TRIPS ("Princípios"), por si só, autoriza os Estados-membros a adotarem medidas visando à proteção da saúde pública e permite a adoção de medidas para evitar restrições do comércio de maneira injustificável, conforme segue:

> 1. Os Membros, ao formular ou emendar suas leis e regulamentos, podem **adotar medidas necessárias para proteger a saúde e nutrição públicas** e para promover o interesse público em setores de importância vital para seu desenvolvimento sócio-econômico e tecnológico, desde que estas medidas sejam compatíveis com o disposto neste Acordo.
>
> 2. Desde que compatíveis com o disposto neste Acordo, poderão ser necessárias medidas apropriadas para evitar o abuso dos direitos de propriedade intelectual por seus titulares ou **para evitar o recurso a práticas que limitem de maneira injustificável o comércio** ou que afetem adversamente a transferência internacional de tecnologia. (Grifo nosso)

Ao mesmo tempo, os artigos 30 ("Exceções aos Direitos Conferidos") e 31 ("Outro Uso sem Autorização do Titular") do TRIPS possibilitam a utilização de flexibilidades do direito de patente – como a licença compulsória e a importação paralela – condicionadas a determinados requisitos e efeitos[246], cabendo à discricionariedade legislativa dos Estados-membros definir os motivos a partir dos quais essas flexibilidades podem ser utilizadas.[247] Não obstante, destaca-se que, assim como tais dispositivos permitem a utilização de flexibilidades

---

[245] MARQUES, J.P. Remédio. *Propriedade intelectual e interesse público.* Revista da Faculdade de Direito de Coimbra, v. 79, 2003, p. 319-321.

[246] *Vide* nota de rodapé nº 239.

[247] Cf. MARQUES, J.P. Remédio. *Propriedade intelectual e interesse público.* Revista da Faculdade de Direito de Coimbra, v. 79, 2003, p. 330.

do direito de patente, também podem ser interpretados e empregados para restringi-las, a partir das condicionantes que estabelecem.

Em relação às importações paralelas, Maristela Basso assim vislumbra:

> Frente a abrangência do art. 30, pode-se concluir que o titular do direito de patente tem nele bom conselheiro contra a prática de importações paralelas "não razoáveis" que de forma "não razoável" prejudiquem seus interesses (econômicos e comerciais) legítimos, não obstante o disposto no art. 6 do TRIPS.[248]

Já no que diz respeito às licenças compulsórias, Remédio Marques explica:

> [O]s Estados-membros estão adstritos ao cumprimento dos requisitos previstos no artigo 31. do Acordo TRIPS: ressalvadas situações de "emergência nacional" ou outras "circunstâncias de extrema urgência", a utilização somente pode ser autorizada pela entidade competente quando ao interessado tiver sido previamente recusada a possibilidade de celebração de um contrato de licença com o titular da patente; o âmbito e a duração da utilização deverá ser limitado ao fim para que a qual seja autorizada; será uma utilização não exclusiva, onerosa e revogável por parte da entidade competente; e servirá predominante para "fornecimento do mercado interno do Estado-membro que haja autorizado essa utilização".[249]

Assim, com base no TRIPS, os Estados-membros passaram a atuar no cenário internacional em diferentes sentidos, o que, além de decorrer da falta de um *standard* comum para a exaustão de direitos, evidenciou a existência de entendimentos distintos sobre como o Acordo poderia e deveria ser interpretado – nada mais do que um reflexo da denominada ambiguidade construtiva. Consequentemente, surgiram tensões comerciais entre os países, sobretudo nas

---

[248] BASSO, Maristela. *Propriedade intelectual e importação paralela*. São Paulo: Atlas, 2011, p. 44.
[249] MARQUES, J.P. Remédio. *Propriedade intelectual e interesse público*. Revista da Faculdade de Direito de Coimbra, v. 79, 2003, p. 330-331.

relações envolvendo questões de saúde pública e, por conta disso, a Declaração de Doha tornou-se necessária para o esclarecimento do alcance de algumas disposições do Acordo TRIPS.

Cabe destacar que, a princípio, eram os países em desenvolvimento que estavam pressionando para haver uma declaração sobre a relação entre o Acordo TRIPS e saúde pública. Contudo, ao depois, a situação inverteu-se, e os países desenvolvidos é que passaram a requerer um posicionamento. Sobre esse movimento, Denis Borges Barbosa destaca o seguinte trecho da palestra de Rubem Ricupero proferida na Câmara dos Deputados à época:

> "[...] Quem está querendo a declaração são os países industrializados. É o caso dos Estados Unidos, da Suíça e de outros. **Mas eles querem uma declaração muito detalhada, entrando em extraordinários pormenores legais sobre como e em que condições poderiam utilizar as importações paralelas ou a licença compulsória, o que está levando os demais [países em desenvolvimento] à dúvida sobre se isso, em vez de garantir a flexibilidade, não vai eliminá-la,** e se não seria melhor tentar deixar o acordo como está, porque ele foi baseado naquilo que o antigo presidente do grupo, o Embaixador da Suécia, chamava de ambigüidade construtiva. Não sei até que ponto se pode eliminar essa ambiguidade".[250] (Grifo nosso)

No entanto, apesar de eventual receio dos países em desenvolvimento, a Declaração de Doha não eliminou as flexibilidades previstas no Acordo TRIPS. Pelo contrário, confirmou-se o direito de utilizá-las, identificando-as expressamente, conforme segue:

> *1. We recognize the gravity of the public health problems afflicting many developing and least-developed countries, especially those resulting from HIV/AIDS, tuberculosis, malaria and other epidemics.*

---

[250] Trecho da palestra de Rubem Ricupero, na Câmara dos Deputados, Seminário "O Brasil e a Alca", 24/10/01, segundo painel do segundo dia, "Defesa Comercial, Política de Concorrência e Propriedade Intelectual". Cf. BARBOSA, Denis Borges. *Usucapião de patentes e outros estudos de propriedade intelectual*, Rio de Janeiro: Editora Lumen Juris, 2006, p. 435-436.

2. We stress the need for the WTO Agreement on Trade-Related Aspects of Intellectual Property Rights (TRIPS Agreement) to be part of the wider national and international action to address these problems.

3. We recognize that intellectual property protection is important for the development of new medicines. We also recognize the concerns about its effects on prices.

4. We agree that the TRIPS Agreement does not and should not prevent members from taking measures to protect public health. Accordingly, while reiterating our commitment to the TRIPS Agreement, we affirm that the Agreement can and should be interpreted and implemented in a manner supportive of WTO members' right to protect public health and, in particular, to promote access to medicines for all.

In this connection, we reaffirm the right of WTO members to use, to the full, the provisions in the TRIPS Agreement, which provide flexibility for this purpose.

5. Accordingly and in the light of paragraph 4 above, while maintaining our commitments in the TRIPS Agreement, we recognize that these flexibilities include:

(a) In applying the customary rules of interpretation of public international law, each provision of the TRIPS Agreement shall be read in the light of the object and purpose of the Agreement as expressed, in particular, in its objectives and principles.

(b) Each member has the right to grant compulsory licences and the freedom to determine the grounds upon which such licences are granted.

(c) Each member has the right to determine what constitutes a national emergency or other circumstances of extreme urgency, it being understood that public health crises, including those relating to HIV/AIDS, tuberculosis, malaria and other epidemics, can represent a national emergency or other circumstances of extreme urgency.

(d) The effect of the provisions in the TRIPS Agreement that are relevant to the exhaustion of intellectual property rights is to leave each member free to establish its own regime for such exhaustion without challenge, subject to the MFN and national treatment provisions of Articles 3 and 4.

6. We recognize that WTO members with insufficient or no manufacturing capacities in the pharmaceutical sector could face difficulties in making effective use of compulsory licensing under the TRIPS Agreement. We instruct the Council for TRIPS to find an expeditious solution to this problem and to report to the General Council before the end of 2002.

7. We reaffirm the commitment of developed-country members to provide incentives to their enterprises and institutions to promote and encourage technology transfer to least-developed country members pursuant to Article 66.2. We also agree that the least-developed country members will not be obliged, with respect to pharmaceutical products, to implement or apply Sections 5 and 7 of Part II of the TRIPS Agreement or to enforce rights provided for under these Sections until 1 January 2016, without prejudice to the right of least-developed country members to seek other extensions of the transition periods as provided for in Article 66.1 of the TRIPS Agreement. We instruct the Council for TRIPS to take the necessary action to give effect to this pursuant to Article 66.1 of the TRIPS Agreement.[251] (Grifo nosso)

Nas palavras de Denis Borges Barbosa,

[o] enunciado afirma que o acordo TRIPs não deve impedir que os Governos nacionais ajam para proteger a saúde pública, pois que têm eles o direito de usar as flexibilidades do acordo. [...] Quais são as flexibilidades do TRIPs? A Declaração específica cita a licença compulsória e a importação paralela.[252]

De fato, a Declaração de Doha afirma que o Acordo TRIPS pode e deve ser interpretado e implementado de maneira condizente com o direito dos Estados-membros de proteger a saúde pública e de promover o acesso a medicamentos a toda população. Para tanto, reafirma-se o direito dos Estados-membros de se valerem das flexibilidades previstas pelo TRIPS, das quais se destacam a possibilidade de concessão de licenças compulsórias (parágrafo 5 (b)) e o livre-arbítrio para determinar o regime de exaustão de direitos (parágrafo 5 (d)), o que implica no livre-arbítrio para permitir ou não a prática da importação paralela. Destaca-se ainda que cada Estado-membro tem liberdade para determinar as condições ao abrigo das quais as licenças compulsórias devem ser outorgadas (parágrafo 5(c)).

Não obstante o respaldo em premissas relacionadas à preocupação com a saúde pública, Denis Borges Barbosa entende que os efeitos da

---

[251] WORLD TRADE ORGANIZATION. *Declaration on the TRIPS agreement and public health.* Disponível em: https://www.wto.org/english/thewto_e/minist_e/min01_e/mindecl_trips_e.htm. Acesso em 6 ago. 2017.
[252] BARBOSA, Denis Borges. *Usucapião de patentes e outros estudos de propriedade intelectual,* Rio de Janeiro: Editora Lumen Juris, 2006, p. 436-437.

Declaração de Doha não se limitam "ao campo dos produtos médicos e similares".[253]

Independentemente disso, certo é que a Declaração de Doha conferiu condições especiais para a adoção do Acordo TRIPS pelos países em desenvolvimento e não desenvolvidos, tendo em vista a proteção à saúde pública. Nesse sentido, Remédio Marques conclui:

> É certo que na decorrência da declaração de Doha, de finais de 2001, os Estados, cujas populações se encontram mais afectadas por doenças infecto-contagiosas ou expostas a uma maior probabilidade de desequilíbrios físico-psíquicos, gozam de maior discricionariedade legislativa quanto à adopção de medidas destinadas a promover o acesso mais rápido e economicamente mais vantajoso aos cuidados de saúde, ainda quando os fármacos se encontrem sujeitos aos direitos de patente, **aí onde se destaca a possibilidade de modelar o regime nacional das licenças obrigatórias e das importações paralelas, já que a adopção do Acordo TRIPS nos direitos internos deve realizar-se através de uma adequada à tutela da saúde pública.**[254]

A preocupação da Declaração de Doha com a saúde pública, sobretudo nos países em desenvolvimento e não desenvolvidos, fica mais evidente ainda no parágrafo 6. O dispositivo trata da necessidade de encontrar uma solução para os países membros da OMC com capacidade de produção no setor farmacêutico insuficiente ou inexistente, circunstância que dificultaria o uso efetivo da licença compulsória. Tal solução foi alcançada com a aprovação da Decisão de 30 de agosto de 2003, que determinou que os Estados-membros podem utilizar a licença compulsória para exportar produtos farmacêuticos para países que não têm condições de produzir localmente. A respeito disso, Denis Borges Barbosa detalha:

---

[253] BARBOSA, Denis Borges. *Usucapião de patentes e outros estudos de propriedade intelectual*, Rio de Janeiro: Editora Lumen Juris, 2006, p. 438.
[254] MARQUES, J.P. Remédio. *Propriedade intelectual e interesse público*. Revista da Faculdade de Direito de Coimbra, v. 79, 2003, p. 330-331.

[A] decisão de 30 de agosto de 2003 permite que todo o país membro exporte produtos farmacêuticos sob licença compulsória. Todos os países membros da OMC são elegíveis como importadores, desde que declarem sua impossibilidade de fabricar o bem licenciado compulsoriamente, mas 23 países desenvolvidos anunciaram que renunciam a tal direito. [...] A decisão impõe que os instrumentos cobertos por ela serão usados em boa-fé, para os fins de cuidar dos problemas de saúde pública, e não para alcançar objetivos de política industrial ou comercial.[255]

Sob uma perspectiva mais ampla, Denis Borges Barbosa analisa as condições especiais conferidas pela Declaração de Doha aos países em desenvolvimento e não desenvolvidos dentro do sistema internacional de propriedade intelectual:

O ambiente depois do TRIPs não é mais o da Convenção de Paris, com seu respeito à diversidade nacional; mas, dez anos depois, também não é o círculo de ferro da uniformidade. Com temas urgentes e clamantes, como o da AIDS, quebrou-se a opressão pétrea do sistema que só atendia o interesse do proprietário; com menor pressão dos *lobbies* empresariais, pode-se atender a certos interesses de diversidade, se não nacionais, pelo menos de categorias de países em desenvolvimento.[256]

Assim, por todo o exposto, conclui-se que, apesar de o objetivo primitivo do Acordo TRIPS consistir na uniformização dos sistemas de propriedade intelectual, o resultado foi o estabelecimento de um sistema baseado na denominada ambiguidade construtiva, ante a necessidade de atender aos interesses de diversidade dos Estados-membros – o que pode também ser traduzido como dificuldade de convergência de interesses. Em particular, destaca-se que o tratamento conferido à exaustão de direitos e, por conseguinte, à importação paralela distanciou-se de qualquer uniformização, permanecendo a diversidade nacional no cenário pós-TRIPS, ressalvando-se

---

[255] BARBOSA, Denis Borges. *Usucapião de patentes e outros estudos de propriedade intelectual*, Rio de Janeiro: Editora Lumen Juris, 2006, p. 440.

[256] BARBOSA, Denis Borges. *Usucapião de patentes e outros estudos de propriedade intelectual*, Rio de Janeiro: Editora Lumen Juris, 2006, p. 442-443.

que, não raras vezes, os países em desenvolvimento e não desenvolvidos, em razão da dependência econômica que têm em relação aos países desenvolvidos, sujeitam-se à pressão externa exercida por estes últimos.

No entanto, cabe ressaltar que, no âmbito da Declaração de Doha, o princípio da exaustão de direitos não foi abordado apenas como um limite intrínseco do direito de propriedade intelectual, que, a depender do sistema adotado (nacional ou internacional), estende mais ou menos a proteção à propriedade intelectual. O princípio foi tratado como uma efetiva flexibilidade desse direito, que pode e deve ser utilizada como medida de proteção à saúde pública e, em particular, como meio de permitir o acesso a medicamentos.

Consequentemente, a importação paralela deixou de ser apenas uma prática comercial de produto cuja propriedade intelectual é protegida em determinado território, que pode ou não ser permitida, a depender do sistema de exaustão de direitos adotado. A Declaração de Doha também atribuiu à importação paralela a prerrogativa de efetiva flexibilidade do direito de patente – com a função de ferramenta de promoção de saúde pública, na medida em que pode permitir o acesso a medicamentos –, passível de constar nos ordenamentos jurídicos dos Estados-membros da OMC por meio da aplicação do princípio da exaustão de direitos.

Nota-se que, de fato, no cenário internacional, as principais discussões sobre as flexibilidades do direito de patente previstas no Acordo TRIPS estão relacionadas à sua aplicação em benefício da promoção da saúde pública e do acesso a medicamentos nos países em desenvolvimento e não desenvolvidos. Sobre esse assunto, vale destacar que os principais esforços empregados para a promoção da saúde pública e acesso a medicamentos, no contexto internacional, dizem respeito à adoção de regulamentações e medidas relacionadas ao tratamento de epidemias globais, tais como AIDS, malária e tuberculose.

No âmbito do Sistema das Nações Unidas e de organizações intergovernamentais, por exemplo, importantes resoluções e iniciativas relacionadas ao tema do acesso a medicamentos antirretrovirais foram empreendidas. Entre elas, destaca-se a Resolução 2.005/23, adotada na 61ª Sessão da Comissão de Direitos Humanos, que reitera a importância do acesso aos medicamentos no contexto das doenças pandêmicas, ressaltando que os países devem criar "infra-estruturas sociais" de acesso à saúde e sistemas de saúde pública para prevenção e tratamento efetivo dessas epidemias. Detaca-se, nesse ponto, que a Comissão de Direitos Humanos compartilha a orientação de que os países devem tirar o máximo de vantagens das flexibilidades do Acordo TRIPS.[257-258]

Tendo isso em vista, cabe, agora, o exame de como a importação paralela de patentes vem sendo adotada pelos países na prática.

3.4. Abordagem da importação paralela nos sistemas nacionais de patentes

Conforme explicado no item anterior, cada jurisdição é livre para adotar o princípio da exaustão de direitos de propriedade intelectual segundo suas necessidades político-econômico-sociais e, consequentemente, é livre para permitir ou proibir a prática da importação paralela em

---

[257] Cf. POLIDO, Fabrício; CÉSAR, Priscilla. *Proteção patentária de medicamentos na interface com o direito à saúde:* sustentabilidade do programa brasileiro de acesso universal às terapias anti-retrovirais, em BASSO, Maristela; SALOMÃO FILHO, Calixto; POLIDO, Fabrício; CÉSAR, Priscilla. Direitos de propriedade intelectual e saúde pública: o acesso universal aos medicamentos anti-retrovirais no Brasil, São Paulo: IDCID, 2007, p. 31.

[258] Resolução 2.005/23, parágrafo 14: "*Recalling the Declaration on the Agreement on Trade Related Aspects of Intellectual Property Rights (TRIPS Agreement) and Public Health adopted at the Fourth Ministerial Conference of the World Trade Organization in Doha in November 2001. Recalling also the decision on the implementation of paragraph 6 of the Doha Declaration on the TRIPS Agreement and Public Health, adopted by the General Council of the World Trade Organization on 30 August 2003. Recognizing the existing efforts and need to further promote the transfer of technology and capacity building to countries with insufficient or no manufacturing capacities in the pharmaceutical sector, in accordance with applicable international law, including international agreements acceded to*". Cf. POLIDO, Fabrício; CÉSAR, Priscilla. *Proteção patentária de medicamentos na interface com o direito à saúde:* sustentabilidade do programa brasileiro de acesso universal às terapias anti-retrovirais, em BASSO, Maristela; SALOMÃO FILHO, Calixto; POLIDO, Fabrício; CÉSAR, Priscilla. Direitos de propriedade intelectual e saúde pública: o acesso universal aos medicamentos anti-retrovirais no Brasil, São Paulo: IDCID, 2007, p. 31.

seu território – pelo menos, assim o é no âmbito das regras internacionais.

Em relação ao tema, o *Standing Committee on the Law of Patents* (SCP), comitê da OMPI responsável pelo desenvolvimento internacional do direito de patente, em 2014, elaborou um documento para apresentar os resultados da pesquisa realizada junto aos Estados-membros da OMPI sobre as exceções e limitações aplicadas ao direito de patente em cada jurisdição.[259] A pesquisa do SCP foi efetuada por meio do envio de um questionário padrão a todos os Estados-membros da organização, o qual incluiu perguntas a respeito da adoção do princípio da exaustão de direitos.

Como resultado, 76 países responderam que seus sistemas jurídicos adotam exceções e/ou limitações relacionadas à exaustão dos direitos de patente,[260] seja em legislação específica (*specific statutory exception*), seja no âmbito jurisprudencial (*case law*). Desses 76 países, (i) 27 afirmaram que adotam a exaustão nacional; (ii) 19 alegaram que aplicam a exaustão internacional; (iii) 22 responderam que adotam a exaustão regional; (iv) 4 sustentaram que se valem de um

---

[259] World Intellectual Property Organization. *Exceptions and Limitations to Patent Rights: Exhaustion of Patent Rights. Standing Committee on the Law of Patents, Twenty-First Session, Geneva, November 3 to 7, 2014.* Disponível em: http://www.wipo.int/edocs/mdocs/scp/en/scp_21/scp_21_7.pdf. Acesso em 20 ago. 2017.

[260] São eles: Albânia, Argélia, Argentina, Armênia, Austrália, Áustria, Azerbaijão, Bielorrússia, Butão, Bolívia (Estado Plurinacional da Bolívia), Bósnia e Herzegovina, Bulgária, Burkina Faso, Brasil, Canadá, Chile, China, Costa Rica, Croácia, Chipre, República Checa, Dinamarca, República Dominicana, El Salvador, Finlândia, França, Gâmbia, Geórgia, Alemanha, Grécia, Honduras, Hungria, Índia, Israel, Itália, Japão, Jordânia, Quênia, Letônia, Lituânia, Madagascar, Maurício, México, Marrocos, Holanda, Nova Zelândia, Noruega, Omã, Paquistão, Peru, Filipinas, Polônia, Portugal, República da Coreia, República da Moldávia, Romênia, Rússia, São Tomé e Príncipe, Sérvia, Eslováquia, África do Sul, Espanha, Sri Lanka, Sudão, Suécia, Suíça, Tadjiquistão, Tailândia, Turquia, Uganda, Ucrânia, Reino Unido, República Unida da Tanzânia, Estados Unidos da América, Vietnã e Zimbabwe. World Intellectual Property Organization. *Exceptions and Limitations to Patent Rights: Exhaustion of Patent Rights. Standing Committee on the Law of Patents, Twenty-First Session, Geneva, November 3 to 7, 2014.* Disponível em: http://www.wipo.int/edocs/mdocs/scp/en/scp_21/scp_21_7.pdf, p. 1-2. Acesso em 20 ago. 2017.

sistema misto, sendo que, destes, 3 afirmaram que aplicam a exaustão nacional, em princípio, e que a exaustão internacional é aplicada a certos casos, e 1 alegou que adota a exaustão regional, em princípio, mas que tanto a exaustão nacional quanto a exaustão internacional podem ser aplicadas a certos casos; e, por fim, (v) 4 países responderam que o sistema de exaustão dos direitos de patente adotado é incerto.[261]

Além dessa visão geral sobre os sistemas de exaustão dos direitos de patente adotados pelos Estados-membros da OMPI, o estudo disponibiliza informações detalhadas sobre a efetiva implementação do princípio por cada país. Isso porque o questionário do SCP inclui perguntas sobre: (i) os objetivos de política pública pretendidos com a aplicação da exaustão dos direitos de patente; (ii) a possibilidade de o titular da patente impedir a importação paralela; (iii) a adequação do sistema de exaustão adotado em relação aos objetivos de política pública pretendidos; e (iv) os desafios enfrentados para a implementação prática do princípio.[262]

---

[261] WORLD INTELLECTUAL PROPERTY ORGANIZATION. *Exceptions and Limitations to Patent Rights: Exhaustion of Patent Rights. Standing Committee on the Law of Patents, Twenty-First Session, Geneva, November 3 to 7, 2014*. Disponível em: http://www.wipo.int/edocs/mdocs/scp/en/scp_21/scp_21_7.pdf, p. 3. Acesso em 20 ago. 2017.

[262] Mais detalhadamente, as perguntas do questionário relacionadas à exaustão dos direitos de patente foram as seguintes:

"60. Please indicate what type of exhaustion doctrine is applicable in your country in relation to patents:

☐ *National*

☐ *Regional*

☐ *International*

☐ *Uncertain, please explain*

If the exception is contained in statutory law, please provide the relevant provision(s):

If the exception is provided through case law, please cite the relevant decision(s) and provide its(their) brief summary:

61. (a) What are the public policy objectives for adopting the exhaustion regime specified above? Please explain:

(b) Where possible, please explain with references to the legislative history, parliamentary debates and judicial decisions:

Assim, a partir da análise das respostas enviadas pelos países,[263] pretende-se destacar o sistema de exaustão dos direitos de patente adotado e o tratamento conferido à importação paralela de patentes em alguns deles (entre os quais, os EUA, alguns países da União Europeia, a Suíça, o Japão, o Brasil e os demais países do BRICS), bem como identificar e examinar as justificativas que pautaram as escolhas desses países. Com base nessas informações, pretende-se, na sequência, analisar a relação de causa e efeito entre a previsão legal relativa à importação paralela de patentes e os resultados pretendidos e efetivamente alcançados e, ao final, avaliar, de forma comparativa, se a justificativa apresentada para escolha legislativa por uma lei que, em regra, veda a importação paralela de patentes no Brasil é plausível.

3.4.1. EUA: equilíbrio adequado de direitos
O escritório de patentes e marcas dos EUA (*United States Patent and Trademark Office* – USPTO), ao responder o questionário do SCP, assinalou que o sistema de exaustão dos direitos de patente adotado no país é o nacional, com base no precedente *Adams v. Burke, 84 U.S. 453 (1873)*.

62. *Does the applicable law permit the patentee to introduce restrictions on importation or other distribution of the patented product by means of express notice on the product that can override the exhaustion doctrine adopted in the country?*
☐ *Yes*
☐ *No*
☐ *Uncertain*
Please explain your answer by citing legal provision(s) and/or decision(s):
63. *Has the applicable exhaustion regime been considered adequate to meet the public policy objectives in your country? Please explain:*
64. *Which challenges, if any, have been encountered in relation to the practical implementation of the applicable exhaustion regime in your country? Please explain:*". WORLD INTELLECTUAL PROPERTY ORGANIZATION. *Questionnaire on Exceptions and Limitations to Patent Rights.* Disponível em: http://www.wipo.int/export/sites/www/scp/en/exceptions/questionnaire_exceptions.pdf, p. 12-13. Acesso em 20 ago. 2017.
[263] WORLD INTELLECTUAL PROPERTY ORGANIZATION. *Questionnaire on Exceptions and Limitations to Patent Rights. Table and links to the replies received from member states and regional offices to the* SCP. Disponível em: http://www.wipo.int/scp/en/exceptions/. Acesso em 20 ago. 2017.

Quanto aos objetivos de política pública que justificam a escolha desse sistema, a resposta foi a seguinte: *"To achieve an appropriate balance of rights. The patentee receives his reward by his first sale of the product, after which he has no claim to control commerce in that already-sold product. See Adams v. Burke, 84 U.S. 453(1873)"*.[264]

No que diz respeito à prática da importação paralela de patentes, apesar de o USPTO ter assinalado que o titular não pode impedi-la, na justificativa da resposta, o escritório explicou que a doutrina da exaustão dos direitos de patente não tem o condão de tornar lícita a importação não autorizada nos EUA de um produto patenteado que foi vendido no exterior, nos seguintes termos:

> *The unauthorized importation in the United States of a patented device that was sold outside of the United States is not shielded from infringement by the patent exhaustion doctrine. See e.g. Fujifilm Corp v. Benun, 605 F.3d 1366, 1371-72 (Fed. Cir. 2010).*[265]

A título de esclarecimento, a análise mais detalhada do precedente mencionado (*Fujifilm Corp v. Benun, 605 F.3d 1366, 1371-72 (Fed. Cir. 2010)*) confirma que, de fato, a prática da importação paralela de patentes é considerada uma infração, quando a primeira venda do produto patenteado não ocorre nos EUA.[266]

---

[264] WORLD INTELLECTUAL PROPERTY ORGANIZATION. *Draft Questionnaire on Exceptions and Limitations to Patent Rights. Country: USA.* Disponível em: http://www.wipo. int/export/sites/www/scp/en/exceptions/submissions/usa.pdf, p. 19-20. Acesso em: 20 ago. 2017.

[265] WORLD INTELLECTUAL PROPERTY ORGANIZATION. *Draft Questionnaire on Exceptions and Limitations to Patent Rights. Country: USA.* Disponível em: http://www.wipo. int/export/sites/www/scp/en/exceptions/submissions/usa.pdf, p. 19-20. Acesso em: 20 ago. 2017.

[266] *"Namely, if Benun had refurbished and resold cameras originally sold in the United States, then exhaustion would have applied, but since defendants had obtained these cameras abroad, their sale in the United States constituted infringement."* BERKELEY TECHNOLOGY LAW JOURNAL. *Patent Law: Additional Developments, Volume 26 | Issue 1, Article 13, January 2011*, p. 370-371. Disponível em: http://scholarship.law.berkeley.edu/cgi/viewcontent. cgi?article=1876&context=btlj. Acesso em 20 ago. 2017.

3.4.2. União Europeia e Suíça: livre comércio

Outro estudo realizado no âmbito da OMPI, em 2013, o qual não distingue a aplicação do princípio da exaustão de direitos em relação a cada modalidade de propriedade intelectual, apurou que 31 de 37 países da Europa adotam a exaustão regional de direitos (83,3%).[267] Esse percentual elevado decorre da diretriz imposta pela Corte de Justiça da União Europeia, que determinou que os países-membros adotassem o sistema de exaustão regional dos direitos de patente, a fim de assegurar o livre comércio entre eles.[268]

O estudo do SCP de 2014, por sua vez, apresentou a seguinte informação agregada sobre os Estados-membros da União Europeia:[269] 21 países que integram o Acordo sobre o Espaço Econômico Europeu (*Agreement on the European Economic Area* – EEA, na forma traduzida, EEE)[270] responderam o questionário informando

---

[267] WORLD INTELLECTUAL PROPERTY ORGANIZATION. *Regional Seminar for Certain African Countries on the Implementation and Use of Several Patent-Related Flexibilities. Topic 14: Exhaustion of Rights. South of Africa, January 29 to 31, 2013*, p. 15-16. Disponível em: http://www.wipo.int/edocs/mdocs/patent_policy/en/wipo_ip_dur_13/wipo_ip_dur_13_ref_tz14a.pdf. Acesso em 20 ago. 2017.

[268] Cf. AFONSO, Larissa Maria Galimberti. *Exclusões e exceções ao direito de patentes.* Dissertação (Mestrado em Direito) – Faculdade de Direito, Universidade de São Paulo, São Paulo, 2013, p. 338.

[269] Atualmente, a União Europeia é formada por 28 países: Alemanha, Áustria, Bélgica, Bulgária, Chipre, Croácia, Dinamarca, Eslováquia, Eslovênia, Espanha, Estônia, Finlândia, França, Grécia, Hungria, Irlanda, Itália, Letônia, Lituânia, Luxemburgo, Malta, Países Baixos, Polônia, Portugal, Reino Unido, República Tcheca, Romênia e Suécia. "Brexit: o Reino Unido continua a ser um membro de pleno direito da UE, com todos os direitos e obrigações daí decorrentes". UNIÃO EUROPEIA. Países da UE (ano de adesão). Disponível em: http://europa.eu/about-eu/countries/index_pt.htm. Acesso em 20 ago. 2017.

[270] "O Espaço Econômico Europeu (EEE) foi criado em 1994 a fim de alargar as disposições do mercado interno da União Europeia aos países da EFTA. [...] A Suíça, embora não fazendo parte do EEE, continua a ser um membro da EFTA. Mais de 120 tratados setoriais bilaterais que associam à Suíça à UE incorporam substancialmente as mesmas disposições semelhantes às adotadas por outros países do EEE no domínio da livre circulação de pessoas, bens, serviços e capitais." UNIÃO EUROPEIA. Parlamento Europeu. O Espaço Económico Europeu (EEE), a Suíça e a região seten-

que adotam a exaustão regional dos direitos de patente.[271] Contudo, embora a Suíça também adote o sistema de exaustão regional, destaca-se que ela não faz parte da União Europeia, nem do EEE.

Diante disso, por uma questão de recorte metodológico, este trabalho analisará o sistema de exaustão dos direitos de patente adotado e o tratamento conferido à importação paralela de patentes em quatro países da União Europeia (Alemanha, Espanha, França e Reino Unido) e na Suíça, com base nas respostas apresentadas no âmbito da pesquisa do SCP. Salienta-se que as respostas desses cinco países sobre os objetivos de política pública pretendidos com a aplicação da exaustão dos direitos de patente compreenderam a finalidade de promover o livre comércio.[272]

---

trional. Disponível em: http://www.europarl.europa.eu/atyourservice/pt/displayFtu. html?ftuId=FTU_6.5.3.html. Acesso em 20 ago. 2017.

[271] São eles: Bulgária, Chipre, República Tcheca, Dinamarca, Finlândia, França, Grécia, Alemanha, Hungria, Itália, Letônia, Lituânia, Holanda, Noruega, Polônia, Portugal, Romênia, Eslováquia, Espanha, Suécia e Reino Unido. WORLD INTELLECTUAL PROPERTY ORGANIZATION. *Exceptions and Limitations to Patent Rights: Exhaustion of Patent Rights. Standing Committee on the Law of Patents, Twenty-First Session, Geneva, November 3 to 7, 2014.* Disponível em: http://www.wipo.int/edocs/mdocs/scp/en/ scp_21/scp_21_7.pdf, p. 6. Acesso em 20 ago. 2017.

[272] O *German Patent and Trade Mark Office* (DPMA) respondeu que: *"In the interest of the free movement of goods and trade, the patent should not give the owner the right to influence the trade with specific patent-protected objects forever, if these objects have been put on the market by the patent owner or a third party with the owner's consent within a certain territory (Germany, EU, EEA)".* WORLD INTELLECTUAL PROPERTY ORGANIZATION. *Questionnaire on Exceptions and Limitations to Patent Rights. Country: Germany.* Disponível em: http://www. wipo.int/export/sites/www/scp/en/exceptions/submissions/germany.pdf, p. 12. Acesso em 20 ago. 2017. O escritório de patentes e marcas espanhol (*Spanish Patent and Trademark Office*) apresentou a seguinte resposta: *"The aim of this exemption is that once the product has been legally marketed, its buyer may use or return it for free sale without his acts entailing an infringement of patent rights. The aim thus is to prevent the owner of a patent invoking his right to limiting later marketing of the protected products to observance of an imposed price or other clauses which restrict free competition".* WORLD INTELLECTUAL PROPERTY ORGANIZATION. *Questionnaire on Exceptions and Limitations to Patent Rights. Country: Spain.* Disponível em: http://www.wipo.int/export/sites/www/scp/en/exceptions/translation/ spain_en.pdf, p. 19. Acesso em 20 ago. 2017. O *National Institute of Industrial Property* (INPI) da França afirmou que: *"The exercise of the right in patents is restricted for the sake*

(i) Alemanha

O escritório de patentes e marcas da Alemanha (*German Patent and Trade Mark Office* – DPMA) indicou que o país adota tanto a doutrina da exaustão nacional dos direitos de patente quanto a *"EU/EEA-wide (i.e. the goods protected by patent rights must have been marketed in the territory of a Member State of the European Union or a Contracting State to the Agreement on the European Economic Area)"* – que nada mais é do que a doutrina da exaustão regional.[273]

---

of the free circulation of goods on the territory of the European Union (EU)". WORLD INTELLECTUAL PROPERTY ORGANIZATION. *Questionnaire on Exceptions and Limitations to Patent Rights. Country: France.* Disponível em: http://www.wipo.int/export/sites/www/scp/en/exceptions/translation/france_en.pdf, p. 14. Acesso em 20 ago. 2017. Já o *UK Intellectual Property Office* (UK IPO) resumiu os objetivos de política pública que embasaram a escolha do sistema de exaustão em *"Balancing patent holders' rights with freedom of trade"*. WORLD INTELLECTUAL PROPERTY ORGANIZATION. *Questionnaire on Exceptions and Limitations to Patent Rights. Country: UK.* Disponível em: http://www.wipo.int/export/sites/www/scp/en/exceptions/submissions/uk_3.pdf, s/p. Acesso em 20 ago. 2017. Por fim, o *Swiss Federal Institute of Intellectual Property* respondeu o seguinte: *"The aim of the exception is to abolish the monopoly on the import of patented products for goods sold in the European Economic Area"*. WORLD INTELLECTUAL PROPERTY ORGANIZATION. *Questionnaire on Exceptions and Limitations to Patent Rights. Country: Switzerland.* Disponível em: http://www.wipo.int/export/sites/www/scp/en/exceptions/translation/suisse_en.pdf, p. 14. Acesso em 20 ago. 2017.

[273] A autoridade ainda destacou a exceção prevista na *"Sec. 9b Patent Act"* que trata da exaustão de direitos relacionada à propagação de material biológico, nos seguintes termos: *"Where the patent owner or a third party with the owner's consent markets biological material having specific properties, due to the invention, in the territory of a Member State of the European Union or a Contracting State to the Agreement on the European Economic Area, and where further biological material is obtained from this biological material by way of generative or vegetative propagation, the effects of Sec. 9 shall not apply if propagation of the biological material constituted the marketing purpose. This does not apply where the material so obtained is subsequently used for further generative or vegetative propagation"*. Em relação aos objetivos de política pública que suportam essa previsão legal, o DPMA explicou que: *"The particular exhaustion rule of Sec. 9b Patent Act is to ensure that a person purchasing propagation material in the European Union or a Contracting State to the Agreement on the European Economic Area, may in fact grow it since the material was bought for this purpose. Patent protection does not preclude the growing and exploitation. It should be noted, however, that this provision does not cover the later use of harvested material as seed"*. WORLD INTELLECTUAL PROPERTY ORGANIZATION. *Questionnaire on Exceptions and Limitations to Patent Rights. Country: Ger-*

Como exemplo, a autoridade citou o precedente *Federal Court of Justice [BGH], judgment of 14 December 1999, X ZR 61/98 – Karate, published in GRUR 2000, 299*, do qual destacou os seguintes trechos:

> *1. Exhaustion of the rights conferred by a patent granted with effect in the Federal Republic of Germany occurs at any rate on principle, if the protected product has been put on the market by the patent owner or with his consent* **in Germany, in a Member State of the European Community or a State party to the Agreement on the European Economic Area.**
>
> *2. Exhaustion constitutes an exception to the exclusive rights of the patent owner. The party invoking exhaustion has, on principle, the burden of production and proof as to the preconditions.*[274] (Grifo nosso)

No que tange à importação paralela de patentes especificamente, o DPMA limitou-se a responder que não é permitido ao titular da patente impedir a prática. No entanto, vale esclarecer que, de acordo com a exaustão regional de direitos, o titular não pode obstar a importação paralela da sua patente no âmbito do comércio realizado entre os países-membros da União Europeia, podendo, por sua vez, impedir a importação paralela de produto patenteado que tenha sido colocado no mercado internacional, ou seja, em países não pertencentes ao bloco econômico.

(ii) Espanha

O *Spanish Patent and Trademark Office* assinalou que os tipos de exaustão dos direitos de patente adotados na Espanha são o nacional e o regional. Para tanto, fez referência ao artigo 52(2) e (3) da Lei de Patentes

---

many. Disponível em: http://www.wipo.int/export/sites/www/scp/en/exceptions/submissions/germany.pdf, p. 12-13. Acesso em 20 ago. 2017.

[274] WORLD INTELLECTUAL PROPERTY ORGANIZATION. *Questionnaire on Exceptions and Limitations to Patent Rights. Country: Germany*. Disponível em: http://www.wipo.int/export/sites/www/scp/en/exceptions/submissions/germany.pdf, p. 12-13. Acesso em 20 ago. 2017.

espanhola,[275] o qual, além de estabelecer o sistema de exaustão dos direitos de patente adotado, excepciona os atos comerciais relativos a material biológico derivado de material biológico patenteado. Ainda, a autoridade apresentou a seguinte explicação:

> The inclusion of this exemption in the Law on Patents stems from European Community case law, initiated by the rulings of the European Court of Justice of October 31, 1974 (C-15/74, Sterling Drug), July 14, 1981 (C-178/80, Merck) and July 9, 1985 (C-19/84, Pharmon).[276]

Em relação à possibilidade de o titular da patente impedir a importação paralela, o escritório de patentes e marcas espanhol sinalizou que é incerta, sem, contudo, apresentar qualquer explicação. Entende-se que tal incerteza decorre do fato de a exaustão regional consistir em uma dupla aplicação dos outros dois tipos de exaustão de direitos: a nacional e a internacional.

Isso porque a exaustão regional impõe-se apenas entre países signatários, de modo que, para as relações de mercado verificadas entre eles, adota-se o princípio da exaustão internacional, enquanto que, diante de relações comerciais ocorridas em países não integrantes do bloco, aplica-se a exaustão nacional. Em outras palavras, o princípio

---

[275] "Articles 52(2) and (3) of the Law on Patents:
(2) The rights conferred by the patent shall not extend to acts relating to a product protected thereby once that product has been put on the market in the territory of a Member State of the European Community by the patent owner or with his consent.
(3) The rights conferred by the patent shall not extend to acts relating to biological material derived from the protected biological material, which is the subject of the patent, by propagation or multiplication, once this has been put on the market on the territory of a Member State of the European Union by the patent owner or with his consent, when the propagation or multiplication is the necessary result of the use for which the biological material was marketed, provided that the material obtained is not subsequently used for new propagation or multiplication." WORLD INTELLECTUAL PROPERTY ORGANIZATION. Questionnaire on Exceptions and Limitations to Patent Rights. Country: Spain. Disponível em: http://www.wipo.int/export/sites/www/scp/en/exceptions/translation/spain_en.pdf, p. 18. Acesso em 20 ago. 2017.

[276] WORLD INTELLECTUAL PROPERTY ORGANIZATION. Questionnaire on Exceptions and Limitations to Patent Rights. Country: Spain. Disponível em: http://www.wipo.int/export/sites/www/scp/en/exceptions/translation/spain_en.pdf, p. 19. Acesso em 20 ago. 2017.

da exaustão regional determina que o direito do titular de impedir a circulação da mercadoria patenteada em certo país esgota-se quando a primeira venda ocorrer em qualquer território do bloco econômico do qual faz parte, mas não se exaure quando a primeira venda se verificar em um país que não seja membro.

(iii) França

O escritório de propriedade industrial francês (*National Institute of Industrial Property* – INPI) também indicou que os tipos de exaustão dos direitos de patente adotados no país são o nacional e o regional, mencionando que:

> *Article L613-6 of the CPI specifies that "the rights conferred by the patent shall not extend to the acts concerning the product covered by the patent, performed on French territory, after the product has been commercialized in France or on the territory of a State party to the Agreement on the European Economic Area by the patent owner or with his express consent".*[277]

No mais, quanto à prática da importação paralela de patentes, a autoridade apenas assinalou que o titular não pode impedi-la. Todavia, cabe aqui o mesmo esclarecimento feito em relação à resposta apresentada pela autoridade alemã: de acordo com a exaustão regional de direitos, o titular não pode obstar a importação paralela da sua patente, uma vez que o produto comercializado foi colocado no mercado de um dos países-membros da União Europeia. Isso significa que o titular da patente pode impedir a importação paralela de produto patenteado que tenha sido colocado no mercado internacional, ou seja, em países não pertencentes ao bloco econômico.

---

[277] WORLD INTELLECTUAL PROPERTY ORGANIZATION. *Questionnaire on Exceptions and Limitations to Patent Rights. Country: France.* Disponível em: http://www.wipo.int/export/sites/www/scp/en/exceptions/translation/france_en.pdf, p. 14. Acesso em 20 ago. 2017.

(iv) Reino Unido

Não por acaso, o *UK Intellectual Property Office* (UK IPO) também assinalou que, no Reino Unido, adota-se a exaustão regional e a exaustão nacional dos direitos de patente, sendo esta última baseada na doutrina da licença implícita (*doctrine of implied licence*). A autoridade indicou os fundamentos jurídicos que suportam ambos os sistemas, nos seguintes termos:

> *A regional exhaustion doctrine applies within the EEA under* **articles 34 and 36 of the Treaty on the Functioning of the European Union (the 'EU Treaty').** *[...]* **The UK also has a doctrine of implied licence, which functions as an exhaustion doctrine.** *This doctrine was established in Betts v Willmott (1871) LR 6 Ch App 239 where it was held that, on selling a patented product, the patentee transfers with the goods a licence for the purchaser to sell or use the article.* **The principle applies regardless of whether the first sale is made in the UK or elsewhere.**[278]
> (Grifo nosso)

Não obstante a explicação de que a doutrina da licença implícita funciona como uma doutrina da exaustão de direitos, a afirmação de que ela se aplica independentemente do local onde ocorrer a primeira venda do produto patenteado não resulta no reconhecimento da exaustão internacional dos direitos de patente. Trata-se apenas de uma permissão tácita para que o comprador do produto patenteado possa comercializá-lo, estando esse comprador no Reino Unido ou em qualquer outro lugar.

Em contrapartida, uma vez que se adota o regime da exaustão nacional de direitos com base na doutrina da licença implícita, o titular da patente pode limitar a exaustão de seus direitos por meio de restrições contratuais explícitas que imponham ao comprador condições de comercialização do produto patenteado. Isso significa que, no Reino Unido, o titular da patente pode impedir a prática da importa-

---

[278] WORLD INTELLECTUAL PROPERTY ORGANIZATION. *Questionnaire on Exceptions and Limitations to Patent Rights. Country: UK.* Disponível em: http://www.wipo.int/export/sites/www/scp/en/exceptions/submissions/uk_3.pdf, s/p. Acesso em 20 ago. 2017.

ção paralela, bastando, para tanto, explicitar essa intenção contratualmente. Assim o UK IPO fundamentou sua resposta:

> *Since the national exhaustion doctrine is one of implied licence, it can be overridden if the patentee imposes conditions on the use/re-sale of the product when it is first sold. Such conditions place a limitation on the grant of the licence to deal with the patented product and apply to all those who buy the product with knowledge of them.* These principles were set out in National Phonograph Company v Menck (1911) 28 R.P.C. 229 Pat Ct; Incandescent Gas Light v Brogden (1899) 16 R.P.C. 179; and Dunlop v Longlife Battery [1958] R.P.C. 473.[279] (Grifo nosso)

No entanto, é importante esclarecer que o titular da patente não pode se utilizar dessa prerrogativa nas relações comerciais estabelecidas com os Estados-membros da União Europeia, na medida em que, conforme explicou o UK IPO na resposta, "*[t]he regional exhaustion doctrine cannot be overridden since it derives from article 28 of the EU Treaty which prohibits restrictions on imports between Member States*"[280].

(v) Suíça
Diferentemente dos demais países europeus aqui abordados, a Suíça adota os três sistemas de exaustão dos direitos de patente: o nacional, o regional e o internacional, ou seja, um sistema misto. A aplicação de um ou outro regime depende do local em que o produto patenteado foi colocado pela primeira vez no mercado e da natureza de tal produto, conforme exposto no fundamento legal apresentado pelo *Swiss Federal Institute of Intellectual Property,*[281] ao responder o questionário do SCP sobre as exceções e limitações aplicadas ao direito de patente no país.

---

[279] WORLD INTELLECTUAL PROPERTY ORGANIZATION. *Questionnaire on Exceptions and Limitations to Patent Rights. Country: UK.* Disponível em: http://www.wipo.int/export/sites/www/scp/en/exceptions/submissions/uk_3.pdf, s/p. Acesso em 20 ago. 2017.

[280] WORLD INTELLECTUAL PROPERTY ORGANIZATION. *Questionnaire on Exceptions and Limitations to Patent Rights. Country: UK.* Disponível em: http://www.wipo.int/export/sites/www/scp/en/exceptions/submissions/uk_3.pdf, s/p. Acesso em 20 ago. 2017.

[281] *"Article 9a of LBI: "1. When patented goods are placed on the market in Switzerland or the European Economic Area by the patentee or with his agreement, they may be imported and used or resold in Switzerland for professional purposes.*

Em princípio, as mercadorias colocadas no mercado suíço ou no mercado dos países que fazem parte do EEE pelo titular da patente ou com seu consentimento podem ser importadas e comercializadas na Suíça (exaustão regional). No entanto, se a proteção à patente tem importância secundária diante das características funcionais do produto patenteado, aplica-se a exaustão internacional. Não obstante essas duas regras, quando o preço da mercadoria patenteada for estabelecido pelo governo suíço ou por autoridade do país de onde é comercializado, como ocorre com os medicamentos, os produtos entrarão na Suíça apenas mediante autorização do titular da patente (exaustão nacional). No mais, vale esclarecer que, especificamente para os meios de produção e equipamentos agrícolas, a legislação suíça determina a aplicação da exaustão internacional de direitos.[282]

---

2. When a device allowing the use of a patented process is placed on the market in Switzerland or the European Economic Area by the patentee or with his agreement, the first purchaser or any subsequent purchaser of the device shall be authorized to use the process.
3. When patented biological material is placed on the market in Switzerland or the European Economic Area by the patentee or with his agreement, it may be imported and propagated in Switzerland as many times as required for the intended use. The material thus obtained must not be used for further propagation. Article 35a is reserved.
4. When patented goods are placed on the market outside the European Economic Area by the patentee or with his agreement and, due to the functional characteristics of the goods, the protection accorded by the patent is of secondary importance, the goods may be imported for professional purposes. The protection accorded by the patent is assumed to be of secondary importance if the patentee does not convincingly demonstrate the contrary.
5. Notwithstanding paragraphs 1 and 4, when the price of the patented goods is set by the State in Switzerland or the country of commercialization, the goods may only be placed on the market in Switzerland with the agreement of the patentee."
Article 27b of the Law on Agriculture (RS 910.1) remains unchanged: international exhaustion shall remain applicable to the means of production and to agricultural capital equipment." WORLD INTELLECTUAL PROPERTY ORGANIZATION. *Questionnaire on Exceptions and Limitations to Patent Rights. Country: Switzerland.* Disponível em: http://www.wipo.int/export/sites/www/scp/en/exceptions/translation/suisse_en.pdf, p. 13. Acesso em 20 ago. 2017.
[282] WORLD INTELLECTUAL PROPERTY ORGANIZATION. *Exceptions and Limitations to Patent Rights: Exhaustion of Patent Rights. Standing Committee on the Law of Patents, Twenty-First Session, Geneva, November 3 to 7, 2014.* Disponível em: http://www.wipo.int/edocs/mdocs/scp/en/scp_21/scp_21_7.pdf, p. 7-8. Acesso em 20 ago. 2017.

Com base nisso, em relação à prática da importação paralela, o escritório de propriedade intelectual suíço indicou que o titular da patente não pode impedi-la, mas, ao mesmo tempo, assinalou a opção de que tal possibilidade é incerta, apresentando, na sequência, a seguinte justificativa: *"Article 9a, paragraph 5, of LBI provides that the patentee can apply import restrictions if the price of a patented good is set by the State"*.[283]

Dessa forma, como não poderia deixar de ser, o tratamento conferido à importação paralela de patentes na Suíça reflete as particularidades relacionadas à aplicação dos três sistemas de exaustão de direitos, ou seja, depende do local em que o produto patenteado foi colocado pela primeira vez no mercado e da natureza de tal produto.

3.4.3. Japão: harmonização e coordenação de interesses

Nas palavras de Maristela Basso, "[a]o lado dos Estados Unidos da América e da União Europeia, o Japão é um dos países mais importantes no que diz respeito ao desenvolvimento dos temas relacionados ao comércio paralelo, haja vista seu papel no comércio internacional". Feita essa consideração, a autora afirmou que, em 1997, a Suprema Corte do Japão definiu a regra da exaustão internacional de patentes, ao julgar o caso *BBS Kraftfahrzeugtechnik AG and BBS Japan Inc. vs Rasimex Japan, Inc. (1997)*, explicando que "[e]sse caso tornou-se importante na literatura japonesa sobre o tema e também é estudado nos demais países-membros da OMC, frente à repercussão de um país como o Japão abrir seu comércio à importação paralela de produtos patenteados".[284]

No entanto, o *Japan Patent Office* (JPO) respondeu ao questionário do SCP sobre as exceções e limitações aplicadas ao direito de patente no Japão de forma diversa. De acordo com o escritório de patentes japonês, o país adota a exaustão nacional dos direitos de patente, jus-

---

[283] WORLD INTELLECTUAL PROPERTY ORGANIZATION. *Questionnaire on Exceptions and Limitations to Patent Rights. Country: Switzerland*. Disponível em: http://www.wipo.int/export/sites/www/scp/en/exceptions/translation/suisse_en.pdf, p. 14. Acesso em 20 ago. 2017.

[284] BASSO, Maristela. *Propriedade intelectual e importação paralela*. São Paulo: Atlas, 2011, p. 82.

tamente em razão da decisão proferida no precedente *BBS Kraftfahr-zeugtechnik AG and BBS Japan Inc. vs Rasimex Japan, Inc. (1997).*[285] Assim explicou a autoridade japonesa:

> As for assignment of patented products in Japan, it was ruled that "in a case where a patent right holder or its licensee assigned to a patented product in Japan, it should be interpreted that the patent right of said patented product is exhausted since the purpose thereof is deemed to be achieved, and the effects of the patent right no longer extend to acts such as use, assignment, or lease of said patented product." **As shown in this court decision, the national exhaustion doctrine is applied in Japan.** In the meantime, as for assignment of patented products overseas, it was ruled that "in a case where a patent holder in Japan or a person deemed to be equal thereto assigned a patented product overseas, it should be interpreted that the patent right holder is not allowed to execute his/her patent right in Japan, except that for an assignee, an agreement was made between a patent holder and the assignee that the areas for sale or use of the patented product excludes Japan, and that for the third party to whom the patented product was assigned by the assignee and subsequent acquirer, above-mentioned agreement was made between an assignee and said third party or acquirer, and it is explicitly indicated on the patented product. **Therefore, the internationally applied exhaustion principle is not applied in Japan.**[286] (Grifo nosso)

Em relação aos objetivos de política pública que justificam a adoção do sistema de exaustão de direitos tal como o é, o JPO respondeu que a finalidade é harmonizar a proteção da invenção e o interesse público, bem como coordenar a distribuição do produto no mercado internacional e os direitos do titular.[287]

---

[285] WORLD INTELLECTUAL PROPERTY ORGANIZATION. *Japan Patent Office (JPO).* Disponível em: http://www.wipo.int/export/sites/www/scp/en/exceptions/submissions/japan_2.pdf, p. 9-10. Acesso em 20 ago. 2017.

[286] WORLD INTELLECTUAL PROPERTY ORGANIZATION. *Japan Patent Office (JPO).* Disponível em: http://www.wipo.int/export/sites/www/scp/en/exceptions/submissions/japan_2.pdf, p. 10. Acesso em 20 ago. 2017.

[287] *"It is to harmonize between protection of invention and public benefit, as well as to coordinate between product distribution in international trade and a right of patentee."* WORLD INTELLECTUAL PROPERTY ORGANIZATION. *Japan Patent Office (JPO).* Disponível em: http://www.wipo.int/export/sites/www/scp/en/exceptions/submissions/japan_2.pdf, p. 10. Acesso em 20 ago. 2017.

Por fim, quanto à possibilidade de o titular da patente impedir a prática da importação paralela, a autoridade japonesa apenas assinalou que não é possível, sem mais esclarecimentos – o que não condiz com a aplicação do princípio da exaustão nacional dos direitos de patente.

3.4.4. Brasil: política industrial e atração de investimentos em tecnologia avançada

Curiosamente, o Ministério das Relações Exteriores do Brasil (MRE) respondeu ao questionário do SCP sobre as exceções e limitações aplicadas ao direito de patente no país de forma bastante sucinta e superficial, inclusive no que diz respeito às questões sobre a exaustão de direitos.[288]

Em primeiro lugar, informou que o sistema de exaustão dos direitos de patente adotado pelo país é o nacional e, para tanto, fez referência ao artigo 43, inciso IV da LPI. Contudo, não ressalvou as hipóteses relacionadas à licença compulsória e à ausência de exploração da patente, em que se adota a exaustão internacional, conforme dispõe o artigo 68, §§ 3º e 4º da LPI.

Em segundo lugar, o MRE não respondeu quais são os objetivos de política pública a serem alcançados com a adoção do sistema de exaustão nacional dos direitos de patente, tampouco expôs os debates legislativos e decisões judiciais sobre o assunto, como solicitado no questionário do SCP.

Com relação à importação paralela de patentes, a autoridade brasileira afirmou que a legislação permite que o titular impeça a importação de produtos que incorporam sua patente, fazendo referência ao artigo 42 da LPI.

Por fim, o MRE se absteve de responder a pergunta sobre a adequação do sistema de exaustão adotado em relação aos objetivos de política pública pretendidos, bem como deixou em branco a resposta

---

[288] WORLD INTELLECTUAL PROPERTY ORGANIZATION. *Questionnaire on Exceptions and Limitations to Patent Rights. Country: Brazil.* Disponível em: http://www.wipo.int/export/sites/www/scp/en/exceptions/submissions/brazil.pdf. Acesso em 20 ago. 2017.

a respeito dos desafios enfrentados para a implementação do princípio da exaustão dos direitos de patente no Brasil.

Não obstante as respostas sucintas e superficiais enviadas pelo MRE ao SCP, as discussões que permearam a elaboração da LPI, conforme exposto no item 2.3.2, deixam claro que a escolha legislativa por uma lei que, em regra, veda a importação paralela de patentes no Brasil foi baseada na necessidade de proteger a indústria nacional, juntamente com o objetivo geral da LPI de atrair investimentos estrangeiros em tecnologia avançada. Mais detalhadamente, a intenção foi proteger os empresários nacionais titulares de patentes da concorrência de produtos importados e, ao mesmo tempo, atrair investimentos em tecnologia avançada de titulares de patentes estrangeiros, forçando-os a produzir em território nacional, sob a ameaça de licenciamento compulsório e, consequentemente, concorrência a partir da autorização da importação paralela.

Diante disso, pode-se afirmar que os objetivos de política pública pretendidos com a adoção do sistema de exaustão nacional dos direitos de patente, no Brasil, compreendem a proteção à indústria nacional e a atração de investimentos estrangeiros em tecnologia avançada. No entanto, a resposta sobre a adequação do sistema de exaustão adotado em relação aos objetivos de política pública pretendidos, ou seja, a verificação da relação de causa e efeito entre a previsão legal a respeito da importação paralela de patentes e os resultados pretendidos e efetivamente alcançados requer uma análise mais detalhada de alguns dados e estatísticas.

Inicialmente, é importante examinar a seguinte informação sobre a LPI: em 1993, o déficit brasileiro no setor de propriedade intelectual alcançava US$86 milhões e, em 2011 (quatro anos depois da entrada em vigor da LPI), esse montante chegou a US$ 2,7 bilhões, o que indica uma perda de mais de três mil por cento. Nos termos apresentados na justificativa do projeto de lei que visa a alterar a LPI, atualmente em tramitação na Câmara dos Deputados, do qual se extraiu esses números,

> os dados evidenciam que o sistema da propriedade intelectual está funcionando como mecanismo de transferência de renda de países em desenvol-

vimento e menos desenvolvidos para países de economia central, no fluxo inverso do estipulado por seus objetivos, bem como dos argumentos utilizados por países mais desenvolvidos tecnologicamente, quando das negociações do Acordo TRIPS da OMC.[289]

Em relação a esse resultado negativo, Denis Borges Barbosa explica que, de modo geral, houve "votação de projetos de lei de sentido patrimonialista e desequilibrado" e "aplicação interna do TRIPs em completo desacordo com o tratado".[290] No que diz respeito ao tema da importação paralela, em particular, Denis Borges Barbosa caracteriza "a escolha de um sistema de exaustão de direitos que ofende o livre comércio e o próprio GATT" como um dos "exemplos de desequilíbrio insensato", concluindo que

> [p]or mais que se tenha demonizado TRIPs durante a última década, certo é que nós, brasileiros, fomos os responsáveis por todos os excessos, todas as disfunções, todas as opressões que resultam da legislação em vigor. Foram os legisladores e juízes brasileiros que desequilibraram os interesses da sociedade e dos investidores, contra o interesse social.[291]

No mesmo sentido, pontua Luiz Otávio Pimentel, ressaltando a sujeição dos países em desenvolvimento à pressão externa dos países desenvolvidos, nos seguintes termos:

> Não é difícil observar, ainda que não seja tão óbvio concluir, que os interesses das grandes corporações e das empresas multinacionais, por meio dos

---

[289] A fim de corroborar esse entendimento, os deputados fazem referência às palavras Joseph Stiglitz, Prêmio Nobel de Economia em 2001: "o sistema de patentes é distorcido e, com a enorme transferência de recursos dos países pobres para os ricos, é potencialmente desigual no financiamento de pesquisas. A enorme transferência de renda tem claramente um efeito negativo no desenvolvimento". BRASIL. CÂMARA DOS DEPUTADOS. Projeto de Lei nº 5.402/2013, proposto pelos Deputados Newton Lima Neto (PT-SP) e Rosinha (PT-PR). Disponível em: http://www.camara.gov.br/proposicoesWeb/prop_mostrarintegra;jsessionid=1993E705C6C918CFC1D65EBE07AE9F5E.proposicoesWeb1?codteor=1078755&filename=PL+5402/2013. Acesso em 6 ago. 2017.

[290] BARBOSA, Denis Borges. *Usucapião de patentes e outros estudos de propriedade intelectual*, Rio de Janeiro: Editora Lumen Juris, 2006, p. 426.

[291] BARBOSA, Denis Borges. *Usucapião de patentes e outros estudos de propriedade intelectual*, Rio de Janeiro: Editora Lumen Juris, 2006, p. 442-443.

governos dos países onde localizam as suas sedes, sempre atuaram como elemento de pressão sobre o governo brasileiro. O resultado dessa indução e, também, da expectativa dos benefícios que poderiam advir aos agentes econômicos locais, fez com que os governos brasileiros participassem da elaboração dos tratados e depois reproduzissem na ordem interna a garantia à propriedade que eles requeriam, assegurando mercado para as empresas que ostentavam as bandeiras de grandes potências e, numa espécie de vácuo na corrida pelo mercado, a algumas empresas locais.

O mercado a que se refere era destinado aos produtos e serviços importados, e àqueles oriundos das filiais das transnacionais instaladas no país, que depois remetiam lucros e *royalties* para as respectivas matrizes no exterior, obviamente, situadas em países desenvolvidos.[292]

Apesar de a informação (comparação do déficit brasileiro no setor de propriedade intelectual nos anos de 1993 e 2011) e os respectivos entendimentos serem relevantes para a compreensão das condições que permearam a adoção da LPI, estes não contribuem de forma conclusiva para a análise da adequação do sistema de exaustão dos direitos de patente adotado em relação aos objetivos de política pública com ele pretendidos. Isso porque tais avaliações levam em consideração todo o sistema de propriedade intelectual, e não apenas os números relativos à indústria nacional e aos investimentos estrangeiros em tecnologia avançada relacionados a patentes no Brasil.

Desse modo, na tentativa de analisar a relação de causa e efeito entre a previsão legal a respeito da importação paralela de patentes e os resultados pretendidos e efetivamente alcançados, levanta-se, preliminarmente, a possibilidade de examinar, por meio de

---

[292] "O Relatório de Investimentos Mundial de 2004, da UNCTAD, aponta valores de remessas de *royalties* transfronteiriços. Como afirma Correa (2002), os dez países mais industrializados contam com 84% dos recursos globais utilizados em P&D, são titulares de 94% das patentes outorgadas em nível mundial e recebem 91% dos *royalties* transfronteiras por licenciamento de tecnologia. Sendo apenas 4% dos gastos em P&D correspondentes aos países em desenvolvimento." PIMENTEL, Luiz Otávio; BARRAL, Welber. *Direito de propriedade intelectual e desenvolvimento*, em PIMENTEL, Luiz Otávio; BARRAL, Welber (organizadores). Direito de propriedade intelectual e desenvolvimento. Florianópolis: Fundação Boiteux, 2006, p. 13-14.

dados estatísticos, a evolução do crescimento e desenvolvimento da indústria nacional, bem como do volume de investimentos estrangeiros em tecnologia avançada realizados no Brasil, desde a entrada em vigor da LPI. No entanto, logo se percebe que tal exame não seria conclusivo, uma vez que tanto o crescimento e desenvolvimento da indústria nacional quanto o volume de investimentos estrangeiros realizados no Brasil são fatores relacionados a diversas outras variáveis.

Ao depois, considerando que o número de patentes em vigor no país pode ser um indicador da satisfação do interesse em proteger a indústria nacional e do interesse em atrair investimentos estrangeiros em tecnologia avançada por meio da LPI, questiona-se sobre a pertinência de analisar a relação de causa e efeito entre a previsão legal a respeito da importação paralela de patentes e os resultados pretendidos e efetivamente alcançados com base em tais dados, por si só. Todavia, da mesma forma, constata-se que tal análise não seria conclusiva, pois o número de patentes em vigor no país também depende de diversas outras variáveis.

Diante da impossibilidade de alcançar uma conclusão a respeito da adequação do sistema de exaustão dos direitos de patente adotado no Brasil em relação aos objetivos de política pública com ele pretendidos, propõe-se uma análise comparativa, com o intuito de verificar a plausibilidade da justificativa para a vedação da importação paralela de patentes na legislação brasileira. O objetivo é examinar (i) se, no Brasil, onde a importação paralela de patentes é, em regra, vedada, o número de patentes em vigor – o que, de modo geral, pode ser um indicador da satisfação do interesse em proteger a indústria nacional e do interesse em atrair investimentos estrangeiros em tecnologia avançada por meio da LPI – é necessariamente superior ao número de patentes em vigor em países que consideram a atividade lícita; bem como (ii) se o Brasil é, de fato, um país mais competitivo quanto aos fatores ambiente macroeconômico (que compreende a variável investimento estrangeiro) e tecnologia e inovação – o que também pode ser um indicador da satisfação do interesse em atrair investimentos estrangeiros em tecnologia avançada por meio da LPI –, quando comparado a países que consideram lícita a prática da importação paralela de patentes.

No entanto, uma vez que o número de patentes em vigor e o nível de competitividade de um país também dependem de diversas outras variáveis, é mais factível realizar a comparação com países cujas características socioeconômicas não são muito díspares das nacionais. Para tanto, toma-se como exemplo a África do Sul, a China, a Índia e a Rússia, países que juntamente com Brasil formam o grupo político de cooperação BRICS, de modo que todos estão em um estágio similar de mercado emergente, devido ao nível de desenvolvimento econômico que possuem.

Contudo, a análise comparativa propriamente dita requer que, antes, seja identificado o sistema de exaustão dos direitos de patente adotado e o tratamento conferido à importação paralela de patentes em cada um desses quatro países, com base nas respostas apresentadas no âmbito da pesquisa do SCP sobre as exceções e limitações aplicadas ao direito de patente.

3.4.5. Demais países do BRICS
(i) África do Sul: proteção ao interesse público

Apesar de a *Companies and Intellectual Property Commission* da África do Sul ter indicado, na resposta ao questionário do SCP, que o sistema de exaustão dos direitos de patente adotado no país é o nacional,[293] nota-se que, na realidade, o país aplica um sistema misto.

Explica-se. De fato, em princípio, na África do Sul, adota-se o regime da exaustão nacional dos direitos de patente, nos termos da *Section 45(2)* do *Patent Act 57* (*"The disposal of a patented article by or on behalf of a patentee or his licensee shall, subject to other patent rights, give the purchaser the right to use, offer to dispose of and dispose of that article"*) e de acordo com o precedente *Stauffer Chemical co V Agricura Limited 1979*

---

[293] WORLD INTELLECTUAL PROPERTY ORGANIZATION. *Questionnaire on Exceptions and Limitations to Patent Rights. Country: Republic of South Africa*. Disponível em: http://www.wipo.int/export/sites/www/scp/en/exceptions/submissions/safrica_rev.pdf, p. 13. Acesso em 20 ago. 2017.

BP 168 (C), por meio do qual as cortes sul-africanas tem aplicado os seguintes princípios:

> *(i) Where the patentee himself sells or disposes of the patented article, that article is freed from all restraint which the patentee's monopoly had imposed upon it; (ii) Where the patented article is disposed of by the patentee's assignee or his agent within the scope of his authority, it is similarly freed from such restraints; and (iii) Where the sale of the patented article is by a license of the patentee, the matter must depend on the extent of the authority conferred on the licensee by the licensor under the license agreement.*[294]

Conforme explicou o juiz no âmbito do precedente, o princípio (iii) não é contrário ao que dispõe a *Section 45(2)* do *Patent Act 57*, pois a previsão legal considera apenas as licenças concedidas dentro do território sul-africano. No mais, a *Companies and Intellectual Property Commission*, em sua resposta, esclareceu que:

> *The decision in Stauffer case is clearly a blow against what may be termed "pirate importers" of the patented article into the South Africa. Provided the patentee of a South African patent is able and prepared to place limitations in a country of origin upon the sale in South Africa of his patented good imported into South Africa from that country of origin, purchasers in South Africa, from the likes of unauthorized jobbers, for resale in South Africa can be interdicted from so reselling on the basis of the protection afforded by South African patent.*[295]

Retomando a explicação sobre a aplicação de um sistema misto de exaustão dos direitos de patente na África do Sul, destaca-se que a autoridade sul-africana apresentou junto à sua resposta ao questionário do SCP o material denominado *"Special Regime for Medicines – Parallel Importation of Medicines"*.

---

[294] WORLD INTELLECTUAL PROPERTY ORGANIZATION. *Questionnaire on Exceptions and Limitations to Patent Rights. Country: Republic of South Africa*. Disponível em: http://www.wipo.int/export/sites/www/scp/en/exceptions/submissions/safrica_rev.pdf, p. 13. Acesso em 20 ago. 2017.

[295] WORLD INTELLECTUAL PROPERTY ORGANIZATION. *Questionnaire on Exceptions and Limitations to Patent Rights. Country: Republic of South Africa*. Disponível em: http://www.wipo.int/export/sites/www/scp/en/exceptions/submissions/safrica_rev.pdf, p. 13. Acesso em 20 ago. 2017.

De acordo com o documento, o governo sul-africano promulgou, em 1997, o *Medicines and Related Substance Control Amendment Act (Act No. 90 of 1997)*, com a finalidade de facilitar o acesso a medicamentos a preços acessíveis para toda a população. Assim, por meio dessa legislação, permitiu-se a importação e o registro de medicamentos patenteados (já registrados no país e produzidos em locais autorizados), independentemente de qualquer direito de patente existente.[296]

Mais especificamente, esse regime especial conferido aos medicamentos, permitiu ao Ministro da Saúde da África do Sul estabelecer as condições sob as quais são autorizadas as importações paralelas de medicamentos patenteados no país, independentemente das disposições do *Patent Act 57*. Dessa forma, nota-se que a África do Sul também adota a regra da exaustão internacional dos direitos de patente, ainda que limitada aos medicamentos – o que, de certa forma, é reconhecido na resposta da autoridade sul-africana, uma vez que assinalou como incerta a possibilidade de o titular da patente impedir a prática da importação paralela.

Por fim, em relação aos objetivos de política pública que justificam a adoção do sistema de exaustão de direitos tal como o é, a *Companies and Intellectual Property Commission* respondeu que a finalidade é o interesse público.[297]

(ii) China: manutenção da ordem econômica

Na resposta ao questionário do SCP, o escritório de propriedade intelectual chinês (*State Intellectual Property Office of China*) indicou que o país adota a doutrina da exaustão internacional dos direitos de paten-

---

[296] WORLD INTELLECTUAL PROPERTY ORGANIZATION. *Questionnaire on Exceptions and Limitations to Patent Rights. Country: Republic of South Africa*. Disponível em: http://www.wipo.int/export/sites/www/scp/en/exceptions/submissions/safrica_rev.pdf, p. 14. Acesso em 20 ago. 2017.

[297] WORLD INTELLECTUAL PROPERTY ORGANIZATION. *Questionnaire on Exceptions and Limitations to Patent Rights. Country: People's Republic of China*. Disponível em: http://www.wipo.int/export/sites/www/scp/en/exceptions/translation/china_en.pdf, p. 16. Acesso em 20 ago. 2017.

te.[298] Para tanto, a autoridade chinesa fez referência ao seguinte dispositivo legal:

> Article 69. The following shall not be deemed to be patent right infringement:
>
> *(1) After a patented product or a product directly obtained by using the patented method is sold by the patentee or sold by any unit or individual with the permission of the patentee, any other person uses, offers to sell, sells or imports that product; [...].*[299]

Não obstante, a aplicação do sistema de exaustão internacional dos direitos de patente na China é relativamente recente, tendo entrado em vigor em outubro de 2009. Até então (e desde 1985), o país adotava a exaustão nacional.[300]

Quanto aos objetivos de política pública que justificam a adoção do sistema de exaustão internacional dos direitos de patente, a autoridade chinesa afirmou que o propósito é a manutenção da ordem econômica regular, evitando-se restrições quanto a circulação e uso dos produtos patenteados no mercado.[301]

---

[298] WORLD INTELLECTUAL PROPERTY ORGANIZATION. *Questionnaire on Exceptions and Limitations to Patent Rights. Country: People's Republic of China.* Disponível em: http://www.wipo.int/export/sites/www/scp/en/exceptions/translation/china_en.pdf, p. 16. Acesso em 20 ago. 2017.

[299] WORLD INTELLECTUAL PROPERTY ORGANIZATION. *Patent Law of the People's Republic of China (as amended up to the Decision of December 27, 2008, regarding the Revision of the Patent Law of the People's Republic of China).* Disponível em: http://www.wipo.int/edocs/lexdocs/laws/en/cn/cn028en.pdf, p. 13. Acesso em 20 ago. 2017.

[300] WORLD INTELLECTUAL PROPERTY ORGANIZATION. *Questionnaire on Exceptions and Limitations to Patent Rights. Country: People's Republic of China.* Disponível em: http://www.wipo.int/export/sites/www/scp/en/exceptions/translation/china_en.pdf, p. 17. Acesso em 20 ago. 2017.

[301] *"Patent right holder enjoys exclusive right over his patent. However, such patent right would be exhausted once the patented products are lawfully sold out (which includes the selling by both the patent right holder and any one authorized by him), which means that the use, offering to sell, selling or other acts in relation to the sold-out products would be at the disposal of the buyer with no more authorization by the patent right holder. This is seen as a reasonable limitation on patents, serving the purpose of maintaining the normal economic order by avoiding restrictions on the circulation and use of the patented products in the marketplace."* WORLD INTELLECTUAL PROPERTY ORGANIZATION. *Questionnaire on Exceptions and Limitations to Patent Rights.*

No mais, quanto à possibilidade de o titular da patente impedir a prática da importação paralela, o escritório de propriedade intelectual chinês assinalou que:

> *According to Article 69 of the Patent Law, after a patented product or a product directly obtained by using the patented method is sold by the patentee or sold by any unit or individual with the permission of the patentee, **any one who uses, offers to sell, sells or imports that product shall not be deemed to be patent right infringement**. The application of such exception does not take into consideration whether the patent right holder has any express notice on the product nor the content of such notice.*[302] (Grifo nosso)

Assim, conclui-se que a importação paralela de patentes é atividade lícita na China, independentemente do tipo de produto patenteado que é transacionado.

(iii) Índia: permissão à importação paralela

De forma bastante sucinta, o escritório de patentes da Índia (*Patent Office of India*) assegurou, no âmbito da pesquisa do SCP, que o sistema de exaustão dos direitos de patente adotado no país é o internacional.[303] Como fundamento jurídico, a autoridade indiana indicou a *Section 107A* da lei nacional de patentes, a qual, com efeito, dispõe sobre a licitude da importação paralela de patentes:

> *107A. Certain acts not to be considered as infringement. – For the purposes of this Act, – [...] (b) importation of patented products by any person from a person who is*

Country: People's Republic of China. Disponível em: http://www.wipo.int/export/sites/www/scp/en/exceptions/translation/china_en.pdf, p. 16. Acesso em 20 ago. 2017.

[302] WORLD INTELLECTUAL PROPERTY ORGANIZATION. *Questionnaire on Exceptions and Limitations to Patent Rights. Country: People's Republic of China.* Disponível em: http://www.wipo.int/export/sites/www/scp/en/exceptions/translation/china_en.pdf, p. 17. Acesso em 20 ago. 2017.

[303] WORLD INTELLECTUAL PROPERTY ORGANIZATION. *Patent Office of India.* Disponível em: http://www.wipo.int/export/sites/www/scp/en/exceptions/submissions/india_2.pdf, p. 12. Acesso em 20 ago. 2017.

duly authorised under the law to produce and sell or distribute the product, shall not be considered as a infringement of patent rights.[304]

No que diz respeito aos objetivos de política pública que justificam a adoção do sistema de exaustão internacional dos direitos de patente, o *Patent Office of India* foi direto em sua resposta, afirmando que a intenção é justamente permitir a importação paralela de mercadorias patenteadas que foram colocadas no mercado com a autorização do titular da patente.[305]

(iv) Rússia: proteção do livre comércio (nacional)

O escritório de patentes russo (*Rospatent*) indicou, na resposta ao questionário do SCP, que o sistema de exaustão dos direitos de patente adotado no país é o nacional, com base no *Article 1359 of the Code*.[306]

No entanto, ao explicar que o objetivo a ser alcançado com a adoção desse sistema é contornar as possíveis barreiras artificiais que os titulares de patentes podem impor ao livre comércio (dentro do território nacional), a autoridade russa ressalvou que a exaustão de direitos é aplicada apenas à propriedade industrial que tem forma material e não a processos patenteados. Assim detalhou:

---

[304] WORLD INTELLECTUAL PROPERTY ORGANIZATION. *The Patents Act, 1970 (as amended up to Patents (Amendment) Act, 2005)*. Disponível em: http://www.wipo.int/edocs/lexdocs/laws/en/in/in065en.pdf. Acesso em 20 ago. 2017.

[305] *"The policy objective is to allow importation of patented products in the country from such markets where the product has been placed in duly authorized manner."* WORLD INTELLECTUAL PROPERTY ORGANIZATION. *Patent Office of India*. Disponível em: http://www.wipo.int/export/sites/www/scp/en/exceptions/submissions/india_2.pdf, p. 12. Acesso em 20 ago. 2017.

[306] *"Article 1359 of the Code directly specifies that 'import into the territory of the Russian Federation, use, offer for sale, selling, other form of introduction into civil circulation or storage for these purposes of a product incorporating the invention, or utility model, or device, incorporating the industrial design, where such product or device had previously been introduced into civil circulation within the territory of the Russian Federation by the patent holder or by another person with the consent of the patent holder'".* WORLD INTELLECTUAL PROPERTY ORGANIZATION. *Questionnaire on Exceptions and Limitations to Patent Rights. Country: Russian Federation.* Disponível em: http://www.wipo.int/export/sites/www/scp/en/exceptions/translation/russia_en.pdf, p. 22. Acesso em 20 ago. 2017.

> *Opinion of the Constitutional Court of the Russian Federation of October 16, 2001, No. 211-O noted that the limitation specified in the provision on exhaustion of rights extends only to patented industrial property which has a material form, and does not encompass patent holders' exclusive rights in relation to processes patented as inventions. Nevertheless, there are certain conditions under which the patented process, when used in conjunction with a device, is also exhausted, but only when performing the process with said device, the rights in relation to which have already been exhausted.*[307]

No mais, quanto à importação paralela, o *Rospatent* assinalou como incerta a possibilidade de o titular da patente impedir a prática, tendo sido a resposta acompanhada da indicação do seguinte precedente:

> *Opinion of the Constitutional Court of the Russian Federation of October 16, 2001, No. 211-O, "On Refusal to Accept a Complaint by Munir Munibaevich Bikchantaev Regarding Infringement of his Constitutional Rights by Article 11(7) of the Patent Law of the Russian Federation". The text of the Opinion was not officially published.*[308]

Além disso, a autoridade russa pontuou que, atualmente, estão sendo analisadas propostas de alteração da legislação vigente, para reconhecer a exaustão dos direitos de patente não apenas em relação aos produtos introduzidos no mercado russo pelo titular da patente ou com seu consentimento, mas também em relação a outras formas legalmente previstas de introdução de produtos patenteados no mercado[309] – o que sinaliza a possibilidade de adoção do sistema da exaustão internacional dos direitos de patente.

---

[307] WORLD INTELLECTUAL PROPERTY ORGANIZATION. *Questionnaire on Exceptions and Limitations to Patent Rights. Country: Russian Federation.* Disponível em: http://www.wipo.int/export/sites/www/scp/en/exceptions/translation/russia_en.pdf, p. 23. Acesso em 20 ago. 2017.

[308] WORLD INTELLECTUAL PROPERTY ORGANIZATION. *Questionnaire on Exceptions and Limitations to Patent Rights. Country: Russian Federation.* Disponível em: http://www.wipo.int/export/sites/www/scp/en/exceptions/translation/russia_en.pdf, p. 24. Acesso em 20 ago. 2017.

[309] *"At present, amendments to Article 1359 of the Code are being envisaged, in accordance with which importing on to the territory of the Russian Federation, use, offer for sale, sale, other form of introduction into civil circulation, or storage for such purposes of a product that incorporates the invention, not only where said product had previously been introduced into civil circulation within the territory of the Russian Federation by the patent holder, or by another person authori-*

Com base no exposto, parte-se, agora, para a análise comparativa do número de patentes em vigor e do nível de competitividade do Brasil e dos demais países do BRICS, com a finalidade de avaliar a plausibilidade da justificativa para a vedação da importação paralela de patentes na legislação brasileira.

3.4.6. Análise comparativa do Brasil e demais países do BRICS e a plausibilidade da justificativa para a vedação da importação paralela de patentes na legislação brasileira

A finalidade deste item é (i) em primeiro lugar, analisar, de forma comparativa, o número de patentes em vigor no Brasil e nos demais países do BRICS, sobretudo naqueles que consideram a prática da importação paralela de patentes como atividade lícita – isto é, na China e na Índia; (ii) em segundo lugar, examinar, também de forma comparativa, o nível de competitividade do Brasil e dos demais países do BRICS, principalmente da China e da Índia, quanto aos fatores ambiente macroeconômico (que compreende a variável investimento estrangeiro) e tecnologia e inovação; para, (iii) ao final, verificar se a justificativa apresentada para a vedação legal da prática da importação paralela de patentes pela legislação brasileira é plausível.

(i) Número de patentes em vigor

Segundo o relatório da OMPI de 2016 (*2016 World Intellectual Property Indicators*),[310] o número de patentes em vigor em todos os outros países do BRICS no ano de 2015 – na África do Sul (58.624), na China

---

zed by the patent holder, but also where the specified acts are performed without the patent holder's approval, but provided that said introduction into civil circulation was performed lawfully in the cases prescribed by the Code, shall not constitute an infringement of the exclusive right in an invention." WORLD INTELLECTUAL PROPERTY ORGANIZATION. *Questionnaire on Exceptions and Limitations to Patent Rights. Country: Russian Federation.* Disponível em: http://www.wipo.int/export/sites/www/scp/en/exceptions/translation/russia_en.pdf, p. 24. Acesso em 20 ago. 2017.

[310] WORLD INTELLECTUAL PROPERTY ORGANIZATION. *World Intellectual Property Indicators 2016, Economic & Statistics Series.* Disponível em: http://www.wipo.int/edocs/pubdocs/en/wipo_pub_941_2016.pdf, p. 70-72. Acesso em 20 ago. 2017.

(1.472.374), na Índia (47.113) e na Rússia (218.974) – era superior ao número de patentes em vigor no Brasil (23.952).

Não obstante o dado objetivo, destaca-se que a posição do Brasil, no que tange ao número de patentes em vigor em relação aos demais países do BRICS, é recorrente. Por conta disso, com o intuito de apresentar as informações da forma mais completa possível, este estudo também analisará indicadores publicados pela OMPI em 2013, 2014 e 2015.

Todavia, como as informações consolidadas sobre o número de patentes em vigor no Brasil foram apresentadas apenas nos relatórios da OMPI de 2013 e de 2016, este trabalho também analisará, de forma comparativa, o número de pedidos de patentes depositados e o número de patentes concedidas, nos anos de 2012, 2013, 2014 e 2015, no Brasil e nos demais países do BRICS – com a ressalva de que os dados relativos ao número de pedidos de patentes depositados e ao número de patentes concedidas não são dados agregados que permitem uma compreensão ampla da situação do sistema de patentes de cada país e não são fidedignos à real situação do sistema de patentes, porque, ao mesmo tempo em que o número de pedidos de patentes depositados pode ser excessivo por incluir um número significativo de pedidos que serão indeferidos, o número de patentes concedidas pode ser diminuto em razão da morosidade dos escritórios de patentes para concedê-las.

O objetivo de examinar todos esses dados em conjunto é evitar eventual conclusão equivocada. Pois, como será visto a seguir, mesmo em relação ao número de pedidos de patentes depositados e ao número de patentes concedidas, nos anos de 2012, 2013, 2014 e 2015, o Brasil não supera os demais países do BRICS.

(a) *2013 World Intellectual Property Indicators*[311]

O relatório da OMPI de 2013, relativo aos dados de 2012, foi o último que incluiu o Brasil entre os 20 primeiros países classificados em

---

[311] WORLD INTELLECTUAL PROPERTY ORGANIZATION. *2013 World Intellectual Property Indicators, WIPO Economic & Statistics Series.* Disponível em: http://www.wipo.int/edocs/pubdocs/en/intproperty/941/wipo_pub_941_2013.pdf. Acesso em 20 ago. 2017.

número de patentes em vigor, destacando-se que a posição ocupada pelo país (19ª) foi conferida com base nos dados relativos ao ano de 2011[312] (sendo que, entre os anos de 2012 e 2014, não foram fornecidas à OMPI informações consolidadas sobre o número de patentes em vigor no Brasil).

Embora a comparação efetiva deva considerar sobretudo as informações da China e da Índia, o gráfico da Figura 2 abaixo mostra que o número de patentes em vigor em todos os outros países do BRICS no ano de 2012 – na África do Sul (112.339), na China (875.385), na Índia (42.991) e na Rússia (181.515) – era superior ao número de patentes em vigor no Brasil (41.453) em 2011.

---

[312] WORLD INTELLECTUAL PROPERTY ORGANIZATION. *2013 World Intellectual Property Indicators, WIPO Economic & Statistics Series.* Disponível em: http://www.wipo.int/edocs/pubdocs/en/intproperty/941/wipo_pub_941_2013.pdf, p. 83. Acesso em 20 ago. 2017.

FIGURA 2[313]

Figure A.8.1 Patents in force by office for the top 20 offices, 2012

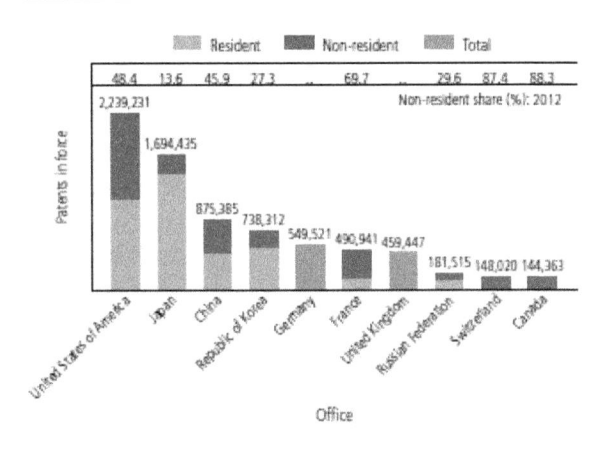

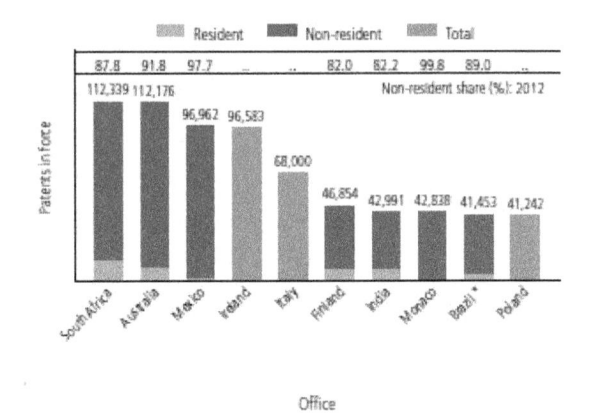

Note: *2011 data and growth rate refers to 2010-2011; "..." – not available.

Source: WIPO Statistics Database, October 2012

Além disso, observa-se que o termo *"resident"* indicado no gráfico acima compreende tanto as empresas nacionais quanto as empre-

---

[313] WORLD INTELLECTUAL PROPERTY ORGANIZATION. *2013 World Intellectual Property Indicators, WIPO Economic & Statistics Series.* Disponível em: http://www.wipo.int/edocs/pubdocs/en/intproperty/941/wipo_pub_941_2013.pdf, p. 83. Acesso em 20 ago. 2017.

sas estrangeiras com filiais legalmente constituídas nos respectivos países. Tendo em vista que a intenção da LPI, ao vedar a importação paralela de patentes, foi proteger os empresários nacionais titulares de patentes da concorrência de produtos importados e, ao mesmo tempo, atrair investimentos em tecnologia avançada de titulares de patentes estrangeiros, forçando-os a se estabelecerem em território nacional, nota-se que apenas 11% das patentes em vigor em 2011 foram concedidas a esses agentes com os quais a LPI preocupou-se ao tratar da questão.

Assim, ao comparar o número que esse percentual representa com os números dos demais países do BRICS, extrai-se que: enquanto no Brasil, em 2011, 4.560 patentes em vigor tinham sido concedidas a residentes (11%), a China e a Índia registravam, em 2012, respectivamente, 473.583 e 7.652 patentes em vigor concedidas a residentes (54,1% e 17,8%, respectivamente) e, a título de completude da informação, esse percentual, na África do Sul e na Rússia, foi de 12,2% e 70,4%, respectivamente. Isso evidencia que o número de patentes em vigor concedidas a residentes no Brasil em 2011 era significativamente inferior ao número de patentes em vigor concedidas a residentes nos demais países do BRICS no ano de 2012.

A Figura 3 abaixo contribui para a análise, uma vez que mostra que, no ano de 2012, o Brasil (30.116) também ficou atrás da China (652.777) e a da Índia (43.955) quanto ao número de pedidos de patentes depositados, destacando-se que o Brasil, entre esses países, foi o que registrou o maior número de pedidos realizados por não residentes no período (84%).

FIGURA 3[314]

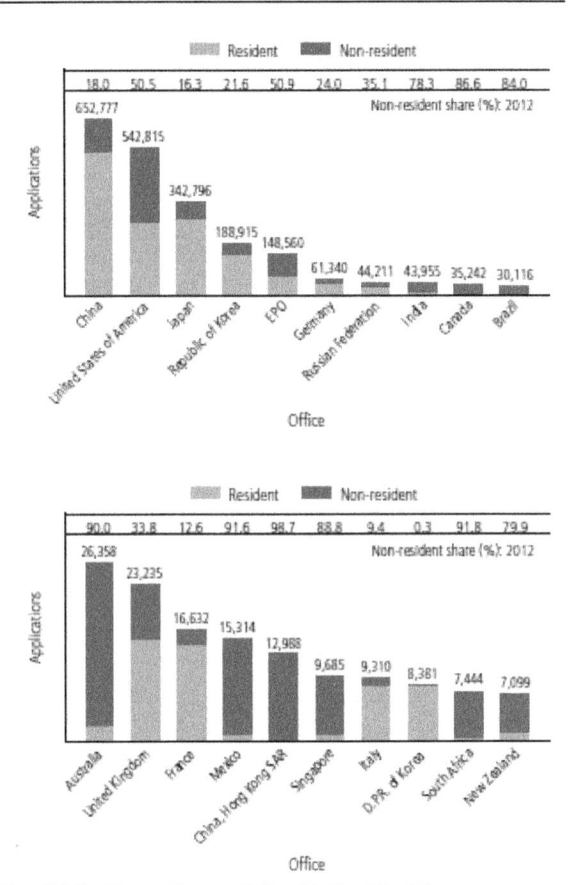

Figure A.2.1.3 Patent applications for the top 20 offices, 2012

Note: D.P.R. of Korea = Democratic People's Republic of Korea

Source: WIPO Statistics Database, October 2013

Por fim, as Figuras 4 e 5 abaixo corroboram o entendimento, uma vez que o número de patentes concedidas no Brasil no ano de 2012 (2.830 – Figura 5) também foi inferior ao número de paten-

---

[314] WORLD INTELLECTUAL PROPERTY ORGANIZATION. *2013 World Intellectual Property Indicators, WIPO Economic & Statistics Series*. Disponível em: http://www.wipo.int/edocs/pubdocs/en/intproperty/941/wipo_pub_941_2013.pdf, p. 53. Acesso em 20 ago. 2017.

tes concedidas nos demais países do BRICS – China (217.105), Rússia (32.880), África do Sul (6.205) e Índia (4.328) –, o que inclusive excluiu o país do *ranking* dos "*top 20 offices*".

FIGURA 4[315]

Figure A.2.2.1 Patent grants for the top 20 offices, 2012

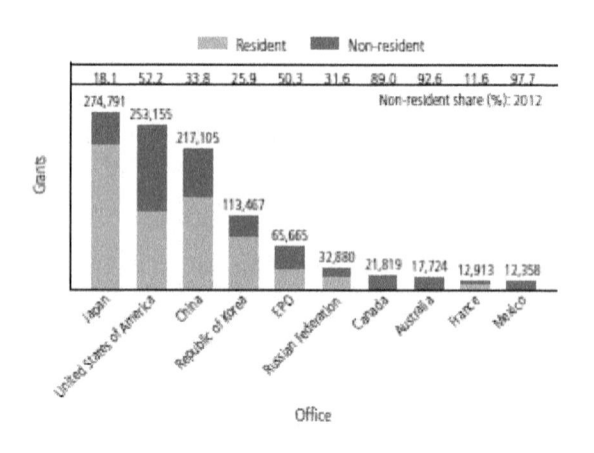

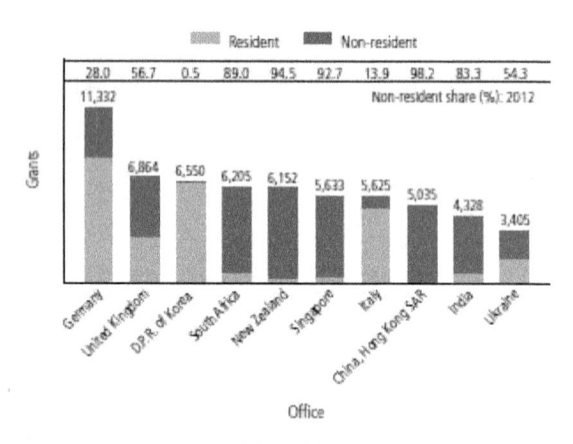

Note: D.P.R. of Korea = Democratic People's Republic of Korea

Source: WIPO Statistics Database, October 2013

---

[315] WORLD INTELLECTUAL PROPERTY ORGANIZATION. *2013 World Intellectual Property Indicators, WIPO Economic & Statistics Series*. Disponível em: http://www.wipo.int/edocs/pubdocs/en/intproperty/941/wipo_pub_941_2013.pdf, p. 56. Acesso em 20 ago. 2017.

FIGURA 5[316]

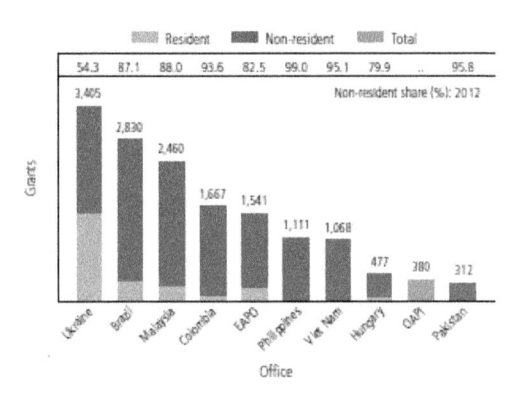

Figure A.2.2.2 Patent grants for offices of selected middle- and low-income countries, 2012

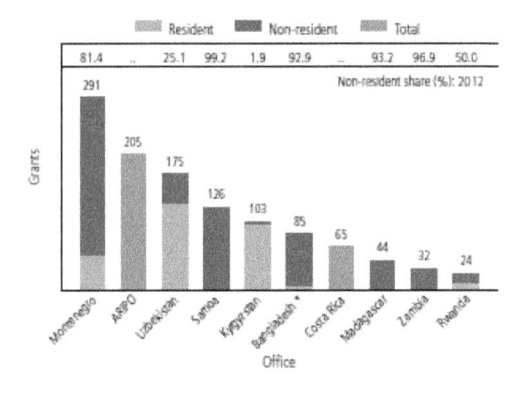

Note: "2011 data, ".." = not available. The selected offices are from different world regions and income groups (upper middle-income, lower-middle income and low-income). Data for all available offices are presented in the statistical annex. ARIPO = African Regional Intellectual Property Organization; OAPI = African Intellectual Property Organization and EAPO = Eurasian Patent Organization.

Source: WIPO Statistics Database, October 2013

---

[316] WORLD INTELLECTUAL PROPERTY ORGANIZATION. *2013 World Intellectual Property Indicators, WIPO Economic & Statistics Series*. Disponível em: http://www.wipo.int/edocs/pubdocs/en/intproperty/941/wipo_pub_941_2013.pdf, p. 56. Acesso em 20 ago. 2017.

(b) *2014 World Intellectual Property Indicators*[317]

Como dito, o relatório da OMPI de 2013 foi o último que incluiu o Brasil entre os 20 primeiros países classificados em relação ao número de patentes em vigor (sendo que esse dado foi fornecido novamente à OMPI somente em 2015). Não obstante, os demais países do BRICS continuaram a fazer parte dos "*top 20 offices*", conforme apresentado no *ranking* referente aos dados do ano de 2013 na Figura 6 abaixo.

FIGURA 6[318]

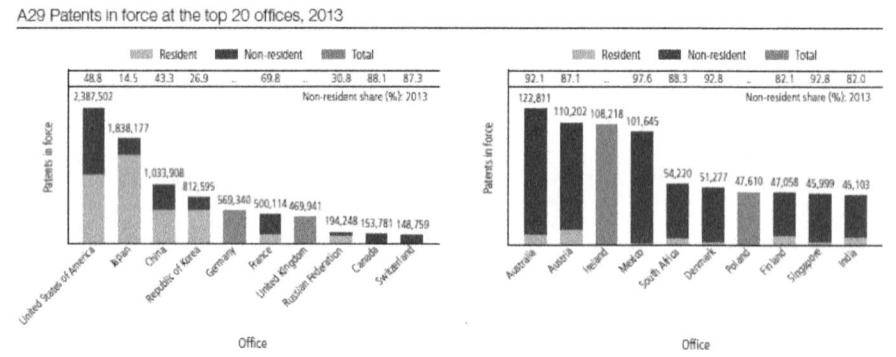

Quanto ao número de pedidos de patentes depositados em 2013, extrai-se da Figura 7 abaixo que, enquanto o Brasil ocupou a 10ª posição, com 30.884 pedidos, a China, a Rússia e a Índia ocuparam a 1ª, a 7ª e a 8ª posição, com 825.136, 44.914 e 43.031 pedidos, respectivamente. Isso significa que o Brasil manteve-se atrás da China e da Índia quanto ao número de pedidos de patentes depositados, destacando-se, novamente, que o Brasil, entre esses países, foi que apresentou o maior percentual de pedidos realizados por não residentes (83,9%).

---

[317] WORLD INTELLECTUAL PROPERTY ORGANIZATION. *2014 World Intellectual Property Indicators, WIPO Economic & Statistics Series.* Disponível em: http://www.wipo.int/edocs/pubdocs/en/wipo_pub_941_2014.pdf. Acesso em 20 ago. 2017.

[318] WORLD INTELLECTUAL PROPERTY ORGANIZATION. *2014 World Intellectual Property Indicators, WIPO Economic & Statistics Series.* Disponível em: http://www.wipo.int/edocs/pubdocs/en/wipo_pub_941_2014.pdf, p. 37. Acesso em 20 ago. 2017.

FIGURA 7[319]

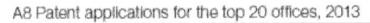

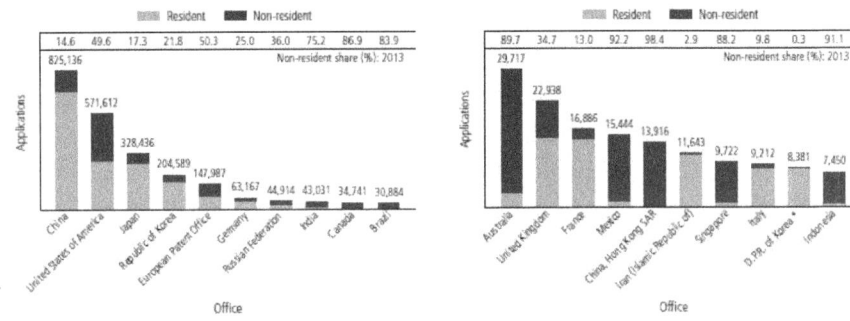

No que diz respeito ao número de patentes concedidas no ano de 2013, o Brasil, juntamente com a Índia, continuou fora do *ranking* dos "*top 20 offices*", conforme mostra a Figura 8 abaixo.

FIGURA 8[320]

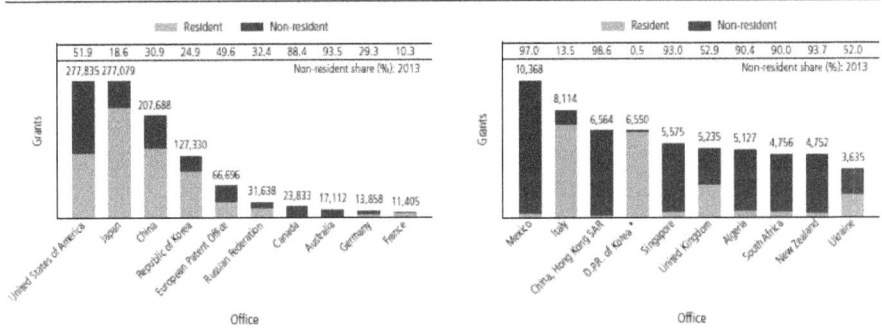

[319] WORLD INTELLECTUAL PROPERTY ORGANIZATION. *2014 World Intellectual Property Indicators, WIPO Economic & Statistics Series*. Disponível em: http://www.wipo.int/edocs/pubdocs/en/wipo_pub_941_2014.pdf, p. 24. Acesso em 20 ago. 2017.

[320] WORLD INTELLECTUAL PROPERTY ORGANIZATION. *2014 World Intellectual Property Indicators, WIPO Economic & Statistics Series*. Disponível em: http://www.wipo.int/edocs/pubdocs/en/wipo_pub_941_2014.pdf, p. 26. Acesso em 20 ago. 2017.

Todavia, o Brasil e a Índia também não apareceram no *ranking* dos "*offices of selected low – and middle-income countries*".[321] Não obstante, o relatório da OMPI de 2014 apresentou a informação, em separado, de que o Brasil registrou o total de 2.972 patentes concedidas no ano de 2013, enquanto que a Índia registrou o total de 3.377.[322] Isso significa que o número de patentes concedidas no Brasil no ano de 2013 também foi inferior ao número de patentes concedidas nos demais países do BRICS – observando-se que, de acordo com a Figura 8 acima, em 2013, 207.688 patentes foram concedidas na China, 31.638 na Rússia e 4.756 na África do Sul.

(c) *2015 World Intellectual Property Indicators*[323]

O Brasil continuou fora do *ranking* dos 20 primeiros países classificados em relação ao número de patentes em vigor em 2014, enquanto que a China, a Rússia e a África do Sul permaneceram entre os "*top 20 offices*", conforme evidencia a Figura 9 abaixo. Destaca-se ainda que, apesar de a Índia ter sido excluída desse *ranking*, o relatório da OMPI de 2015 apresentou a informação de que o país registrou 49.272 patentes em vigor no ano de 2014.[324]

---

[321] WORLD INTELLECTUAL PROPERTY ORGANIZATION. *2014 World Intellectual Property Indicators, WIPO Economic & Statistics Series*. Disponível em: http://www.wipo.int/edocs/pubdocs/en/wipo_pub_941_2014.pdf, p. 27. Acesso em 20 ago. 2017.

[322] WORLD INTELLECTUAL PROPERTY ORGANIZATION. *2014 World Intellectual Property Indicators, WIPO Economic & Statistics Series*. Disponível em: http://www.wipo.int/edocs/pubdocs/en/wipo_pub_941_2014.pdf, p. 51-52. Acesso em 20 ago. 2017.

[323] WORLD INTELLECTUAL PROPERTY ORGANIZATION. *2015 World Intellectual Property Indicators, WIPO Economic & Statistics Series*. Disponível em: http://www.wipo.int/edocs/pubdocs/en/wipo_pub_941_2015.pdf. Acesso em 20 ago. 2017.

[324] WORLD INTELLECTUAL PROPERTY ORGANIZATION. *2015 World Intellectual Property Indicators, WIPO Economic & Statistics Series*. Disponível em: http://www.wipo.int/edocs/pubdocs/en/wipo_pub_941_2015.pdf, p. 67. Acesso em 20 ago. 2017.

FIGURA 9[325]

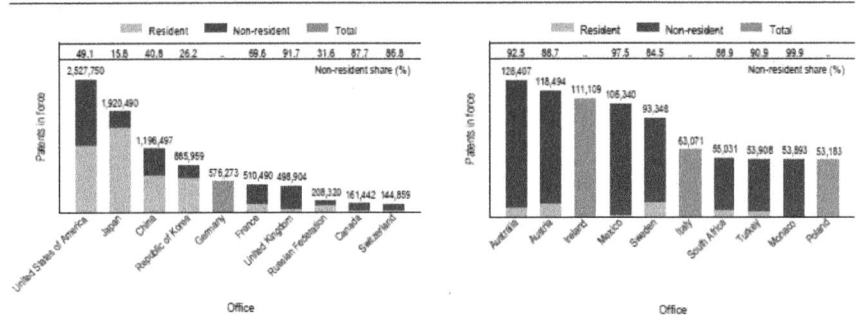

A32 Patents in force at the top 20 offices, 2014

.. indicates not available.

Note: Patent rights last for a limited period – generally 20 years from the date of filing. Patents in force provide information on the volume of patents currently valid, as well as the historical patent life cycle.

Source: WIPO Statistics Database, October 2015.

De forma semelhante aos dados de 2013, os dados de 2014 sobre o número de pedidos de patentes depositados nos *"top 20 offices"* revelam que, enquanto o Brasil ocupou a 10ª posição, com 30.342 pedidos, a China, a Índia e a Rússia ocuparam a 1ª, a 7ª e a 8ª posição, com 928.177, 42.854 e 40.308 pedidos, respectivamente. Novamente, o Brasil foi o país que apresentou o maior percentual de pedidos realizados por não residentes (84,6%) entre esses países, conforme se pode notar na Figura 10 abaixo.

---

[325] WORLD INTELLECTUAL PROPERTY ORGANIZATION. *2015 World Intellectual Property Indicators, WIPO Economic & Statistics Series*. Disponível em: http://www.wipo.int/edocs/pubdocs/en/wipo_pub_941_2015.pdf, p. 51. Acesso em 20 ago. 2017.

FIGURA 10[326]

A8 Patent applications for the top 20 offices, 2014

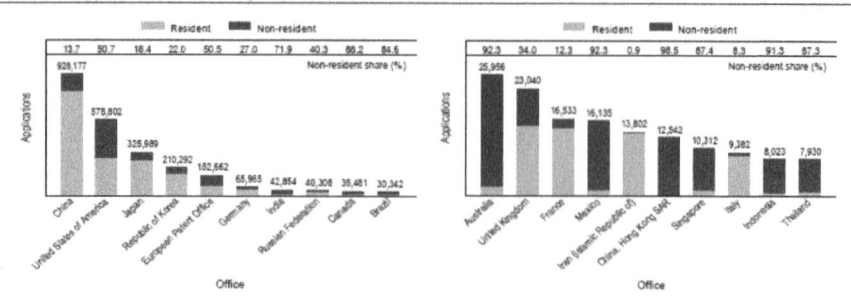

Note: In general, national offices of European Patent Office member states receive lower volumes of applications because applicants may apply via the EPO to seek protection within any EPO member state.

Source: WIPO Statistics Database, October 2015.

Por fim, o número de patentes concedidas no Brasil no ano de 2014 (2.749) também foi inferior ao número de patentes concedidas nos demais países do BRICS – China (233.228), Rússia (33.950), Índia (6.153) e África do Sul (5.065) –, o que também excluiu o país do *ranking* dos *"top 20 offices"*, conforme apresentado nas Figuras 11 e 12 abaixo.

FIGURA 11[327]

A14 Patent grants for the top 20 offices, 2014

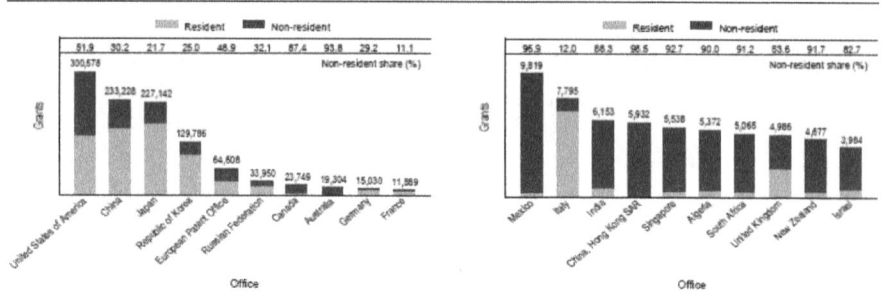

Note: Offices undertake formal and/or substantive examination of applications received to decide whether or not to issue patent rights. The procedure for issuing patents varies across offices, and differences in the numbers of patents granted among offices depend on such factors as examination capacity and procedural delays. The examination process can also be lengthy, so there is a time lag between application and grant dates. For this reason, data on applications for a given year should not be compared with data on grants for the same year.

Source: WIPO Statistics Database, October 2015.

[326] WORLD INTELLECTUAL PROPERTY ORGANIZATION. *2015 World Intellectual Property Indicators, WIPO Economic & Statistics Series*. Disponível em: http://www.wipo.int/edocs/pubdocs/en/wipo_pub_941_2015.pdf, p. 37. Acesso em 20 ago. 2017.

[327] WORLD INTELLECTUAL PROPERTY ORGANIZATION. *2015 World Intellectual Property Indicators, WIPO Economic & Statistics Series*. Disponível em: http://www.wipo.int/edocs/pubdocs/en/wipo_pub_941_2015.pdf, p. 40. Acesso em 20 ago. 2017.

FIGURA 12[328]

A15 Patent grants for offices of selected low- and middle-income countries, 2014

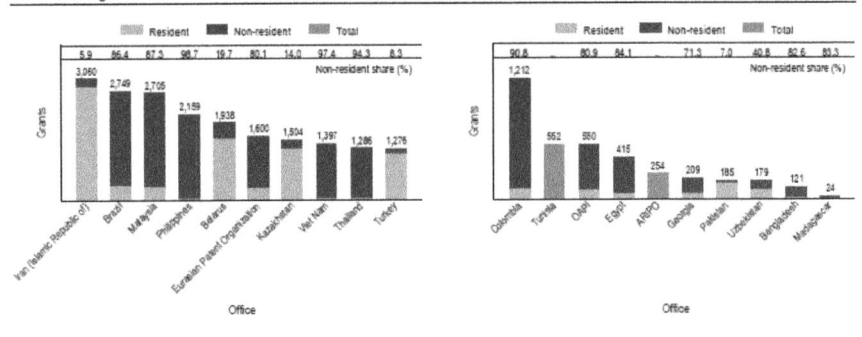

.. indicates not available.

Note: ARIPO is the African Regional Intellectual Property Organization, and OAPI is the African Intellectual Property Organization. The selected offices are from different world regions and income groups (low-income, lower middle-income and upper middle-income). Where available, data for all offices are in the statistical table at the end of this section.

Source: WIPO Statistics Database, October 2015.

(d) *2016 World Intellectual Property Indicators*[329]

Novamente, o Brasil continuou fora do *ranking* dos 20 primeiros países classificados em relação ao número de patentes em vigor em 2015, enquanto que a China, a Rússia e a África do Sul permaneceram entre os *"top 20 offices"*, conforme evidencia a Figura 13 abaixo. Destaca-se também que, apesar de a Índia ter ficado mais uma vez fora desse *ranking*, o relatório da OMPI de 2016 apresentou a informação de que o país registrou 47.113 patentes em vigor no ano de 2015, enquanto que o Brasil registrou 23.952.[330]

---

[328] WORLD INTELLECTUAL PROPERTY ORGANIZATION. *2015 World Intellectual Property Indicators, WIPO Economic & Statistics Series.* Disponível em: http://www.wipo.int/edocs/pubdocs/en/wipo_pub_941_2015.pdf, p. 40. Acesso em 20 ago. 2017.

[329] WORLD INTELLECTUAL PROPERTY ORGANIZATION. *World Intellectual Property Indicators 2016, Economic & Statistics Series.* Disponível em: http://www.wipo.int/edocs/pubdocs/en/wipo_pub_941_2016.pdf. Acesso em 20 ago. 2017.

[330] WORLD INTELLECTUAL PROPERTY ORGANIZATION. *World Intellectual Property Indicators 2016, Economic & Statistics Series.* Disponível em: http://www.wipo.int/edocs/pubdocs/en/wipo_pub_941_2016.pdf, p. 70-72. Acesso em 20 ago. 2017.

FIGURA 13[331]

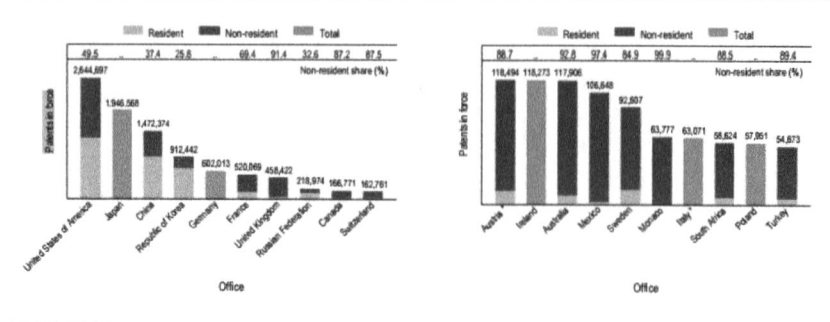

A41 Patents in force at the top 20 offices, 2015

* indicates 2014 data.
.. indicates not available.

Note: Patent rights last for a limited period – generally 20 years from the date of filing. Patents in force provide information on the volume of patents currently valid, as well as the historical patent life cycle.

Source: WIPO Statistics Database, October 2016.

De forma semelhante aos dados de 2014, os dados de 2015 sobre o número de pedidos de patentes depositados nos "*top 20 offices*" revelam que, enquanto o Brasil ocupou a 10ª posição, com 30.219 pedidos, a China, a Índia e a Rússia ocuparam a 1ª, a 7ª e a 8ª posição, com 1.101.864, 45.658 e 45.517 pedidos, respectivamente. Novamente, o Brasil foi o país que apresentou o maior percentual de pedidos realizados por não residentes (84,6%) entre esses países, conforme se pode notar na Figura 14 abaixo.

---

[331] WORLD INTELLECTUAL PROPERTY ORGANIZATION. *World Intellectual Property Indicators 2016, Economic & Statistics Series.* Disponível em: http://www.wipo.int/edocs/pubdocs/en/wipo_pub_941_2016.pdf, p. 55. Acesso em 20 ago. 2017.

FIGURA 14[332]

A8 Patent applications for the top 20 offices, 2015

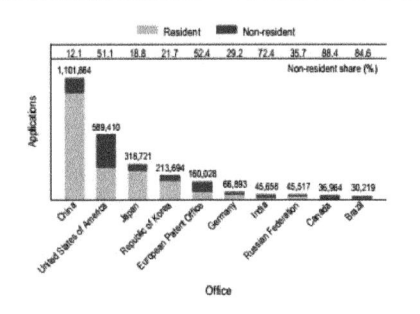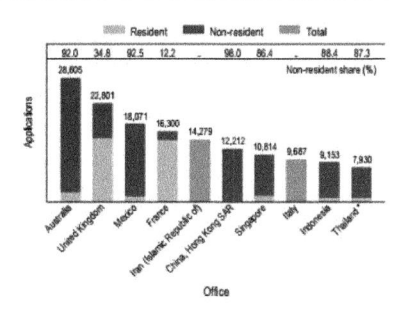

* indicates 2014 data.
.. indicates not available.

Note: In general, national offices of European Patent Office (EPO) member states receive lower volumes of applications because applicants may apply via the EPO to seek protection within any EPO member state. Resident and non-resident breakdown are not available for the Islamic Republic of Iran or Italy.

Source: WIPO Statistics Database, October 2016.

Por fim, o número de patentes concedidas no Brasil no ano de 2015 (3.411) também foi inferior ao número de patentes concedidas nos demais países do BRICS – China (359.316), Rússia (34.706), Índia (6.022) e África do Sul (4.499) –, salientando-se, no entanto, a inclusão do país do *ranking* dos "*top 20 offices*", conforme apresentado nas Figura 15 abaixo.

---

[332] WORLD INTELLECTUAL PROPERTY ORGANIZATION. *World Intellectual Property Indicators 2016, Economic & Statistics Series*. Disponível em: http://www.wipo.int/edocs/pubdocs/en/wipo_pub_941_2016.pdf, p. 35 Acesso em 20 ago. 2017.

FIGURA 15[333]

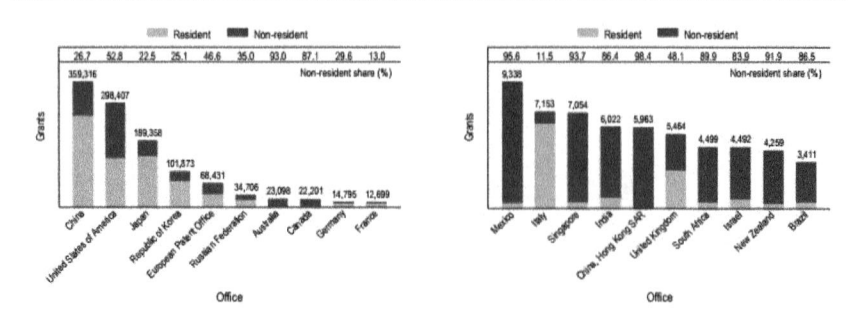

A15 Patent grants for the top 20 offices, 2015

Note: Offices undertake formal and/or substantive examination of applications received to decide whether or not to issue patent rights. The procedure for issuing patents varies across offices, and differences in the numbers of patents granted among offices depend on factors such as examination capacity and procedural delays. The examination process can also be lengthy, so there is a time lag between application and grant dates. For this reason, data on applications for a given year should not be compared with data on grants for the same year.

Source: WIPO Statistics Database, October 2016.

Por todo o exposto e analisado, conclui-se que, além de o número de patentes em vigor no Brasil em 2015 ter sido inferior ao número de patentes em vigor em cada um dos demais países do BRICS (e de esta posição do Brasil ser recorrente – dado verificado no relatório da OMPI de 2013), o número de pedidos de patentes depositados e o número de patentes concedidas no Brasil, nos anos de 2012, 2013, 2014 e 2015, também foram inferiores aos respectivos números registrados pelos demais países do BRICS, incluindo a China e a Índia, segundo os indicadores publicados pela OMPI em 2013, 2014, 2015 e 2016, respectivamente.

Passa-se, agora, ao exame também comparativo sobre o nível de competitividade do Brasil e dos demais países do BRICS, principalmente da China e da Índia, quanto aos fatores ambiente macroeconômico (que compreende a variável investimento estrangeiro) e tecnologia e inovação.

---

[333] WORLD INTELLECTUAL PROPERTY ORGANIZATION. *World Intellectual Property Indicators 2016, Economic & Statistics Series*. Disponível em: http://www.wipo.int/edocs/pubdocs/en/wipo_pub_941_2016.pdf, p. 38. Acesso em 20 ago. 2017.

(ii) Nível de competitividade

O relatório "Competitividade Brasil 2014: comparação com países selecionados",[334] da Confederação Nacional da Indústria, ao avaliar oito fatores determinantes da competitividade dos países, confere ao Brasil a penúltima posição (14ª) entre os 15 países selecionados. Conforme demonstrado na Figura 16, nesta classificação geral, a China ocupa a 4ª posição, a África do Sul a 7ª, a Rússia a 8ª e a Índia a 10ª.

FIGURA 16[335]

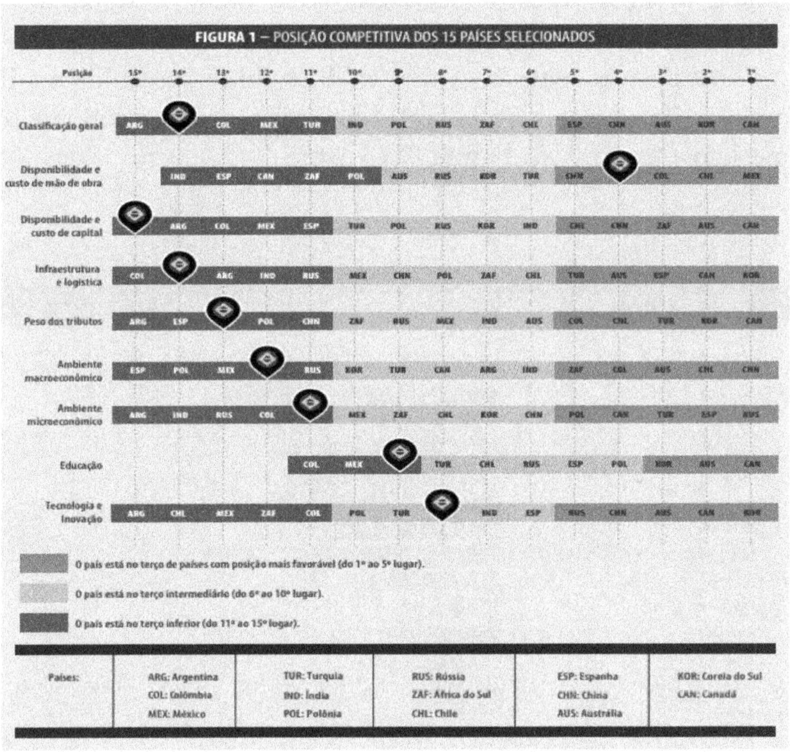

FIGURA 1 – POSIÇÃO COMPETITIVA DOS 15 PAÍSES SELECIONADOS

---

[334] CONFEDERAÇÃO NACIONAL DA INDÚSTRIA. *Competitividade Brasil 2014*: comparação com países selecionados. – Brasília: CNI, 2015. Disponível em: http://arquivos.portaldaindustria.com.br/app/cni_estatistica_2/2015/01/14/32/CompetitividadeBrasil_2014.pdf. Acesso em 20 ago. 2017.

[335] CONFEDERAÇÃO NACIONAL DA INDÚSTRIA. *Competitividade Brasil 2014*: comparação com países selecionados. – Brasília: CNI, 2015. Disponível em: http://arquivos.portaldaindustria.com.br/app/cni_estatistica_2/2015/01/14/32/CompetitividadeBrasil_2014.pdf, p. 16. Acesso em 20 ago. 2017.

Não obstante, uma vez que este exame pretende analisar se o Brasil é, de fato, um país mais competitivo como possível indicador da materialização do interesse em atrair investimentos estrangeiros em tecnologia avançada por meio da LPI, a comparação deve limitar-se à variável investimento estrangeiro, que integra o fator ambiente macroeconômico, e ao fator tecnologia e inovação.

Quanto à variável investimento estrangeiro, ressalva-se que o dado não trata de investimento estrangeiro em tecnologia avançada, mas, sim, de investimento estrangeiro como um todo. Em relação a essa variável, o Brasil aparece na 7ª posição, atrás apenas da Rússia, que ocupa a 3ª posição, enquanto que a África do Sul, a China e a Índia foram classificadas nas 9ª, 12ª e 13ª posições, respectivamente, conforme se pode extrair da Figura 17 abaixo.

FIGURA 17[336]

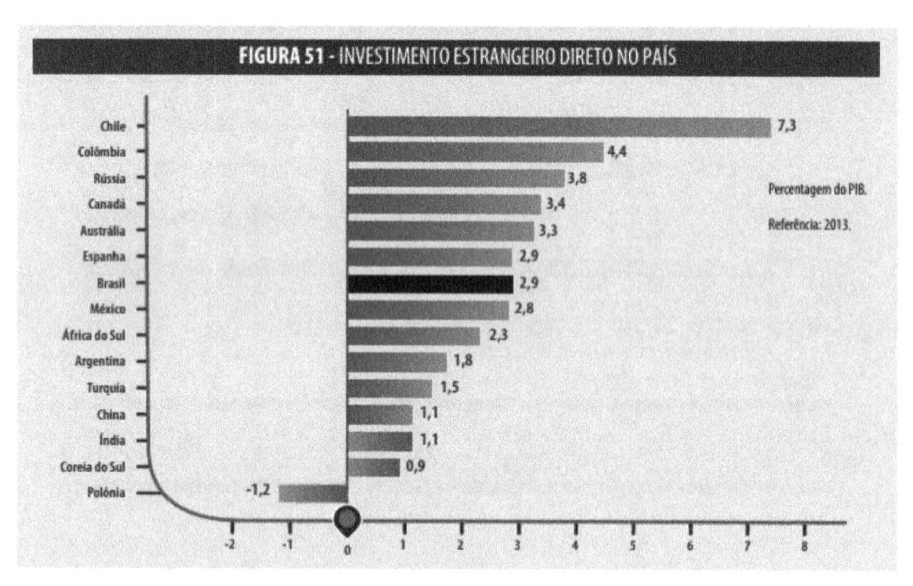

---

[336] CONFEDERAÇÃO NACIONAL DA INDÚSTRIA. *Competitividade Brasil 2014*: comparação com países selecionados. – Brasília: CNI, 2015. Disponível em: http://arquivos.portaldaindustria.com.br/app/cni_estatistica_2/2015/01/14/32/CompetitividadeBrasil_2014.pdf, p. 56. Acesso em 20 ago. 2017.

No entanto, no que tange ao *ranking* do fator ambiente macroeconômico como um todo (Figura 18 abaixo), o qual, de fato, demonstra a competitividade dos países, o Brasil ocupa a 12ª posição, atrás de todos os demais países do BRICS – China (1ª posição), África do Sul (5ª posição), Índia (6ª posição) e Rússia (11ª posição).

FIGURA 18[337]

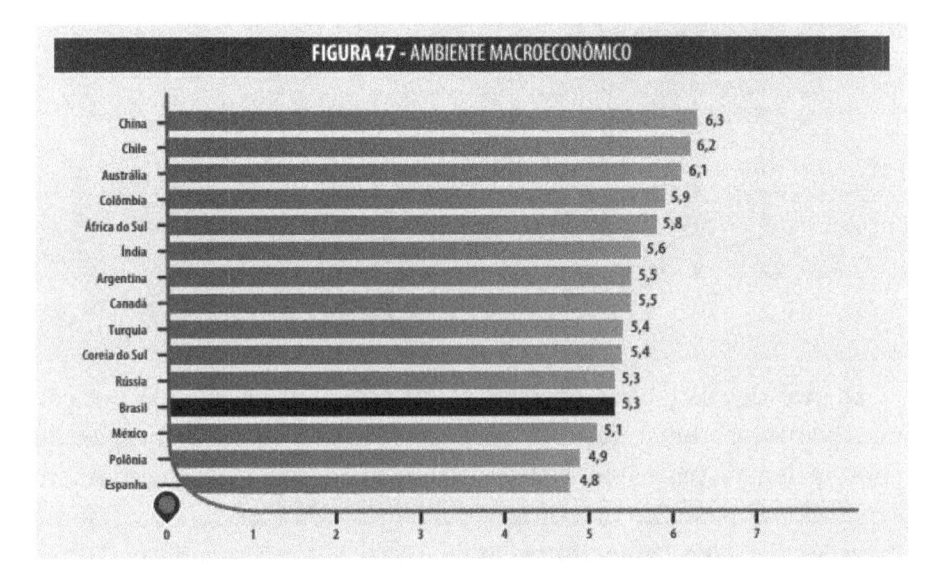

Por fim, da análise do *ranking* do fator de competitividade tecnologia e inovação, destaca-se que o Brasil (8ª posição) está à frente apenas da África do Sul (12ª posição), sendo que a China, a Rússia e a Índia ocupam as 4ª, a 5ª e a 7ª posições, respectivamente, conforme se verifica na Figura 19 a seguir.

---

[337] CONFEDERAÇÃO NACIONAL DA INDÚSTRIA. *Competitividade Brasil 2014*: comparação com países selecionados. – Brasília: CNI, 2015. Disponível em: http://arquivos.portaldaindustria.com.br/app/cni_estatistica_2/2015/01/14/32/CompetitividadeBrasil_2014.pdf, p. 56. Acesso em 20 ago. 2017.

FIGURA 19[338]

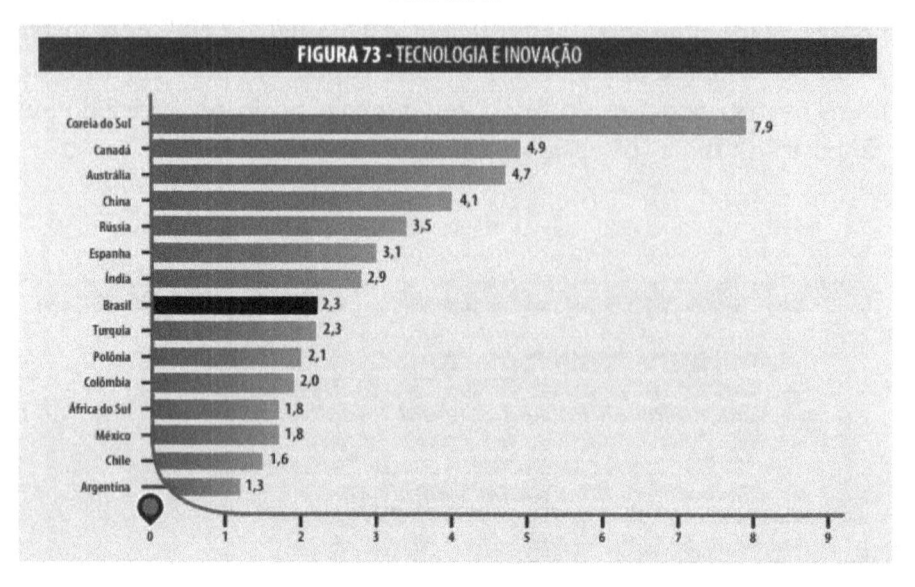

Diante desses dados, observa-se que o Brasil não ocupa posição mais vantajosa em relação à competitividade quando comparado com os demais países do BRICS, inclusive quando consideradas, em separado, as posições de competitividade sobre os fatores ambiente macroeconômico (que compreende a variável investimento estrangeiro) e tecnologia e inovação.

(iii) Plausibilidade da justificativa para a vedação da importação paralela de patentes na legislação brasileira
Por meio das análises empreendidas nos itens acima, é possível chegar à seguinte conclusão: a vedação legal da importação paralela de patentes não é fator determinante para que um país tenha mais patentes em vigor, tampouco é fator determinante para que determinado país seja mais competitivo.

---

[338] CONFEDERAÇÃO NACIONAL DA INDÚSTRIA. *Competitividade Brasil 2014*: comparação com países selecionados. – Brasília: CNI, 2015. Disponível em: http://arquivos.portal-daindustria.com.br/app/cni_estatistica_2/2015/01/14/32/CompetitividadeBrasil_2014.pdf, p. 76. Acesso em 20 ago. 2017.

Em particular, conclui-se que o incentivo aos empresários nacionais e a titulares estrangeiros para obterem patentes em determinado território, bem como o incentivo ao investimento estrangeiro, não estão diretamente vinculados ao tratamento legal conferido à atividade de importação paralela nesse território. Desse modo, o fato de a importação paralela ser prática vedada em determinada jurisdição não significa que, necessariamente, esse país apresentará mais resultados positivos em relação à indústria nacional, nem que atrairá mais investimentos estrangeiros ou será mais competitivo.

Conclui-se, assim, que a justificativa para o estabelecimento de uma política de vedação da prática da importação paralela fundamentada na necessidade de proteger a indústria nacional, juntamente com o objetivo de atrair investimentos estrangeiros em tecnologia avançada – como ocorre no Brasil – não é plausível, pois ambos os interesses prescindem de uma lei que proíba a importação paralela de patentes para serem alcançados.

4. Efeitos da Importação Paralela no Mercado: o Comportamento dos Agentes Econômicos

Sob a perspectiva da análise econômica do direito, este capítulo pretende demonstrar como que a previsão legal em relação à importação paralela influencia o comportamento do titular da patente no que tange à sua atuação no mercado do território que reconhece a licitude ou ilicitude da prática. Mais especificamente, visa a explicar como que o tratamento jurídico conferido à importação paralela em determinada jurisdição reflete na dinâmica concorrencial das relações de mercado que envolvem titular da patente e importador paralelo no respectivo território. Para tanto, será realizado um exercício que, por meio da teoria dos jogos, pretende analisar o comportamento estratégico dos agentes econômicos diante das situações de permissão e de vedação legal da prática de importação paralela.

A utilização da teoria dos jogos como ferramenta de avaliação, entretanto, não pressupõe, nem assume, a análise econômica do direito como ótica balizadora para a formulação de políticas públicas ou instrumento único de interpretação do direito. Isto é, como esclarecimento prévio, destaca-se que não se pretende adotar a análise econômica do direito sob o prisma exclusivo da eficiência como chave para a interpretação e formulação do direito. Quer-se, sim, utilizar a eficiência como um valor adicional no sopesamento dos prós, contras, benefícios e custos[339] para a escolha do regime

---

[339] Cf. Salama, Bruno Meyerhof. *A História do Declínio e Queda do Eficientismo na Obra de Richard Posner*, em Lima, Maria Lúcia L. M. Pádua (Coord.). Trinta Anos de Brasil: Diá-

jurídico mais adequado para disciplinar a importação paralela de patentes.[340]

Pretende-se, aqui, utilizar a teoria dos jogos como uma ferramenta adicional para analisar a relação entre a hermenêutica jurídica e o efeito prático da finalidade da norma.[341] Em outras palavras, este capítulo analisará se a proibição ou permissão da importação paralela de patentes, do ponto de vista econômico, é viável e quais os custos e benefícios teóricos envolvidos diante de cada uma das situações jurídicas possíveis. A teoria dos jogos, portanto, é o instrumento para avaliar a atuação estratégica dos agentes e as consequências da normatização jurídica em seus comportamentos,[342] na medida em que se admite que a lei induz (ou, ao menos, afeta) o comportamento dos agentes.

Com isso, pretende-se esclarecer alguns entendimentos que não levam em consideração que os agentes econômicos fazem escolhas racionais e atuam estrategicamente.[343] É o caso, por exemplo,

logos entre Direito e Economia. São Paulo: Saraiva, 2010. Disponível em: http://works.bepress.com/bruno_meyerhof_salama/35, s/p. Acesso em 20 ago. 2017.

[340] Não é o propósito deste capítulo percorrer ou discutir as críticas à utilização integral do conceito de eficiência, sob a métrica da maximização da riqueza, como parâmetro único para a análise do direito. No entanto, registra-se que existem críticas, na medida em que há outros valores em jogo na escolha do regime jurídico mais adequado para disciplinar a importação paralela de patentes em determinado país, como explicitado ao longo deste trabalho, tais como: as necessidades político-econômico-sociais de cada país (conforme o nível de desenvolvimento econômico) e a eficiência social do direito de patente (promoção do desenvolvimento tecnológico e econômico do país, garantindo o direito de acesso e escolha dos consumidores).

[341] Cf. SALAMA, Bruno Meyerhof. *A História do Declínio e Queda do Eficientismo na Obra de Richard Posner*, em LIMA, Maria Lúcia L. M. Pádua (Coord.). Trinta Anos de Brasil: Diálogos entre Direito e Economia. São Paulo: Saraiva, 2010. Disponível em: http://works.bepress.com/bruno_meyerhof_salama/35, s/p. Acesso em 20 ago. 2017.

[342] Cf. PIMENTA, Eduardo Goulart; BOGLIONE, Stefano. *O princípio da preservação da empresa em crise econômico-financeira em Direito & Economia*. Revista Faculdade Mineira de Direito (PUCMG), vol. 11, 2008, p. 109.

[343] Cf. RIBEIRO, Márcia Carla Pereira; GALESKI, Irineu Júnior. *Teoria Geral dos Contratos*. Contratos empresariais e análise econômica. Ed. Elsevier, 2009, p. 109.

do entendimento de que, diante da permissão legal da importação paralela, "as empresas farmacêuticas podem reduzir os diferenciais ou vender os produtos patenteados, apondo-lhes marcas registradas diferentes ou acondicionando-os em mercados maiores, para tornar a importação paralela difícil ou sem atrativo".[344] O argumento é pertinente, contudo, não representa o comportamento estratégico que, provavelmente, é adotado pelo titular local de uma patente diante de uma situação fática.

A pertinência de tal entendimento restringe-se à consideração de que, conforme será explicado abaixo, o titular local de determinada patente é o líder do mercado que compreende o produto objeto dessa patente e pode, portanto, impedir que o importador paralelo nele se estabeleça.[345] Ocorre que, a partir da análise do comportamento estratégico adotado pelos agentes econômicos em uma situação de permissão legal da prática de importação paralela, nota-se que a exclusão do importador paralelo do mercado não corresponde à melhor combinação de estratégias adotada pelo titular local da patente, conforme será demonstrado a seguir por meio da aplicação da teoria dos jogos ao tema.

---

[344] CORREA, Carlos M. *Aperfeiçoando a eficiência econômica e a equidade pela criação de leis de propriedade intelectual*, em VARELLA, Marcelo Dias (organizador e co-autor), Propriedade Intelectual e Desenvolvimento, São Paulo: Lex Editora, 2005, p. 65.

[345] Para fins da aplicação deste exercício, parte-se de três premissas hipotéticas: (i) o titular da patente atua como monopolista do mercado; (ii) o produto objeto da patente não possui substitutos perfeitos; e (iii) quaisquer normas jurídicas relativas à concorrência desleal e a infrações à ordem econômica são desconsideradas. É importante esclarecer que, apesar de a doutrina adotar o termo "monopólio temporário" para se referir aos direitos de propriedade industrial, a exclusividade temporária concedida aos seus detentores não gera monopólio sob a perspectiva econômica, já que é possível que diversos direitos de propriedade industrial concorram entre si. ROSENBERG, Barbara. *Patente de medicamentos e comércio internacional: os parâmetros do TRIPS e do direito concorrencial para a outorga de licenças compulsórias*. Dissertação (Doutorado em Direito) – Faculdade de Direito, Universidade de São Paulo, São Paulo, 2004, p. 173.

4.1. Análise econômica do comportamento estratégico dos agentes econômicos

4.1.1. Aplicação da teoria dos jogos

Independentemente da autorização legal da prática de importação paralela, o titular local da patente e o importador paralelo encontram-se em uma situação de interação estratégica, em que ambos fazem escolhas racionais sobre um mesmo mercado de acordo com suas preferências (teoria da escolha racional),[346] mas em uma ordem predeterminada. Conforme descrito por Ronaldo Fiani, "[s]endo racionais, os agentes envolvidos no processo de interação estratégica não decidem considerando apenas a etapa em que se encontram, mas também todo o desenvolvimento do processo de interação até ali e suas consequências futuras".[347]

O titular local da patente é o líder (para não dizer "monopolista") do mercado que compreende o produto objeto dessa patente: ele é o *player* responsável pela tomada de decisões que norteiam a atuação dos demais agentes econômicos em tal mercado e pode, portanto, impedir que o importador paralelo nele se estabeleça.[348] Assim, a atuação do importador paralelo, o que inclui sua decisão de entrar ou não no mercado alvo, é estritamente relacionada à tomada de decisão futura do titular local da patente. Aplicando-se a teoria dos jogos, trata-se de um jogo sequencial de informação perfeita, uma vez que os jogadores realizam seus movimentos em uma ordem predeterminada e todos os jogadores têm todas as informações sobre o jogo antes de fazerem suas escolhas.

4.1.1.1. Jogo sequencial de informação perfeita

A primeira decisão a ser tomada é a do importador paralelo, e ele possui duas ações possíveis, das quais deve escolher uma: entrar no mercado (ENTRA) e não entrar no mercado (NÃO ENTRA). Uma vez que o impor-

---

[346] Cf. FIANI, Ronaldo. *Teoria dos Jogos*: para cursos de administração e economia – 2ª ed. rev. e atual. – Rio de Janeiro: Elsevier, 2006, p. 23.

[347] FIANI, Ronaldo. *Teoria dos Jogos*: para cursos de administração e economia – 2ª ed. rev. e atual. – Rio de Janeiro: Elsevier, 2006, p. 56.

[348] *Vide* explicação apresentada na nota de rodapé nº 345.

tador paralelo decide entrar no mercado, é a vez do titular da patente decidir também entre duas ações possíveis: impedir que o importador paralelo consiga se estabelecer no mercado (LUTA) ou abrir espaço para que o importador paralelo se estabeleça no mercado (ACOMODA). Nota-se que o titular da patente toma sua decisão já conhecendo a decisão do importador paralelo quanto a entrar ou não no mercado alvo.

Nesse ponto, o tratamento legal conferido à importação paralela de patentes ganha importância, pois a escolha do titular da patente e, consequentemente, a combinação estratégica resultante da interação entre os agentes são distintas nas seguintes situações: (i) quando a importação paralela de patentes é atividade lícita; e (ii) quando a importação paralela de patentes é atividade ilícita.[349]

(i) Quando a importação paralela de patentes é atividade lícita

Considerando que as recompensas hipotéticas de cada jogador para cada combinação de estratégias refletem-se nos lucros de cada um deles para cada situação, caso o importador paralelo decida não entrar, seu lucro é zero (0), enquanto o lucro o titular da patente é máximo (10). No entanto, se o importador paralelo decidir entrar no mercado e o titular da patente decidir lutar, a recompensa do importador paralelo se transforma em prejuízo (-2), pois o titular impedirá que ele consiga se estabelecer no mercado e, consequentemente, consiga obter o retorno dos investimentos que realizou para ingressar no mercado. Em contrapartida, a recompensa do titular da patente é reduzida consideravelmente (1), pois, para impedir o estabelecimento do importador paralelo no mercado e tentar manter sua participação de mercado inalterada, o titular da patente incorre em custos relacionados a ações mercadológicas agressivas, como, por exemplo, a redução considerável do preço de seus produtos, que é provocada pela maior produção fixada para desestimular a entrada do concorrente, e o aumento expressivo de

---

[349] Novamente, para fins da aplicação deste exercício, faz-se necessário adotar mais uma premissa: os sistemas jurídicos considerados consistem em fatores que não sofrem alterações, sendo autoaplicáveis, ou seja, tratam-se de sistemas céleres, cujo acesso é pouco custoso (não há custo de oportunidade a ser considerado), e não apresentam divergências em relação à aplicação das normas.

gastos com publicidade e comercialização. Por fim, se, diante da decisão do importador paralelo de entrar no mercado, o titular da patente decidir acomodá-lo, a recompensa do importador paralelo será positiva (4) e os lucros do titular da patente serão superiores àqueles da hipótese em que decide lutar (6), embora não tão elevados como seriam no caso em que o importador paralelo não ingressasse no mercado (10). Isso porque, para acomodar a entrada do concorrente, ou seja, a oferta do importador paralelo, o titular da patente reduz sua própria produção em prol de manter um preço adequado dos produtos.

A Figura 20 abaixo apresenta o esquema desse processo de interação estratégica que envolve o titular da patente e o importador paralelo em mercados onde a importação paralela é considerada atividade lícita.

FIGURA 20[350]

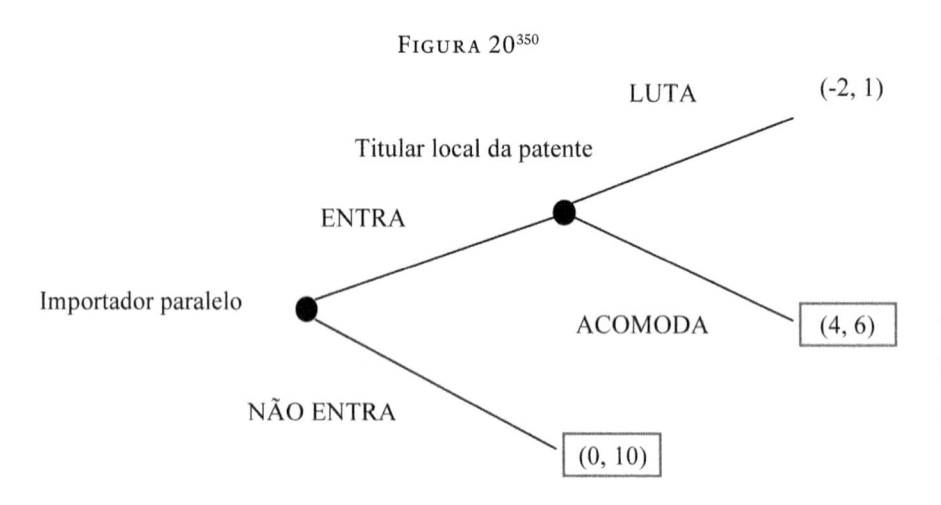

Diante desse cenário de possíveis decisões a serem tomadas pelos agentes, constata-se que, da perspectiva do titular da patente, uma vez que o importador paralelo decidiu ingressar no mercado, a combinação de redução de receitas e aumento de custos provoca uma diminuição de recompensa muito mais expressiva (de 10 para 1) do que simplesmente a acomodação da entrada do importador paralelo no mercado (de 10 para 6), por meio da redução de sua pró-

---

[350] Elaboração nossa.

pria produção. Nota-se, assim, que o mercado acaba se organizando de acordo com uma combinação de estratégias, segundo a qual cada estratégia adotada é a melhor resposta possível às estratégias do outro jogador, sendo que o mesmo vale para este também. Em outras palavras, o titular da patente adota a melhor resposta ao que o importador paralelo faz, e o mesmo é válido para o importador paralelo. Trata-se do chamado de equilíbrio de Nash.[351]

A fim de identificar quais estratégias dos agentes são as melhores respostas umas às outras, faz-se necessário representar essa situação de interação estratégica que envolve o titular da patente e o importador paralelo no formato da Tabela 3 abaixo.

TABELA 3

		Titular local da patente	
		LUTA	ACOMODA
Importador paralelo	**ENTRA**	-2, 1	4, 6
	NÃO ENTRA	0, 10	0, 10

Primeiro, ao analisar a situação do importador paralelo, tem-se que: (i) caso o titular da patente decida lutar, o melhor que o importador paralelo tem a fazer é não entrar (recompensa de 0 contra -2); e (ii) caso o titular da patente decida acomodar, o melhor que o importador paralelo tem a fazer é entrar (recompensa de 4 contra 0). Por outro lado, do exame da situação do titular local da patente, constata-se que: (i) se o importador paralelo decidir entrar, o melhor que o titular tem a fazer é acomodar (recompensa de 6 contra 1); e (ii) se o importador paralelo decidir não entrar, não há uma estratégia que seja melhor em si, pois, em qualquer caso, lutar ou acomodar, trará uma recompensa de 10.

Observa-se, assim, dois equilíbrios de Nash: (ENTRA/ACOMODA) e (NÃO ENTRA/LUTA). Contudo, na prática, o equilíbrio (NÃO ENTRA/ LUTA) não reflete a interação estratégica dos jogadores, pois, se

---

[351] Cf. FIANI, Ronaldo. *Teoria dos Jogos*: para cursos de administração e economia – 2ª ed. rev. e atual. – Rio de Janeiro: Elsevier, 2006, p. 93.

o importador paralelo escolher não entrar, a resposta do titular da patente se torna irrelevante para a determinação de recompensas. Diante disso, percebe-se que, para identificar exatamente qual combinação de estratégias que será a melhor resposta em todas as situações possíveis do processo de interação estratégica, é também necessário levar em conta a ordem em que os agentes tomam suas decisões e, por conseguinte, reconhecer a existência de subjogos no jogo sequencial, aplicando o conceito de equilíbrio de Nash em cada um deles. Trata-se do conceito de equilíbrio de Nash perfeito em subjogos.[352]

Resumidamente, conforme demonstrado na Figura 21 abaixo, a situação de interação estratégica que envolve o titular da patente e o importador paralelo em questão apresenta dois subjogos: (i) o jogo como um todo (subjogo 1); e (ii) o subjogo que se inicia no ponto de decisão do titular da patente, depois de o importador paralelo já ter decidido ingressar no mercado (subjogo 2).

FIGURA 21[353]

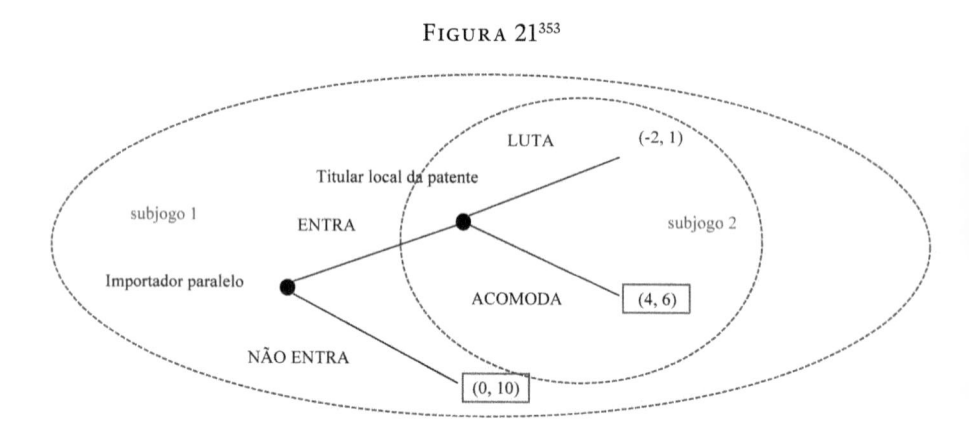

Quando se considera o subjogo 1, tanto o resultado (ENTRA/ACO-MODA) quanto o resultado (NÃO ENTRA/LUTA) são considerados

---

[352] "Uma combinação de estratégias é um equilíbrio de Nash perfeito em subjogos se ela preenche, simultaneamente, as duas condições seguintes: (a) é um equilíbrio de Nash para o jogo na sua totalidade, e (b) é um equilíbrio de Nash para cada subjogo." FIANI, Ronaldo. *Teoria dos Jogos*: para cursos de administração e economia – 2ª ed. rev. e atual. – Rio de Janeiro: Elsevier, 2006, p. 228.
[353] Elaboração nossa.

igualmente combinações de estratégias em que cada estratégia adotada é a melhor resposta possível às estratégias do outro jogador, ou seja, ambos constituem equilíbrios de Nash. Entretanto, a partir da análise detida do subjogo 2, em que se considera apenas o desdobramento da situação de interação estratégica entre o titular da patente e o importador paralelo no caso de o importador paralelo ter escolhido ingressar no mercado, conclui-se que apenas a combinação de estratégias representada por (ENTRA/ACOMODA) constitui efetivamente um equilíbrio de Nash. Isso porque a combinação (NÃO ENTRA/LUTA) não oferece uma resposta para o titular da patente no caso de o importador paralelo entrar no mercado. Desse modo, a combinação de estratégias (ENTRA/ACOMODA) é o equilíbrio perfeito do jogo sequencial em que se encontram o titular da patente e o importador paralelo, pois é o equilíbrio de Nash nos dois subjogos.

A conclusão é de que, quando a importação paralela é atividade lícita, o mercado em que atuam titular da patente e importador paralelo se organiza de acordo com uma combinação de estratégias que é a melhor resposta em todas as situações possíveis em que podem se encontrar os agentes, qual seja: o importador paralelo ingressa no mercado e o titular da patente o acomoda. Mais importante do que a conclusão em si, é o fato de que ela pode ser igualmente alcançada por um procedimento chamado de indução inversa, e é isso o que ocorre na prática. Em particular, o importador paralelo, antes de tomar sua decisão de entrar ou não no mercado, analisa o jogo de trás para frente e procura identificar as melhores opções para cada jogador e, consequentemente, as escolhas que serão feitas. A partir disso, é que ele decide se ingressa ou não no mercado.

Basicamente, ao aplicar o método da indução reversa, o que o importador paralelo faz é eliminar do processo de interação estratégica as etapas que apresentam opções de decisão do titular da patente que já se sabe não serem ótimas. No caso, exclui-se a opção de decisão que corresponde à estratégia (LUTA) do titular da patente, de modo que o jogo acaba se tornando mais simples, resumindo-se exclusivamente na escolha que o importador paralelo fará. É a partir desse cenário "(Figura 22 abaixo) que, antes de qualquer movimentação operacional, o importador paralelo, como agente econômico racional que é, adota sua decisão estratégica: entrar ou não entrar no mercado alvo.

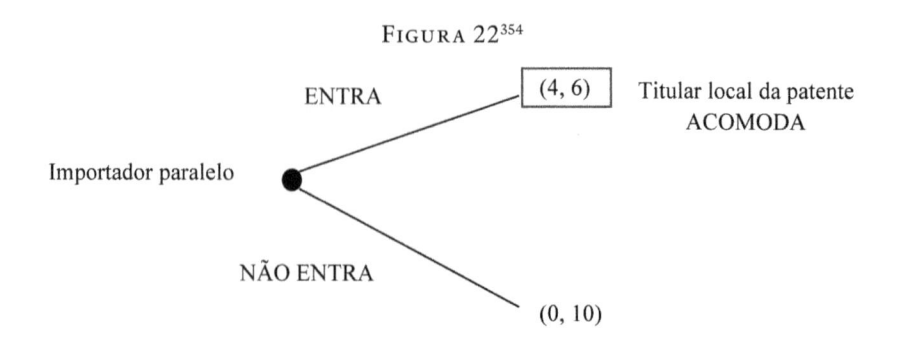

A partir dessas considerações, conclui-se que, diante da possibilidade legal de importação paralela, o mercado em que atuam titular da patente e importador paralelo se organiza de acordo com a seguinte combinação de estratégias que é a melhor resposta em todas as situações possíveis em que podem se encontrar os agentes: o importador paralelo ingressa no mercado e o titular da patente o acomoda.

(ii) Quando a importação paralela é atividade ilícita

A dinâmica concorrencial das relações de mercado estrutura-se de maneira completamente diferente quando o titular da patente tem o respaldo do sistema jurídico em relação à vedação da importação paralela. Isso porque o titular da patente pode recorrer ao Poder Judiciário para excluir o importador paralelo do mercado, incorrendo em custos consideravelmente inferiores quando comparados aos custos relacionados a ações agressivas de mercado, conforme exposto acima.[355]

[354] Elaboração nossa.
[355] Vale aqui lembrar que, para fins da aplicação deste exercício, considera-se que o sistema jurídico em questão consiste em fator que não sofre alterações, sendo autoaplicáveis, ou seja, trata-se de um sistema célere, cujo acesso é pouco custoso (não há custo de oportunidade a ser considerado), e não apresenta divergências em relação à aplicação das normas.

A partir disso, a opção de decisão que corresponde à estratégia (LUTA) do titular da patente assume caráter distinto do apresentado anteriormente entre as preferências desse agente, e o jogo como um todo passa a ter outras características e, consequentemente, outra combinação de estratégias passa a ser a melhor resposta em todas as situações possíveis em que podem se encontrar os agentes. Em outras palavras, conforme detalhado abaixo, o equilíbrio perfeito de Nash passa a ser outro.

Em maiores detalhes, considerando a situação em que o importador paralelo decide ingressar no mercado alvo, a recompensa do titular da patente para impedir o estabelecimento dele no mercado e tentar manter sua participação de mercado inalterada deixa de ser reduzida consideravelmente (de 10 para 1) e passa a ser reduzida de forma muito pouco significativa (de 10 para 9). Isso porque, para impedir o estabelecimento do importador paralelo no mercado, o titular da patente não incorre mais em custos relacionados a ações mercadológicas agressivas, como, por exemplo, a redução considerável do preço de seus produtos, que é provocada pela maior produção fixada para desestimular a entrada do concorrente, e o aumento expressivo de gastos com publicidade e comercialização. Com o respaldo do sistema jurídico, o titular local da patente precisa apenas acionar o Poder Judiciário e requerer que a ele seja assegurado o direito de impedir a importação paralela de produtos objeto de sua patente.

Dessa maneira, para identificar quais estratégias dos agentes passarão a ser as melhores respostas umas às outras, faz-se necessário examinar as novas preferências dos jogadores conforme apresentado na Tabela 4 abaixo.

TABELA 4

		Titular da patente	
		LUTA	ACOMODA
Importador paralelo	ENTRA	-2, 9	4, 6
	NÃO ENTRA	0, 10	0, 10

Primeiro, ao analisar a situação do importador paralelo, tem-se que: (i) caso o titular da patente decida lutar, o melhor que o importador paralelo tem a fazer é não entrar (recompensa de 0 contra -2); e (ii) caso o titular da patente decida acomodar, o melhor que o importador paralelo tem a fazer é entrar (recompensa de 4 contra 0). Por outro lado, do exame da situação do titular da patente, constata-se que: (i) se o importador paralelo decidir entrar, o melhor que o titular tem a fazer é lutar (recompensa de 9 contra 6); e (ii) se o importador paralelo decidir não entrar, não há uma estratégia que seja melhor em si, pois, em qualquer caso, lutar ou acomodar, trará uma recompensa de 10.

Observa-se, agora, apenas um equilíbrio de Nash: (NÃO ENTRA/ LUTA), o qual, conforme explicado acima, não reflete a interação estratégica dos jogadores, pois, na realidade, se o importador paralelo escolher não entrar, a resposta do titular da patente se torna irrelevante para a determinação de recompensas. Na prática, o importador paralelo alcança esse mesmo resultado por meio do método da indução reversa. Nesse novo cenário, ao eliminar do processo de interação estratégica as etapas que apresentam opções de decisão que já se sabe não serem ótimas, exclui-se a opção de decisão do titular da patente que corresponde à estratégia (ACOMODA), de modo que, conforme demonstra a Figura 23 abaixo, sobram duas escolhas para o importador paralelo: (ENTRA) com recompensa de -2 e (NÃO ENTRA) com recompensa de 0.

FIGURA 23[356]

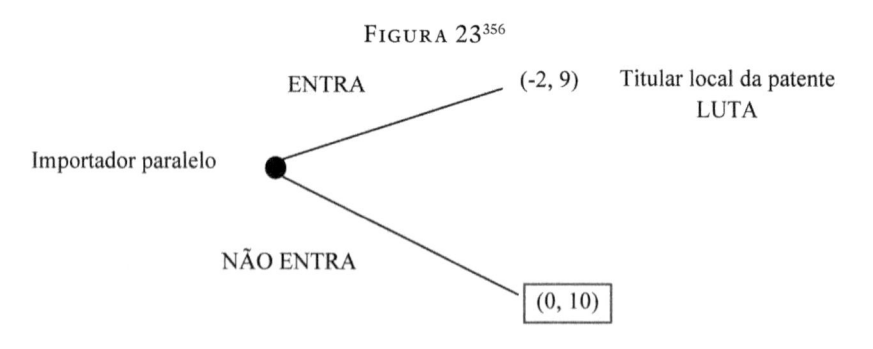

Assim, nessa hipótese, o importador paralelo adota sua decisão estratégica e, portanto, tende a não entrar no mercado alvo, contribuindo para o fortalecimento da situação de monopólio em que se encontra o titular da patente.

4.2. Conclusões parciais

A partir da análise racional dos comportamentos estratégicos adotados pelos agentes econômicos nas situações de permissão e de vedação legal da prática de importação paralela, é possível observar quão determinante é o fator da proteção jurídica ao direito de patente – menos ou mais ampla – na organização da dinâmica competitiva do mercado – mais ou menos competitivo, respectivamente.

Resumidamente, tem-se que, quando a importação paralela é considerada prática lícita, é mais vantajoso ao titular da patente que ele atue no sentido de acomodar a concorrência do importador paralelo – e não no sentido de tornar a importação paralela difícil ou sem atrativo, como alguns argumentam ser possível e factível. Por outro lado, quando a importação paralela é considerada prática ilícita, o titular da patente tem todo o respaldo do sistema jurídico para manter sua situação de monopólio, impedindo que o importador paralelo se estabeleça no mercado.

Assim, por meio da análise econômica da atuação dos agentes, com base na ferramenta da teoria dos jogos, conclui-se que a escolha do regime jurídico mais adequado para disciplinar a importação paralela de patentes em determinado país deve considerar: (i) que uma situação de licitude da prática gera um ambiente de maior concorrência, vez parecer que o mercado se acomodará à atuação do importador paralelo; e, em contrapartida, (ii) o reconhecimento da ilicitude da prática permite que o titular da patente mantenha uma situação de monopólio indesejada.

5. Importação Paralela de Patentes: qual Regime Jurídico é mais Adequado ao Brasil?

Conforme demonstrado no Capítulo 2, atualmente, inexiste um regime jurídico consolidado sobre a prática da importação paralela de patentes no Brasil – seja por conta da possibilidade e existência de interpretações distintas em relação à LPI, seja em razão da carência de debates mais extensos entre os estudiosos sobre o tema propriamente dito, ou, ainda, seja porque a reduzida jurisprudência é inconclusiva. No entanto, o resultado é certo: um cenário de extrema insegurança tanto para os agentes econômicos quanto para os operadores do direito, o qual prejudica, ainda que indiretamente, o desenvolvimento econômico, social e tecnológico do país.

Tendo isso em vista, faz-se necessária a consolidação desse regime, a qual pode ser concretizada por meio da alteração da LPI, por meio de uma norma que esclareça a LPI, ou mesmo, por meio de uma decisão judicial que analise profundamente a questão. Porém, antes disso, é preciso identificar e apontar as críticas relativas ao regime atual, as quais vão além da ausência de consolidação, e avaliar qual regime jurídico é mais adequado para disciplinar a importação paralela de patentes no Brasil, ponderando as possíveis justificativas e efeitos relacionados.

Para tanto, inicialmente, deve-se partir do pressuposto de que a discussão sobre a prática consiste na aplicação da dicotomia entre interesses particulares e interesses públicos que permeia a propriedade intelectual como um todo e envolve questão relacionada ao nível de proteção a ser conferido à patente. Além disso, deve-se levar em consideração que o tratamento jurídico atribuído à importação paralela no país reflete na dinâmica concorrencial das relações de mercado que envolvem titular da patente e importador paralelo no território nacional.

Conforme explicado no Capítulo 3, a escolha do regime jurídico mais adequado para disciplinar a importação paralela de patentes no país precisa sopesar se o regime a ser escolhido deve priorizar mais ou menos interesses particulares em relação aos interesses públicos (e vice-versa), de modo a (i) atender as necessidades político-econômico-sociais nacionais (considerando o nível de desenvolvimento econômico do Brasil) e a (ii) permitir que o direito de patente seja exercido tendo em vista sua eficiência social, ou seja, promovendo pesquisas e, consequentemente, o desenvolvimento tecnológico e econômico do país e garantindo o direito de acesso e escolha dos consumidores.

Já no que diz respeito à influência do tratamento jurídico conferido à importação paralela de patentes sobre o comportamento dos agentes econômicos, a escolha do regime jurídico mais adequado para disciplinar o tema no país deve considerá-la, uma vez que, conforme exposto no Capítulo 4: (i) uma situação de licitude da prática gera um ambiente de maior concorrência, vez parecer que o mercado se acomodará à atuação do importador paralelo; e, em contrapartida, (ii) o reconhecimento da ilicitude da prática permite que o titular da patente mantenha uma situação de monopólio indesejada.

Da análise aplicada desses aspectos, que devem permear a decisão de política pública sobre a disciplina jurídica da importação paralela de patentes a ser consolidada no Brasil, é que ficam evidentes as críticas relativas ao regime atual, corroborando o entendimento de que se faz necessária a adequação.

5.1. Posição socioeconômica do Brasil no cenário internacional

De modo geral, o Brasil é um país industrializado, com elevada projeção econômica no cenário mundial, mas que apresenta falhas na distribuição equitativa de renda, havendo pobreza e problemas estruturais.

Segundo as classificações estabelecidas pelo Banco Mundial,[357] o Brasil é considerado um país de renda média superior (*upper middle income*) e é classificado como país em desenvolvimento pelo sistema da ONU.[358] Conforme visto no Capítulo 3, países com níveis de desenvolvimento diferentes são afetados diferentemente pelos direitos de propriedade intelectual. Dessa forma, o nível de desenvolvimento econômico de um país – juntamente com os interesses do mercado local e, por conseguinte, com suas necessidades político-econômico-sociais – deve consistir em fator determinante para a decisão sobre o nível de proteção a ser conferido à determinada propriedade intelectual. Em particular, no que tange à prática da importação paralela de patentes, um dos pontos mais relevantes a se observar, quando da escolha do

---

[357] *"For operational and analytical purposes the World Bank's main criterion for classifying economies is gross national income (GNI) per capita (calculated using the World Bank Atlas method). Because GNI per capita changes over time, the country composition of income groups may change from one edition of World Development Indicators to the next. Once the classification is fixed for an edition, based on GNI per capita in the most recent year for which data are available (2013 in this edition), all historical data presented are based on the same country grouping. Low-income economies are those with a GNI per capita of $1,045 or less in 2013. Middle-income economies are those with a GNI per capita of more than $1,045 but less than $12,746.* **Lower middle-income and upper middleincome economies are separated at a GNI per capita of $4,125.** *High-income economies are those with a GNI per capita of $12,746 or more. The 19 participating member countries of the euro area are presented as a subgroup under high income economies. Sobre isso ver critérios empregados pela definição de acordo com renda per capita e indicadores"* (Grifo nosso). Destaca-se que os países classificados como *middle-income economies* são ainda subclassificados em *lower middle* ($1,046–$4,125) e *upper middle* ($4,126–$12,745). WORLD BANK. 2015. *World Development Indicators 2015. Washington, DC: World Bank.* doi:10.1596/978-1-4648-0440-3. *License: Creative Commons Attribution CC BY 3.0 IGO.* Disponível em: http://data.worldbank.org/products/wdi, p. xiii e 145. Acesso em 29 dez. 2015.

[358] O Índice de Desenvolvimento Humano (IDH) do Brasil, em 2013, foi de 0,744 e o país ocupou a 79ª posição do *ranking* dos 187 países e territórios reconhecidos pela ONU. O Brasil faz parte do grupo de países de Alto Desenvolvimento Humano (0,735), que juntamente com os países de Médio Desenvolvimento Humano, são classificados como países em desenvolvimento. UNITED NATIONS DEVELOPMENT PROGRAMME. *Human Development Report 2014, Sustaining Human Progress: Reducing Vulnerabilities and Building Resilience. 1 UN Plaza, New York, NY 10017, USA.* Disponível em: http://www.pnud.org.br/arquivos/RDH2014.pdf, p. 159 e 161. Acesso em 30 dez. 2015.

regime jurídico para discipliná-la, é a posição econômica que o país em questão ocupa no contexto internacional – se produtor ou importador de propriedade intelectual.

Observa-se que os países produtores de patentes, com elevados níveis de investimento em P&D – geralmente, países desenvolvidos –, tendem a priorizar a vedação à importação paralela, uma vez que pretendem proteger o titular da patente da concorrência de eventuais importadores. Dessa forma, esses países acabam por estimular ainda mais o investimento em ciência e tecnologia em seu território, por meio do acirramento da concorrência entre os próprios titulares de patentes. Por outro lado, nota-se que países importadores de patentes – em geral, países em desenvolvimento e não desenvolvidos – costumam não possuir uma indústria nacional bem desenvolvida, sobretudo em relação a produtos de alta tecnologia que requerem investimentos em P&D. Assim, esses países dependem do investimento estrangeiro para oferecer esses produtos à população – é o que ocorre com o Brasil.

Apesar de ter se desenvolvido tardiamente, a indústria brasileira possui um parque industrial complexo, que exporta tanto maquinário de ponta quanto matéria-prima, mas ainda investe muito pouco em P&D. A taxa de inovação de um país pode ser aferida pelo valor total do investimento (público e privado) em P&D em relação ao seu PIB.[359] De acordo com dados do Ministério da Ciência e Tecnologia (MCT) de 2013 (atualizados em agosto de 2015), o Brasil investiu 1,24% do seu PIB em ciência e tecnologia, o que é considerado uma taxa baixa quando comparado a outros países de industrialização tardia.[360]

Além disso, estudiosos consideram que existe uma forte ligação entre o número de depósitos de patentes e o PIB e o nível de inves-

---

[359] CONFEDERAÇÃO NACIONAL DA INDÚSTRIA. Propriedade intelectual. Números. Disponível em: http://www.portaldaindustria.com.br/cni/iniciativas/programas/propriedade-intelectual/2012/08/1,5065/numeros.html. Acesso em 20 ago. 2017.

[360] MINISTÉRIO DA CIÊNCIA E TECNOLOGIA. *2.1.7 Brasil: Comparação dos dispêndios em P&D (em valores de 2013) com o produto interno bruto (PIB), 2000-2013.* Disponível em: http://www.mct.gov.br/index.php/content/view/9138.html. Acesso em 30 dez. 2015.

timento em P&D.[361] Com efeito, os indicadores contidos no relatório da OMPI de 2016 (dados referentes a 2015) corroboram a informação de que o investimento em ciência e tecnologia no Brasil é baixo: 84,6% dos pedidos de patentes depositados no INPI, em 2015, foram de não-residentes e 86,5% das patentes concedidas, no mesmo ano, também foram de não-residentes (conforme demonstrado as Figuras 14 e 15 apresentadas no Capítulo 3).[362]

Diante disso, é evidente que o Brasil é um país importador de patentes, que depende do investimento estrangeiro para oferecer produtos de alta tecnologia à população – o que torna a escolha do regime jurídico para disciplinar a importação paralela de patentes no país uma tarefa difícil. Primeiro, porque existe a necessidade de atrair investimentos estrangeiros e, sob essa perspectiva, faz mais sentido vedar a importação paralela para proteger o titular nacional da patente – notando-se que o titular nacional da patente, geralmente, é um licenciado que remunera o titular estrangeiro por meio de *royalties*. Ao mesmo tempo, a vedação à importação paralela é desvantajosa para a população, na medida em que, ante a ausência de concorrência, restringe o acesso aos produtos de alta tecnologia aos preços ditados pelo titular da patente.

Retomando as discussões relativas à importação paralela de patentes que permearam o processo de elaboração da LPI, a justificativa que embasou a escolha legislativa por uma lei que, em regra, veda a importação paralela de patentes no Brasil foi a necessidade de proteger a indústria nacional, juntamente com o objetivo geral da LPI de atrair investimentos estrangeiros em tecnologia avançada, conforme exposto no Capítulo 2. Tal escolha consiste em uma decisão de política pública que privilegiou a proteção dos interesses públicos inovação, concorrência (entre patentes, pelo desenvolvimento

---

[361] CONFEDERAÇÃO NACIONAL DA INDÚSTRIA. Propriedade intelectual. Números. Disponível em: http://www.portaldaindustria.com.br/cni/iniciativas/programas/propriedade-intelectual/2012/08/1,5065/numeros.html. Acesso em 20 ago. 2017.
[362] WORLD INTELLECTUAL PROPERTY ORGANIZATION. *World Intellectual Property Indicators 2016, Economic & Statistics Series*. Disponível em: http://www.wipo.int/edocs/pubdocs/en/wipo_pub_941_2016.pdf, p. 35 e 38. Acesso em 20 ago. 2017.

de inovação) e oferta de produtos de alta tecnologia, em detrimento dos interesses públicos concorrência (entre produtos, por preço) e acesso efetivo a produtos de alta tecnologia.

Na prática, essa decisão de política pública revela a existência de um entrave ao exercício do direito de patente na plenitude de sua eficiência social, pois, apesar de a decisão legislativa visar à promoção de pesquisas e, consequentemente, ao desenvolvimento tecnológico e econômico do país, não logrou garantir o direito de acesso e escolha dos consumidores. Essa situação se agrava quando considerado o mercado de medicamentos, pois, como o Brasil é um país importador de patentes, a decisão legislativa em detrimento dos interesses públicos concorrência (entre produtos, por preço) e acesso efetivo a produtos de alta tecnologia afeta diretamente o mercado de medicamentos patenteados, prejudicando, sobremaneira, o interesse público saúde.

Dessa forma, antes de propor qualquer sugestão sobre o regime jurídico que deve disciplinar a importação paralela de patentes no país, cabe analisar as características da indústria de medicamentos nacional, bem como os aspectos relacionados ao acesso a medicamentos patenteados no Brasil.

5.2. A indústria de medicamentos e o acesso a medicamentos patenteados no Brasil

De acordo com o relatório da Interfarma (Associação da Indústria Farmacêutica de Pesquisa) publicado em maio de 2015, em 2011, o Brasil era o 8º mercado mundial de medicamentos (em valor de vendas), contudo, "em termos de produção efetiva – soma do mercado interno, somado ao valor das exportações menos as importações –, ocupava a 12ª posição".[363] Nesse período, o Brasil figurava em 16º lugar entre os maiores importadores de produtos farmacêuticos, sendo que esse fluxo

---

[363] Com a ressalva de que "[o]s números apresentados refletem o Capítulo 30 – Produtos Farmacêuticos da Nomenclatura Comum do Mercosul (NCM), que abarca medicamentos, produtos farmacêuticos não medicamentosos e de destinação animal". INTERFARMA. *Comparações Internacionais no Comércio de Produtos Farmacêuticos e Balança Comercial Brasileira de Medicamentos* – Evolução em 10 anos. São Paulo, maio 2015, p. 4 e 44-47.

representava 21,55% do seu mercado interno, e ocupava a 29ª posição dentre os trinta maiores exportadores de produtos farmacêuticos, sendo que as exportações representavam somente 3,95% do seu mercado interno, "enquanto a média dos top 30 em exportações foi de 50,02%".[364] Ainda segundo o relatório, o déficit da balança comercial de medicamentos brasileira, em 2014, foi de US$ 5,5 bilhões.[365]

Essas informações demonstram que o Brasil é um dos maiores mercados farmacêuticos do mundo, em faturamento, e que o país importa mais medicamentos do que exporta.[366] No entanto, esses dados, por si só, não revelam se o Brasil é um país importador de patentes de medicamentos, assim como é um importador de patentes em geral, conforme apresentado no item 5.1.

Para tanto, passa-se à análise dos dados disponíveis no Anuário Estatístico de Propriedade Industrial 2000-2012 do INPI. Da pesquisa no âmbito dos "Depósitos de Patentes", "Por Campo Tecnológico", "Por Origem", extrai-se que, entre os anos de 2000 e 2012, na área "Produtos Farmacêuticos" foram apresentados 17.315 pedidos de patentes. Destes, 1.395 correspondem a depósitos de patentes realizados por residentes, enquanto que os 15.920 pedidos restantes foram feitos por não-residentes.[367] Em termos percentuais, isso signi-

---

Disponível em: http://www.interfarma.org.br/uploads/biblioteca/70-balanaa-comercial-site.pdf. Acesso em 2 jan. 2016.

[364] INTERFARMA. *Comparações Internacionais no Comércio de Produtos Farmacêuticos e Balança Comercial Brasileira de Medicamentos* – Evolução em 10 anos. São Paulo, maio 2015, p. 44-47. Disponível em: http://www.interfarma.org.br/uploads/biblioteca/70--balanaa-comercial-site.pdf. Acesso em 2 jan. 2016.

[365] Nota-se que "[a]s importações de medicamentos enquadrados no capítulo 30 da NCM atingiram US$ 6,9 bilhões em 2014, alta de 0,6% em relação ao ano anterior. As exportações alcançaram US$ 1,4 bilhão". INTERFARMA. *Comparações Internacionais no Comércio de Produtos Farmacêuticos e Balança Comercial Brasileira de Medicamentos* – Evolução em 10 anos. São Paulo, maio 2015. Disponível em: http://www.interfarma.org.br/uploads/biblioteca/70-balanaa-comercial-site.pdf, p. 10. Acesso em 2 jan. 2016.

[366] Observando a ressalva apresentada na nota de rodapé nº 363.

[367] INSTITUTO NACIONAL DA PROPRIEDADE INDUSTRIAL. *Anuário Estatístico de Propriedade Industrial 2000-2012*. Disponível em: http://www.inpi.gov.br/estatisticas/anuario--estatistico-de-propriedade-industrial-2000-2012-patente1#patente. Acesso em 2 jan. 2016.

fica que 91,94% dos depósitos de patentes de medicamentos realizados junto ao INPI, no período de 2000 a 2012, foram feitos por não-residentes.

Diante disso, conclui-se que o Brasil também é um importador de patentes de medicamentos, o que confirma as informações extraídas da notícia publicada em agosto de 2015, cujo o trecho abaixo vale destacar:

> A venda de medicamentos no País movimentou R$ 69 bilhões nos 12 meses encerrados em abril deste ano, o que faz do Brasil um dos seis maiores mercados farmacêuticos do mundo, em faturamento. **A força econômica das vendas de remédios, no entanto, não se reflete na área de pesquisa e desenvolvimento dos laboratórios nacionais, negligenciada pela maior parte dos fabricantes ao longo de décadas. Mais de 90% das patentes requisitadas pelo setor farmacêutico junto ao Instituto Nacional de Propriedade Intelectual (INPI), no ano passado, vieram de companhias estrangeiras.** "A indústria nacional se especializou apenas em copiar medicamentos", afirma o médico psiquiatra Ogari Pacheco, presidente e fundador do laboratório paulista Cristália. "Esse é um dos efeitos dos genéricos." Reverter essa lógica desfavorável à indústria nacional é o principal objetivo do Dr. Pacheco, como é chamado o empresário por seus funcionários. Com 76 patentes obtidas nos últimos dez anos, e mais de uma centena de projetos em curso, o Cristália é, atualmente, o maior registrador nacional de patentes farmacêuticas.[368] (Grifo nosso)

Nota-se, assim, que a indústria brasileira de medicamentos sofre diretamente os reflexos da baixa taxa de investimento em ciência e tecnologia verificada no país (1,24% do PIB, em 2013, conforme apresentado no item 5.1). No mais, na medida em que medicamentos são produtos de alta tecnologia que requerem elevados investimentos em P&D, constata-se que o Brasil depende do investimento estrangeiro para oferecer esses produtos à população.

---

[368] ISTO É DINHEIRO. *O rei das patentes*, Notícias/Negócios, 27 de agosto de 2015. Disponível em: http://www.istoedinheiro.com.br/noticias/negocios/20150827/rei-das-patentes/291783. Acesso em 20 ago. 2017.

Nesse ponto, é necessário compreender que a política que visa a oferecer medicamentos à população é tão relevante quanto à política que pretende garantir acesso efetivo a esses medicamentos, uma vez que, de nada adianta o produto de alta tecnologia estar disponível no mercado brasileiro, se apenas uma diminuta parcela da população terá condições de adquiri-lo. No entanto, é isso que faz a LPI: para proteger a indústria nacional e atrair investimentos estrangeiros em tecnologia avançada, em regra, veda a importação paralela de patentes, restringindo o acesso aos produtos de alta tecnologia aos preços ditados pelo titular da patente, de modo que apenas parte da população tem capacidade financeira para adquiri-los.

Em estudo que integra uma coletânea de artigos sobre questões relacionadas à interface entre direitos de propriedade intelectual e saúde pública, Fabrício Polido e Priscilla César afirmam que o "[a]cesso universal a medicamentos, enquanto modelo, deve ser entendido como uma das variadas facetas que compõem o direito à saúde e não apenas como direito social".[369] Com efeito, defendem que o acesso equitativo a medicamentos e preços diferenciados de aquisição devem ser estimulados como opções de políticas públicas dos legisladores domésticos, sobretudo diante da realidade da saúde pública brasileira, cujo panorama apresentado pelos autores em 2007 parece ser atemporal:

> Condições mínimas, tais como nutrição e saneamento básico, não estão disponíveis para todos os indivíduos. Como efeitos distributivos, políticas públicas domésticas na área da saúde têm sido dificilmente formuladas com olhos para o futuro, muitas vezes determinadas por planos de governo vazios de sentido e com elevado apelo populista. Um dos maiores desafios aparece em relação à coerência entre a concretização do direito a saúde e os recursos efetivamente disponíveis na sociedade, bem como a dificuldade de gerenciamento da justiça a partir da proteção do indivíduo e grupos, con-

---

[369] POLIDO, Fabrício; CÉSAR, Priscilla. *Proteção patentária de medicamentos na interface com o direito à saúde*: sustentabilidade do programa brasileiro de acesso universal às terapias anti-retrovirais, em BASSO, Maristela; SALOMÃO FILHO, Calixto; POLIDO, Fabrício; CÉSAR, Priscilla. Direitos de propriedade intelectual e saúde pública: o acesso universal aos medicamentos anti-retrovirais no Brasil, São Paulo: IDCID, 2007, p. 22.

forme estabelecido pela Constituição Federal de 1988 no que concerne aos direitos fundamentais.[370]

Mais especificamente, o estudo de Fabrício Polido e Priscilla César trata do acesso a medicamentos antirretrovirais e da necessidade de adotar medidas que objetivem alcançar menores preços para aquisição desses medicamentos, o que inclui a autorização para a importação paralela. Em maiores detalhes, ao analisarem o programa de acesso gratuito universal ao tratamento de indivíduos infectados pelo vírus HIV ("Programa de Acesso Universal", no contexto do Programa Nacional DST/AIDS do Ministério da Saúde), os autores constataram que, a longo prazo, o programa é insustentável e que o governo não tem capacidade para "compatibilizar os gastos que tendem a ser cada vez maiores com outras políticas sanitárias de igual urgência e importância".[371]

Nessa esteira, Fabrício Polido e Priscilla César pontuam os altos preços praticados pelos fabricantes e titulares das patentes como um dos fatores que dificultam a manutenção de políticas públicas de acesso a medicamentos, conforme segue:

> A questão da sustentabilidade do Programa Nacional de DST/AIDS do Ministério da Saúde resume muito bem o dilema enfrentado na esfera governamental para a manutenção das políticas públicas de acesso aos medicamentos ARVs no Brasil. Dentre vários fatores, existem fortes razões para se afirmar que esse problema aparece ainda mais intensificado pelos altos preços de aquisição praticados pelas empresas fabricantes dos princi-

---

[370] POLIDO, Fabrício; CÉSAR, Priscilla. *Proteção patentária de medicamentos na interface com o direito à saúde*: sustentabilidade do programa brasileiro de acesso universal às terapias anti-retrovirais, em BASSO, Maristela; SALOMÃO FILHO, Calixto; POLIDO, Fabrício; CÉSAR, Priscilla. Direitos de propriedade intelectual e saúde pública: o acesso universal aos medicamentos anti-retrovirais no Brasil, São Paulo: IDCID, 2007, p. 24.

[371] POLIDO, Fabrício; CÉSAR, Priscilla. *Proteção patentária de medicamentos na interface com o direito à saúde*: sustentabilidade do programa brasileiro de acesso universal às terapias anti-retrovirais, em BASSO, Maristela; SALOMÃO FILHO, Calixto; POLIDO, Fabrício; CÉSAR, Priscilla. Direitos de propriedade intelectual e saúde pública: o acesso universal aos medicamentos anti-retrovirais no Brasil, São Paulo: IDCID, 2007, p. 59-61.

pais anti-retrovirais e titulares de patentes a eles associados, integrantes dos coquetéis empregados no tratamento do HIV/AIDS.[372]

Observa-se que, na realidade, o titular da patente apenas se vale de uma prerrogativa que a lei lhe atribui para praticar os altos preços, ocupando uma posição monopolista em termos econômicos, a qual nem mesmo o poder estatal (que concedeu a exclusividade sobre a patente ao titular) consegue suportar. Sobre esse aspecto, salienta-se que as patentes que efetivamente geram poder monopolista, geralmente, são aquelas relacionadas a produtos de alta tecnologia dotados de alto grau de essencialidade para o consumidor ou para outros produtores, como os medicamentos.

Diante disso, destaca-se a importância de se levar em consideração o fato de que o tratamento jurídico conferido à importação paralela de patentes influencia o comportamento dos agentes econômicos, pois, conforme demonstrado no Capítulo 4, o reconhecimento da ilicitude da prática permite que o titular da patente mantenha uma situação de monopólio indesejada – a qual o leva a praticar altos preços, de forma a restringir o acesso da população aos produtos, como ocorre no caso dos medicamentos. Trata-se de aplicação da importação paralela em sentido completamente contrário à função de ferramenta de promoção de saúde pública que lhe foi atribuída no sistema internacional de patentes.

Explica-se. A Declaração de Doha atribuiu à importação paralela a prerrogativa de efetiva flexibilidade do direito de patente – com a função de ferramenta de promoção de saúde pública, na medida em que pode permitir o acesso a medicamentos. Assim, a importação paralela (juntamente com a licença compulsória) consiste em mecanismo jurídico que pode e deve ser empregado para estabelecer o equilíbrio entre direitos de patente e o interesse público, incluindo

---

[372] Polido, Fabrício; César, Priscilla. *Proteção patentária de medicamentos na interface com o direito à saúde:* sustentabilidade do programa brasileiro de acesso universal às terapias anti-retrovirais, em Basso, Maristela; Salomão Filho, Calixto; Polido, Fabrício; César, Priscilla. Direitos de propriedade intelectual e saúde pública: o acesso universal aos medicamentos anti-retrovirais no Brasil, São Paulo: IDCID, 2007, p. 62.

alternativas de controle de práticas abusivas praticadas pelos titulares de patentes de medicamentos.[373]

Tendo isso em vista, é evidente que a consolidação do regime jurídico que disciplina a importação paralela de patentes no Brasil exige que as questões relacionadas às patentes de medicamentos sejam endereçadas e adequadas de forma específica, com o cuidado indispensável que um tema de saúde pública requer.

5.3. Conclusão

Por todo o exposto, conclui-se que a patente pode e deve ser aplicada pelo Brasil como mecanismo efetivo de promoção de setores estratégicos da indústria nacional e como meio para oferecer produtos de alta tecnologia à população, sem restrição de acesso.

No entanto, no que diz respeito ao tema da importação paralela em particular, as considerações não são todas tão conclusivas assim. Como o Brasil é um país importador de patentes, que depende do investimento estrangeiro para oferecer produtos de alta tecnologia à população, ao mesmo tempo em que existe a preocupação em proteger a indústria nacional e em estabelecer uma política pública de atração de investimentos estrangeiros em tecnologia avançada, há a preocupação em garantir o acesso efetivo aos produtos de alta tecnologia à população. Assim, em tese, tanto proibição quanto a permissão à importação paralela de patentes são justificáveis.

Ocorre que, na prática, conforme apresentado no item 3.4.6, a vedação legal da importação paralela de patentes não é fator determinante para que um país tenha mais patentes em vigor, tampouco é fator determinante para que determinado país seja mais competitivo. Isso significa que a proibição da importação paralela de patentes não é fator determinante sobre o incentivo aos empresários nacionais e

---

[373] Cf. POLIDO, Fabrício; CÉSAR, Priscilla. *Proteção patentária de medicamentos na interface com o direito à saúde:* sustentabilidade do programa brasileiro de acesso universal às terapias anti-retrovirais, em BASSO, Maristela; SALOMÃO FILHO, Calixto; POLIDO, Fabrício; CÉSAR, Priscilla. Direitos de propriedade intelectual e saúde pública: o acesso universal aos medicamentos anti-retrovirais no Brasil, São Paulo: IDCID, 2007, p. 62.

titulares estrangeiros para obterem patentes no Brasil, bem como não é fator determinante sobre o incentivo ao investimento estrangeiro.

Assim, a justificativa para o estabelecimento de uma política de vedação da prática de importação paralela fundamentada na necessidade de proteger a indústria nacional, juntamente com o objetivo de atrair investimentos em tecnologia avançada, não é plausível, pois ambos os interesses prescindem de uma lei que proíba a importação paralela de patentes para serem alcançados – notando-se que há outros mecanismos para tanto, como políticas industrial, de redução de custos, de crédito e tarifária.

Por outro lado, na situação de país importador de patentes, que não possui uma indústria desenvolvida em relação a produtos de alta tecnologia, conclui-se que o acesso efetivo (sem restrições relacionadas aos preços elevados praticados pelos titulares) a esses produtos pode ser garantido à população brasileira de duas formas: (i) por meio da adoção de políticas governamentais que promovam o acesso universal a tais produtos; ou (ii) por meio da permissão à importação paralela de patentes, na medida em que a licitude da prática gera um ambiente de maior concorrência, que impede a manutenção de uma situação de monopólio indesejada. Não obstante, é importante ressalvar que a opção (i) não é sustentável a longo prazo e em larga escala, uma vez que o orçamento público apresenta limitações, ao passo que é inquestionável a sustentabilidade da opção (ii), já que se vale exclusivamente do livre mercado para funcionar.

No mais, é importante considerar que as patentes que efetivamente geram poder monopolista – que levam o titular a praticar preços altos –, geralmente, são aquelas relacionadas a produtos de alta tecnologia dotados de alto grau de essencialidade para o consumidor ou para outros produtores. Observa-se, então, que não é o acesso a todos os produtos de alta tecnologia que fica prejudicado perante a proibição da importação paralela de patentes, uma vez que há consumidores dispostos a pagar preços altos por determinados produtos. A certeza do prejuízo, quanto ao acesso pela população, é apenas em relação aos produtos patenteados essenciais, que, a depender da essencialidade, pode envolver direitos sociais – como é o caso dos medicamentos que envolvem o direito à saúde.

Conclui-se, assim, que o regime jurídico que disciplina a importação paralela de patentes a ser consolidado no Brasil, deve, pelo menos, endereçar e adequar de forma específica as questões relacionadas às patentes de medicamentos – seja por meio da alteração da LPI, por meio de uma norma que esclareça a LPI, ou mesmo, por meio de uma decisão judicial que analise profundamente a questão. Para tanto, sugere-se a adoção, de forma clara e direta, da exaustão internacional dos direitos de patente de medicamento, com a autorização ilimitada e irrestrita da importação paralela de medicamentos patenteados no país.

REFERÊNCIAS

(i) Obras

ADIERS, Cláudia Marins. *As Importações Paralelas à Luz do Princípio de Exaustão do Direito de Marca e dos Aspectos Contratuais e Concorrenciais*, em BARBOSA, Denis Borges, org., Aspectos Polêmicos da Propriedade Intelectual, 2005.

AFONSO, Larissa Maria Galimberti. *Exclusões e exceções ao direito de patentes*. Dissertação (Mestrado em Direito) – Faculdade de Direito, Universidade de São Paulo, São Paulo, 2013.

AMARAL, Luiz Henrique do. *A questão das importações paralelas*: reflexos nos direitos autorais, em XVIII Seminário Nacional de Propriedade Intelectual, São Paulo, 1998. Anais da Revista da Associação Brasileira de Propriedade Intelectual, Rio de Janeiro: ABPI, 1998.

AMARAL, Rafael Lacaz. *Importação paralela no direito marcário brasileiro*: uma análise à luz do atual posicionamento jurisprudencial, em Revista da Associação Brasileira da Propriedade Intelectual, nº 81, Rio de Janeiro: ABPI, março/abril de 2006.

BARBOSA, Cláudio R. *Propriedade Intelectual*: Introdução à Propriedade Intelectual como Informação, Rio de Janeiro: Elsevier, 2009.

BARBOSA, Denis Borges. *Tratado da Propriedade Intelectual*. Rio de Janeiro: Lumen Juris, tomo I, 2010.

–. *Tratado da propriedade industrial*: patentes. Rio de Janeiro: Lumen Juris, tomo II, 2010.

–. *Do bem incorpóreo à propriedade intelectual*, em GRAU-KUNTZ, Karin; BARBOSA, Denis Borges (org.), Ensaios sobre o Direito Imaterial: Estudos dedicados a Newton Silveira, Rio de Janeiro: Lumen Juris, 2009.

–. *Uma introdução à propriedade intelectual*. Disponível em: http://www.denisbarbosa.addr.com/arquivos/livros/umaintro2.pdf. Acesso em 20 ago. 2017.

–. *Usucapião de patentes e outros estudos de propriedade intelectual*, Rio de Janeiro: Editora Lumen Juris, 2006.

BASSO, Maristela. *Propriedade intelectual e importação paralela*. São Paulo: Atlas, 2011.

–. *A Importação Paralela e o Princípio da Exaustão*: Especial referência às Marcas, em GRAU-KUNTZ, Karin; BARBOSA, Denis Borges (org.), Ensaios sobre o Direito Imaterial: Estudos dedicados a Newton Silveira, Rio de Janeiro: Lumen Juris, 2009.

–. *Importação Paralela*: Efeitos no Comércio Internacional e nos Direitos de Propriedade Intelectual. Tese apresentada no Concurso para Professor Titular do Departamento de Direito Internacional e Comparado – Faculdade de Direito, Universidade de São Paulo, São Paulo, 2009.

–. *Flexibilidades e salvaguardas do sistema legal de proteção das patentes*, em BASSO, Maristela; SALOMÃO FILHO, Calixto; POLIDO, Fabrício; CÉSAR, Priscilla. Direitos de propriedade intelectual e saúde pública: o acesso universal aos medicamentos anti-retrovirais no Brasil, São Paulo: IDCID, 2007.

BERKELEY TECHNOLOGY LAW JOURNAL. *Patent Law: Additional Developments*, Volume 26 | Issue 1, Article 13, January 2011. Disponível em: http://scholarship.law.berkeley.edu/cgi/viewcontent.cgi?article=1876&context=btlj. Acesso em 20 ago. 2017.

CASTELLI, Thais. *Propriedade Intelectual*: O Princípio da Territorialidade, São Paulo: Quartier Latin, 2006.

CERQUEIRA, João da Gama. *Tratado da Propriedade Industrial*. Rio de Janeiro: Lumen Juris, v. I, 2010.

CORREA, Carlos M. *Aperfeiçoando a eficiência econômica e a equidade pela criação de leis de propriedade intelectual*, em VARELLA, Marcelo Dias (organizador e co-autor), Propriedade Intelectual e Desenvolvimento, São Paulo: Lex Editora, 2005.

FIANI, Ronaldo. *Teoria dos Jogos*: para cursos de administração e economia – 2ª ed. rev. e atual. – Rio de Janeiro: Elsevier, 2006.

FORGIONI, Paula A., *Importações Paralelas no Brasil*: a Propriedade Industrial nos Quadrantes dos Princípios Constitucionais, em GRAU-KUNTZ, Karin; BARBOSA, Denis Borges (org.), Ensaios sobre o Direito Imaterial: Estudos dedicados a Newton Silveira, Rio de Janeiro: Lumen Juris, 2009.

FORSYTH, Miranda; ROTHNIE, Warwick, *Parallel imports*, em ANDERMAN, Steven (ed.), *The Interface between Intellectual Property Rights and Competition Policy*, Cambridge University Press, 2008.

LILLA, Paulo Eduardo. *A Proteção da Propriedade Intelectual e Seus Limites*: Uma Abordagem de *Law and Eco-*

nomics, em TIMM, Luciano Beneti; BRAGA, Rodrigo Bernardes (org.), Propriedade Intelectual, Belo Horizonte: Arraes Editores, 2011.

MARQUES, J.P. Remédio. *Propriedade intelectual e interesse público.* Revista da Faculdade de Direito de Coimbra, v. 79, 2003.

MASKUS, Keith E.; PENUBARTI, Mohan. *How trade-related are intellectual property rights?*, Journal of International Economics, vol. 39, 1995.

PARANAGUÁ, Pedro; REIS, Renata. *Patentes e Criações Industriais.* Rio de Janeiro: Editora FGV, 2009.

PIMENTA, Eduardo Goulart; BOGLIONE, Stefano. *O princípio da preservação da empresa em crise econômico-financeira em Direito & Economia.* Revista Faculdade Mineira de Direito (PUCMG), vol. 11, 2008.

PIMENTEL, Luiz Otávio. *Direito industrial*: as funções do direito de patentes. Porto Alegre: Síntese, 1999.

PIMENTEL, Luiz Otávio; BARRAL, Welber. *Direito de propriedade intelectual e desenvolvimento*, em PIMENTEL, Luiz Otávio; BARRAL, Welber (organizadores). Direito de propriedade intelectual e desenvolvimento. Florianópolis: Fundação Boiteux, 2006.

POLIDO, Fabrício; CÉSAR, Priscilla. *Proteção patentária de medicamentos na interface com o direito à saúde*: sustentabilidade do programa brasileiro de acesso universal às terapias anti-retrovirais, em BASSO, Maristela; SALOMÃO FILHO, Calixto; POLIDO, Fabrício; CÉSAR, Priscilla. Direitos de propriedade intelectual e saúde pública: o acesso universal aos medicamentos anti-retrovirais no Brasil, São Paulo: IDCID, 2007.

RÊGO, Elba Cristina Lima. *Acordo sobre propriedade intelectual da OMC*: implicações para a saúde pública nos países em desenvolvimento, Revista do BNDES, Rio de Janeiro, v. 8, nº 16, p. 43-78, dez. 2001 – Economista do BNDES e assessora do Ministro da Saúde à época.

RIBEIRO, Márcia Carla Pereira; GALESKI, Irineu Júnior. *Teoria Geral dos Contratos. Contratos empresariais e análise econômica.* Ed. Elsevier, 2009.

ROSENBERG, Barbara. *Considerações sobre Direito da Concorrência e os Direitos de Propriedade Intelectual*, em BRANCHER, Paulo; ZANOTTA, Pedro. Desafios Atuais do Direito da Concorrência. São Paulo: Editora Singular, 2008.

–. *Patente de medicamentos e comércio internacional: os parâmetros do TRIPS e do direito concorrencial para a outorga de licenças compulsórias.* Dissertação (Doutorado em Direito) – Faculdade de Direito, Universidade de São Paulo, São Paulo, 2004.

SALAMA, Bruno Meyerhof. *A História do Declínio e Queda do Eficientismo na Obra de Richard Posner*, em LIMA, Maria Lúcia L. M. Pádua

(Coord.). Trinta Anos de Brasil: Diálogos entre Direito e Economia. São Paulo: Saraiva, 2010. Disponível em: http://works.bepress.com/bruno_meyerhof_salama/35. Acesso em 20 ago. 2017.

SALOMÃO FILHO, Calixto. *Razoabilidade e legalidade do licenciamento compulsório do ponto de vista concorrencial*, em BASSO, Maristela; SALOMÃO FILHO, Caixto; POLIDO, Fabrício; CÉSAR, Priscilla. Direitos de propriedade intelectual e saúde pública: o acesso universal aos medicamentos anti-retrovirais no Brasil, São Paulo: IDCID, 2007.

SILVA, Antonio Carlos Fonseca da. *Importação paralela de medicamentos*. Rev. Fund. Esc. Super. Minist. Público Dist. Fed. Territ., Brasília, Ano 10, Volume 19, p. 11-27, jan./jun. 2002. Disponível em: www.escolamp.org.br/arquivos/19_01.pdf. Acesso em 6 ago. 2017.

SILVEIRA, Newton. A *"vexata quaestio" da importação paralela de marcas*. Revista da ABPI, nº 127, nov/dez 2013.

–. *Propriedade intelectual*: propriedade industrial, direito de autor, *software*, cultivares, nome empresarial, 4ª ed. rev. e ampl., Barueri, SP: Manole, 2011.

VARELLA, Marcelo Dias. *Políticas Públicas para Propriedade Intelectual no Brasil*, em VARELLA, Marcelo Dias (organizador e co-autor), Propriedade Intelectual e Desenvolvimento, São Paulo: Lex Editora, 2005.

(ii) Legislação e correlatos

BRASIL. CÂMARA DOS DEPUTADOS. Diário do Congresso Nacional (Seção I), de 9 de maio de 1991. Disponível em: http://imagem.camara.gov.br/Imagem/d/pdf/DCD09MAI1991.pdf#page=136. Acesso em 6 ago. 2017.

–. Diário da Câmara dos Deputados, de 12 de março de 1996. Disponível em: http://imagem.camara.gov.br/Imagem/d/pdf/DCD12MAR1996.pdf#page=30. Acesso em 6 ago. 2017.

–. Diário da Câmara dos Deputados, de 11 de abril de 1996. Disponível em: http://imagem.camara.gov.br/Imagem/d/pdf/DCD11ABR1996.pdf#page=113. Acesso em 6 ago. 2017.

–. Diário da Câmara dos Deputados, de 19 de março de 1999. Disponível em: http://imagem.camara.gov.br/Imagem/d/pdf/DCD19MAR1999.pdf#page=163. Acesso em 6 ago. 2017.

–. Projeto de Lei nº 5.402/2013, proposto pelos Deputados Newton Lima Neto (PT-SP) e Rosinha (PT-PR). Disponível em: http://www.camara.gov.br/proposicoesWeb/prop_mostrarintegra;jsessionid=1993E705C6C918CFC1D65EBE07AE9F5E.proposicoesW eb1?codteor=1078755&filename =PL+5402/2013. Acesso em 6 ago. 2017.

–. Comissão de Seguridade Social e Família. Projeto de Lei nº 139, de 1999 (Apensados os PLs 3.562/00, 7.066/02 e 303/03). Disponível em: http://www2.camara.leg. br/proposicoesWeb/prop_most rarintegra?codteor=372315&file name=PRL+1+CSSF+%3D%3E +PL+139/1999. Acesso em 6 ago. 2017.

–. Comissão de Desenvolvimento Econômico, Indústria e Comércio. Projeto de Lei nº 139, de 1999 (Apensados os Projetos de Lei nº 3.562, de 2000, nº 7.066, de 2002, e nº 303, de 2003). Disponível em: http://www2.camara.leg.br/ proposicoesWeb/prop_mostrari ntegra?codteor=530722&filena me=PRL+3+CDEICS+%3D%3E +PL+139/1999. Acesso em 6 ago. 2017.

–. Comissão de Constituição e Justiça e de Cidadania. Projeto de Lei nº 139, de 1999 (Apensos: PL nº 3.562, de 2000; PL nº 7.066, de 2002; PL nº 303, de 2003, e PL nº 5.176, de 2009). Disponível em: http://www.camara.gov.br/pro posicoesWeb/prop_mostrarinteg ra;jsessionid=7848C8BA18F8E4 2D4B4AED97C8A45352.propo sicoesWeb2?codteor=778017&fil ename=PRL+4+CCJC+%3D%3E +PL+139/1999. Acesso em 6 ago. 2017.

–. Projetos de Leis e Outras Proposições. PL 139/1999. Disponível em: http://www.camara.gov.br/ proposicoesWeb/fichadetramita cao?idProposicao=15088. Acesso em 6 ago. 2017.

–. Comissão de Constituição e Justiça e de Cidadania. Projeto de Lei nº 139, de 1999 (Apensos os Projetos de Lei nºs 3.562/2000, 7066/2002, 303/2003, 2.511/2007, 3.709/2008, 3.995/2008, 5.176/2009, 7.965/2010, 2846/2011, 3.943/2012, 3.944/2012, 3.945/ /2012, 5.402/2013, 9.090/2014, 8.091/2014). Disponível em: http:// www.camara.gov.br/proposico esWeb/prop_mostrarintegra;jsess ionid=0B9F75DE800C2B6DA102 3973E93B6039.proposicoesWeb2 ?codteor=1387517&filename=Pare cer-CCJC-17-09-2015. Acesso em 6 ago. 2017.

–. Comissão de Constituição e Justiça e de Cidadania. Projeto de Lei nº 139, de 1999 (Apensos os Projetos de Lei nºs 3.562/2000, 7066/2002, 303/2003, 2.511/2007, 3.709/2008, 3.995/2008, 5.176/2009, 7.965/ /2010, 2846/2011, 3.943/2012, 3.944/2012, 3.945/2012, 5.402/ /2013, 9.090/2014, 8.091/2014). Voto em Separado (Da Deputada Cristiane Brasil). Disponível em: http://www.camara.gov.br/propo sicoesWeb/prop_mostrarintegra?c odteor=1405273&filename=Tram itacao-PL+139/1999. Acesso em 6 ago. 2017.

–. Comissão de Constituição e Justiça e de Cidadania. Projeto de Lei nº 139, de 1999 (Apensos os Projetos de Lei nºs 3.562/2000, 7066/2002, 303/2003, 2.511/2007, 3.709/2008, 3.995/2008, 5.176/2009, 7.965/2010, 2846/2011, 3.943/2012, 3.944/2012, 3.945//2012, 5.402/2013, 9.090/2014, 8.091/2014). Disponível em: http://www.camara.gov.br/proposicoesWeb/prop_mostrarintegra?codteor=1407103&filename=Tramitacao-PL+139/1999. Acesso em 6 ago. 2017.

–. Comissão de Constituição e Justiça e de Cidadania. Projeto de Lei nº 139, de 1999 (Apensos os Projetos de Lei nºs 3.562/2000, 7066/2002, 303/2003, 2.511/2007, 3.709/2008, 3.995/2008, 5.176//2009, 7.965/2010, 2846/2011, 3.943/2012, 3.944/2012, 3.945//2012, 5.402/2013, 9.090/2014, 8.091/2014). Voto em Separado do Deputado Covatti Filho (PP/RS). Disponível em: http://www.camara.gov.br/proposicoesWeb/prop_mostrarintegra?codteor=1407335&filename=Tramitacao--PL+139/1999. Acesso em 6 ago. 2017.

–. Comissão de Seguridade Social e Família. Projeto de Lei nº 8090, de 2014. Disponível em: http://www.camara.gov.br/proposicoesWeb/prop_mostrarintegra?codteor=1286184&filename=PL+8090/2014. Acesso em 6 ago. 2017.

–. Comissão de Seguridade Social e Família. Projeto de Lei nº 8091, de 2014. Disponível em: http://www.camara.gov.br/proposicoesWeb/prop_mostrarintegra?codteor=1286185&filename=PL+8091/2014. Acesso em 6 ago. 2017.

BRASIL. Código Civil. Disponível em: http://www.planalto.gov.br/ccivil_03/leis/2002/L10406.htm. Acesso em 6 ago. 2017.

–. Constituição (1988). Constituição da República Federativa do Brasil. Brasília, DF: Senado, 1988. Disponível em: http://www.planalto.gov.br/ccivil_03/Constituicao/Constituicao.htm. Acesso em 6 ago. 2017.

–. Decreto nº 3.201, de 6 de outubro de 1999 (com redação dada pelo Decreto nº 4.830, de 4 de setembro de 2003). Disponível em: http://www.planalto.gov.br/ccivil_03/decreto/D3201.htm. Acesso em 6 ago. 2017.

–. Lei nº 9.279, de 14 de maio de 1996. Disponível em: http://www.planalto.gov.br/ccivil_03/Leis/L9279.htm. Acesso em 6 ago. 2017.

INSTITUTO DA PROPRIEDADE INDUSTRIAL. Acordo TRIPS. Disponível em: http://www.inpi.gov.br/legislacao-1/27-trips-portugues1.pdf. Acesso em 6 ago. 2017.

–. Convenção de Paris. Disponível em: http://www.inpi.gov.br/legislacao-1/cup.pdf. Acesso em 6 ago. 2017.

Unesco. Convenção de Berna. Disponível em: http://www.unesco.org/culture/natlaws/media/pdf/bresil/brazil_conv_berna_09_09_1886_por_orof.pdf. Acesso em 20 ago. 2017.

União Europeia. Conselho da União Europeia. Versões consolidadas do Tratado da União Europeia e do Tratado sobre o Funcionamento da União Europeia e Carta dos Direitos Fundamentais da União Europeia, Bruxelas, 30 de janeiro de 2015. Disponível em: http://data.consilium.europa.eu/doc/document/ST-6655-2008-REV-8/pt/pdf. Acesso em 20 ago. 2017.

(iii) Jurisprudência

Brasil. Superior Tribunal de Justiça. Recurso Especial nº 1.200.677/CE e Recurso Especial nº 1.249.718/CE. 3ª Turma. Ministro Relator Sidnei Beneti. Julgado em 18 de dezembro de 2012.

–, Superior Tribunal de Justiça. Recurso Especial nº 1.207.952/AM. 4ª Turma. Ministro Relator Luis Felipe Salomão. Julgado em 23 de agosto de 2011.

–, Superior Tribunal de Justiça. Agravo Regimental nos Embargos de Divergência em Recurso Especial nº 1.207.952/AM. 2ª Seção. Ministro Relator Paulo de Tarso Sanseverino. Julgado em 26 de setembro de 2012.

–, Superior Tribunal de Justiça. Recurso Especial nº 930.491/SP. 3ª Turma. Ministro Relator Sidnei Beneti. Julgado em 12 de abril de 2011.

–, Superior Tribunal de Justiça. Recurso Especial nº 609.047/SP. 4ª Turma. Ministro Relator Luis Felipe Salomão. Julgado em 20 de outubro de 2009.

Minas Gerais. Tribunal de Justiça do Estado de Minas Gerais. Agravo de Instrumento nº 1.0024.08.100442-6/001. Comarca de Belo Horizonte. Agravante: Filibras Comercial Importação e Exportação Ltda.; Agravada: Canon Kabushiki Kaisha. Relatora: Cláudia Maia. Julgado em 21 de maio de 2009.

São Paulo (Estado). Tribunal de Justiça do Estado de São Paulo. Apelação nº 0025224-50.2004.8.26.0114. Campinas. Apelante: Galena Química e Farmacêutica Ltda.; Apelada: Pharma Nostra Comercial Ltda. Relator: Mauro Conti Machado. Julgado em 10 de março de 2015.

–, (Estado). Tribunal de Justiça do Estado de São Paulo. Apelação nº 0287111-29.2009.8.26.0000. Comarca de São Paulo. Apelante: Plena Comercial Atacadista Ltda., Principal do Brasil Comercial Atacadista Ltda, Sea Venture Empreendimentos e Participações Ltda. e Revere Empreendimentos e Participações Ltda.; Apelada: Brother International Corporation do Brasil Ltda. Relator: Piva Rodrigues. Julgado em 7 de outubro de 2014.

–, (Estado). Tribunal de Justiça do Estado de São Paulo. Apelação nº 0272901-70.2009.8.26.0000. Barueri. Apelante: Galena Química e Farmacêutica Ltda.; Apelada: Pharmaspecial Especialidades Químicas e Farmacêuticas Ltda. Relator: João Carlos Garcia. Julgado em 7 de junho de 2011.

–, (Estado). Tribunal de Justiça do Estado de São Paulo. Apelação nº 994.05.073967-9. Comarca de São Paulo. Apelante: Sudop Industria Optica Ltda.; Apelada: Maclens Optical Ltda. Relator: José Carlos Ferreira Alves. Julgado em 9 de março de 2010.

(iv) Outros

BRASIL. CÂMARA DOS DEPUTADOS. Resumo dos Mandatos de Doha. Disponível em http://www2.camara.leg.br/camaranoticias/noticias/80108.html. Acesso em 20 ago. 2017.

CONFEDERAÇÃO NACIONAL DA INDÚSTRIA. *Competitividade Brasil 2014*: comparação com países selecionados. – Brasília: CNI, 2015. Disponível em: http://arquivos.portaldaindustria.com.br/app/cni_estatistica_2/2015/01/14/32/ CompetitividadeBrasil_2014.pdf. Acesso em 20 ago. 2017.

–. *Propriedade intelectual*. Números. Disponível em: http://www.portaldaindustria.com.br/cni/iniciativas/programas/propriedade-intelectual/2012/08/1,5065/numeros.html. Acesso em 20 ago. 2017.

FOLHA DE S. PAULO. *Aberração Patente*. Editorial, 7 de abril de 1996. Disponível em: http://www1.folha.uol.com.br/fsp/1996/4/07/opiniao/1.html. Acesso em 6 ago. 2017.

GOVERNMENT OF THE UNITED KINGDOM. *Gowers Review of Intellectual Property. December, 2006.* Disponível em: https://www.gov.uk/government/uploads/system/uploads/attachment_data/file/228849/0118404830.pdf. Acesso em 20 ago. 2017.

INSTITUTO NACIONAL DA PROPRIEDADE INDUSTRIAL. *Anuário Estatístico de Propriedade Industrial 2000-2012*. Disponível em: http://www.inpi.gov.br/estatisticas/anuario-estatistico-de-propriedade-industrial-2000-2012-patente1#patente. Acesso em 2 jan. 2016.

ISTO É DINHEIRO. *O rei das patentes*, Notícias/Negócios, 27 de agosto de 2015. Disponível em: http://www.istoedinheiro.com.br/noticias/negocios/20150827/rei-das-patentes/291783. Acesso em 20 ago. 2017.

INTERFARMA. *Comparações Internacionais no Comércio de Produtos Farmacêuticos e Balança Comercial Brasileira de Medicamentos* – Evolução em 10 anos. São Paulo, maio 2015. Disponível em: http://www.interfarma.org.br/uploads/biblioteca/70-balanaa-comercial-site.pdf. Acesso em 2 jan. 2016.

MINISTÉRIO DA CIÊNCIA E TECNOLOGIA. *2.1.7 Brasil: Comparação dos dispêndios em P&D (em valores de 2013) com o produto interno bruto (PIB), 2000-2013*. Disponível em: http://www.mct.gov.br/index.php/content/view/9138.html. Acesso em 30 dez. 2015.

MINISTÉRIO DO DESENVOLVIMENTO, INDÚSTRIA E COMÉRCIO EXTERIOR. Rodada de Doha. Disponível em: http://www.mdic.gov.br/sitio/interna/interna.php?area=5&menu=373. Acesso em 24 nov. 2015.

UNIÃO EUROPEIA. Países da UE (ano de adesão). Disponível em: http://europa.eu/about-eu/countries/index_pt.htm. Acesso em 20 ago. 2017.

–. Parlamento Europeu. O Espaço Econômico Europeu (EEE), a Suíça e a região setentrional. Disponível em: http://www.europarl.europa.eu/atyourservice/pt/displayFtu.html?ftuId=FTU_6.5.3.html. Acesso em 20 ago. 2017.

UNITED NATIONS DEVELOPMENT PROGRAMME. *Human Development Report 2014, Sustaining Human Progress: Reducing Vulnerabilities and Building Resilience*. 1 UN Plaza, New York, NY 10017, USA. Disponível em: http://www.pnud.org.br/arquivos/RDH2014.pdf. Acesso em 30 dez. 2015.

WORLD BANK. 2005. *Global Economic Prospects 2005: Trade, Regionalism and Development. Washington, DC. © World Bank. https://openknowledge.worldbank.org/handle/10986/14783 License: CC BY 3.0 IGO.*. Disponível em: https://openknowledge.worldbank.org/bitstream/handle/10986/14783/9780821357477.pdf?sequence=1&isAllowed=y. Acesso em 20 ago. 2017.

–. 2015. *World Development Indicators 2015. Washington, DC: World Bank. doi:10.1596/978–1–4648–0440–3. License: Creative Commons Attribution CC BY 3.0 IGO.* Disponível em: http://data.worldbank.org/products/wdi. Acesso em 29 dez 2015.

WORLD INTELLECTUAL PROPERTY ORGANIZATION. *2013 World Intellectual Property Indicators, WIPO Economic & Statistics Series*. Disponível em: http://www.wipo.int/edocs/pubdocs/en/intproperty/941/wipo_pub_941_2013.pdf. Acesso em 20 ago. 2017.

–. *2014 World Intellectual Property Indicators, WIPO Economic & Statistics Series*. Disponível em: http://www.wipo.int/edocs/pubdocs/en/wipo_pub_941_2014.pdf. Acesso em 20 ago. 2017.

–. 2015 World Intellectual Property Indicators, WIPO Economic & Statistics Series. Disponível em: http://www.wipo.int/edocs/pubdocs/en/wipo_pub_941_2015.pdf. Acesso em 20 ago. 2017.

–. World Intellectual Property Indicators 2016, Economic & Statistics Series. Disponível em: http://www.wipo.int/edocs/pubdocs/en/wipo_pub_941_2016.pdf. Acesso em 20 ago. 2017.

–. Draft Questionnaire on Exceptions and Limitations to Patent Rights. Country: USA. Disponível em: http://www.wipo.int/export/sites/www/scp/en/exceptions/submissions/usa.pdf. Acesso em 20 ago. 2017.

–. Exceptions and Limitations to Patent Rights: Exhaustion of Patent Rights. Standing Committee on the Law of Patents, Twenty-First Session, Geneva, November 3 to 7, 2014. Disponível em: http://www.wipo.int/edocs/mdocs/scp/en/scp_21/scp_21_7.pdf. Acesso em 20 ago. 2017.

–. Japan Patent Office (JPO). Disponível em: http://www.wipo.int/export/sites/www/scp/en/exceptions/submissions/japan_2.pdf. Acesso em 20 ago. 2017.

–. Questionnaire on Exceptions and Limitations to Patent Rights. Disponível em: http://www.wipo.int/export/sites/www/scp/en/exceptions/questionnaire_exceptions.pdf. Acesso em 20 ago. 2017.

–. Questionnaire on Exceptions and Limitations to Patent Rights. Table and links to the replies received from member states and regional offices to the SCP. Disponível em: http://www.wipo.int/scp/en/exceptions/. Acesso em 20 ago. 2017.

–. Questionnaire on Exceptions and Limitations to Patent Rights. Country: Germany. Disponível em: http://www.wipo.int/export/sites/www/scp/en/exceptions/submissions/germany.pdf. Acesso em 20 ago. 2017.

–. Questionnaire on Exceptions and Limitations to Patent Rights. Country: Spain. Disponível em: http://www.wipo.int/export/sites/www/scp/en/exceptions/translation/spain_en.pdf. Acesso em 20 ago. 2017.

–. Questionnaire on Exceptions and Limitations to Patent Rights. Country: France. Disponível em: http://www.wipo.int/export/sites/www/scp/en/exceptions/translation/france_en.pdf. Acesso em 20 ago. 2017.

–. Questionnaire on Exceptions and Limitations to Patent Rights. Country: UK. Disponível em: http://www.wipo.int/export/sites/www/scp/en/exceptions/submissions/uk_3.pdf. Acesso em 20 ago. 2017.

–. Questionnaire on Exceptions and Limitations to Patent Rights. Country: Switzerland. Disponível em: http://www.wipo.int/export/sites/www/scp/en/exceptions/translation/

suisse_en.pdf. Acesso em 20 ago. 2017.

–. *Questionnaire on Exceptions and Limitations to Patent Rights. Country: Brazil.* Disponível em: http://www.wipo.int/export/sites/www/scp/en/exceptions/submissions/brazil.pdf. Acesso em 20 ago. 2017.

–. *Questionnaire on Exceptions and Limitations to Patent Rights. Country: Republic of South Africa.* Disponível em: http://www.wipo.int/export/sites/www/scp/en/exceptions/submissions/safrica_rev.pdf. Acesso em 20 ago. 2017.

–. *Questionnaire on Exceptions and Limitations to Patent Rights. Country: People's Republic of China.* Disponível em: http://www.wipo.int/export/sites/www/scp/en/exceptions/translation/china_en.pdf. Acesso em 20 ago. 2017.

–. *Questionnaire on Exceptions and Limitations to Patent Rights. Country: Russian Federation.* Disponível em: http://www.wipo.int/export/sites/www/scp/en/exceptions/translation/russia_en.pdf. Acesso em 20 ago. 2017.

–. *Patent Law of the People's Republic of China (as amended up to the Decision of December 27, 2008, regarding the Revision of the Patent Law of the People's Republic of China).* Disponível em: http://www.wipo.int/edocs/lexdocs/laws/en/cn/cn028en.pdf. Acesso em 20 ago. 2017.

–. *Patent Office of India.* Disponível em: http://www.wipo.int/export/sites/www/scp/en/exceptions/submissions/india_2.pdf. Acesso em 20 ago. 2017.

–. *Regional Seminar for Certain African Countries on the Implementation and Use of Several Patent-Related Flexibilities. Topic 14: Exhaustion of Rights. South of Africa, January 29 to 31, 2013.* Disponível em: http://www.wipo.int/edocs/mdocs/patent_policy/en/wipo_ip_dur_13/wipo_ip_dur_13_ref_tz14a.pdf. Acesso em 20 ago. 2017.

–. *The Patents Act, 1970 (as amended up to Patents (Amendment) Act, 2005).* Disponível em: http://www.wipo.int/edocs/lexdocs/laws/en/in/in065en.pdf. Acesso em 20 ago. 2017.

WORLD TRADE ORGANIZATION. *Declaration on the TRIPS agreement and public health.* Disponível em: https://www.wto.org/english/thewto_e/minist_e/min01_e/mindecl_trips_e.htm. Acesso em 6 ago. 2017.

ÍNDICE